I0050160

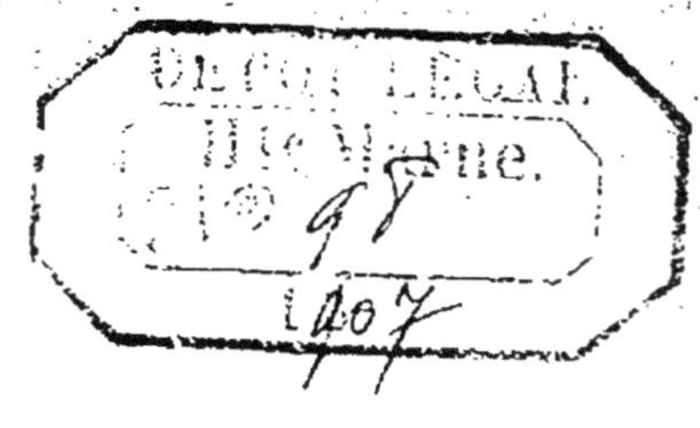

MANUEL PRATIQUE

DES

ASSEMBLÉES ORDINAIRES

ET EXTRAORDINAIRES

AUTRES OUVRAGES DU MÊME AUTEUR

Traité des parts de fondateur, avec préface de M. Houpin, rédacteur en chef du *Journal des Sociétés*, même librairie (*ouvrage honoré d'une souscription du ministère de l'instruction publique et du conseil municipal de Paris*).

Commentaire de la loi du 16 novembre 1903 sur les actions de priorité (Rousseau, éditeur, 14, rue Soufflot).

MANUEL PRATIQUE

DES

ASSEMBLÉES ORDINAIRES

ET EXTRAORDINAIRES

PAR

EMILE LECOUTURIER

AVOCAT A LA COUR D'APPEL DE PARIS

DEUXIÈME ÉDITION

entièrement refondue et enrichie de formules

PARIS

LIBRAIRIE LAROSE ET TENIN

22, RUE SOUFFLOT, 22

1907

AVERTISSEMENT DE LA SECONDE ÉDITION

La première édition de ce *Manuel* a été épuisée en quelques mois. Un accueil aussi empressé crée à l'auteur envers le public une dette de reconnaissance dont il a voulu s'acquitter en essayant d'améliorer et de compléter son œuvre.

Tout d'abord, dans le premier chapitre, relatif à l'organisation et à la composition de l'assemblée, il a donné plus de développement aux passages qui concernent la représentation du nu-propriétaire et de l'usufruitier ainsi que celle des incapables, le groupement des petits actionnaires, la rédaction de l'ordre du jour et le droit de police du président de l'assemblée.

La définition des bénéfices et les explications qui l'accompagnent ont été profondément remaniées dans le but d'atteindre une plus grande clarté.

Le chapitre des autorisations à donner aux administrateurs pour les marchés à passer avec la société est complété par la citation de décisions récentes qui sont de nature à intéresser vivement les administrateurs de sociétés.

Mais c'est surtout la théorie des pouvoirs de l'assemblée extraordinaire quant aux modifications statutaires qui a fait l'objet d'une révision approfondie. L'auteur s'est efforcé d'exposer avec plus de précision encore le système de la jurisprudence, afin de faciliter la besogne des administrateurs qui auront à soumettre à leurs actionnaires des résolutions de cette nature. Il a insisté de nouveau sur la distinction trop souvent méconnue qu'il convient de faire entre les modifications des éléments constitutifs de la personnalité de la société et celles qui intéressent les droits acquis des actionnaires. Parmi ces dernières, la modification de la répartition des bénéfices, en raison de son importance exceptionnelle, a particulièrement retenu son attention.

Enfin le chapitre de l'augmentation du capital a été considérablement développé. La création d'actions de priorité, la composition de l'assemblée, la majorité nécessaire, le nombre de voix accordé aux actionnaires, etc., toutes ces questions si pratiques, si délicates aussi, ont été revues avec un soin extrême, de manière à rendre impossibles les irrégularités qui pourraient vicier la tenue de ces importantes assemblées.

Cette nouvelle édition se termine par des formules de procès-verbaux d'assemblées qui ne figuraient pas dans la première. L'auteur a cru qu'il rendrait service à ses lecteurs en leur proposant des modèles de formules où sont mises en pratique les diverses règles dispersées dans l'ouvrage. Sans doute il serait mauvais de les recopier littéralement, car une formule établie à l'avance doit toujours être plus ou moins modifiée selon les circonstances particulières, de manière à s'adapter exactement à la délibération dont il s'agit de constater les résultats. Du moins la lecture de ces formules servira-t-elle à rappeler tout ce qui doit être fait à l'assemblée et relaté dans le procès-verbal ; la chose n'est pas sans importance, puisque l'omission d'une formalité peut entraîner la nullité de la délibération elle-même.

10 février 1907

PRÉFACE DE LA PREMIÈRE ÉDITION

Le but de cet ouvrage est d'exposer dans une forme accessible à tous les règles qui régissent les assemblées générales d'actionnaires, ordinaires ou extraordinaires, et d'examiner les questions de toute nature qu'elles soulèvent au point de vue, soit de la régularité en la forme de leurs délibérations, soit de leurs attributions et de leurs pouvoirs. L'importance pratique d'un pareil sujet n'a pas besoin d'être démontrée. Des deux rouages de la société par actions, l'assemblée générale est de beaucoup le plus intéressant au point de vue juridique. Sans doute le conseil d'administration, qui est chargé de tous les actes de la vie commerciale courante, joue, en fait, un rôle prépondérant, car la prospérité de l'entreprise dépend avant tout de son habileté et de sa prudence. Néanmoins l'assemblée générale apparaît comme le pouvoir supérieur, auquel les administrateurs viennent périodiquement rendre leurs comptes et à qui il appartient de prendre toutes les résolutions importantes. C'est dans ces réunions annuelles que les actionnaires jugent la conduite de leurs mandataires et les maintiennent à la tête de la société ou les relèvent de leurs fonctions suivant qu'ils ont bien ou mal géré les affaires sociales. C'est là qu'ils examinent les comptes qui leur sont présentés par eux, qu'ils contrôlent et révisent, le cas échéant, les évaluations du bilan ainsi que les amortissements qui s'y trouvent compris, et déterminent dans quelle proportion les bénéfices seront consacrés à fortifier les réserves ou répartis sous forme de dividende. D'autre part l'assemblée extraordinaire possède un pouvoir législatif ou plutôt un pouvoir constitutionnel. Elle a en effet le droit de modifier la charte sociale pour l'adapter aux conditions économiques générales comme aussi aux besoins particuliers de l'entreprise. C'est ainsi que, selon les circonstances, elle augmente ou réduit le capital, améliore les conditions de l'exploitation, etc.

Il appartient aux administrateurs d'assurer la validité des délibérations de l'assemblée générale en veillant à l'observation des règles de forme et de fond auxquelles elles sont soumises. Or ces règles sont nombreuses, leur application est souvent délicate, et la plupart d'entre elles comportent comme sanction la nullité même de la délibération qui les aurait enfreintes.

Une telle mission est déjà suffisamment lourde pour des hommes qui n'ont pas toujours été préparés à ces fonctions par des études spéciales. D'ailleurs telle n'est pas la plus grande difficulté qu'ils ont à vaincre. Ce qui augmente encore leur embarras, c'est que les pouvoirs de l'assemblée extraordinaire en matière de modification de statuts sont loin d'être déterminés d'une matière définitive et certaine. Sans doute la jurisprudence a dû dans le silence de la loi, construire de toutes pièces un système d'ensemble ayant pour but de fournir la solution des questions qui se présentent dans cet ordres d'idées, mais ce système manque parfois de netteté et de fixité ; il présente sur certains points du flottement et même des contradictions. On comprend que, dans ces conditions, es administrateurs hésitent à proposer à l'assemblée extraordinaire telle ou telle modification des statuts qui excède peut-être ses pouvoirs. Aussi seront-ils bien aises de trouver un exposé très clair de la jurisprudence sur cette grave question et de connaître, non pas seulement la pensée maîtresse qui inspire ses décisions, mais encore l'explication des dissidences qu'on y constate ainsi que des exceptions ou tempéraments qu'elle-même a cru devoir admettre sur certains points.

De leur côté les actionnaires n'ont pas un moindre besoin d'être mis au courant des droits qui leur appartiennent, soit à l'assemblée même, soit pendant la période qui précède immédiatement sa réunion, et qu'ils négligent trop souvent d'exercer, comme aussi des devoirs qu'il importe à la société elle-même qu'ils remplissent avec assiduité. Leur éducation est encore presque complètement à faire à cet égard. Cependant les résolutions qui sont prises dans ces réunions ne laissent pas que d'exercer une influence décisive sur la marche de l'entreprise dans laquelle ils ont engagé des capitaux. Mais leur apathie et leur indifférence sont telles que la plupart d'entre eux s'abstiennent d'y paraître, au risque d'empêcher les assemblées de pouvoir se tenir, faute du *quorum* exigé par la loi. Ils se contentent de toucher les dividendes mis en paiement lorsque l'année a été bonne et de déplorer le malheur des temps lorsque la société n'a pas réalisé de bénéfices. Ils ne songent même pas, dans ce dernier cas, à se demander si ce résultat fâcheux ne serait pas la conséquence d'un défaut d'organisation ou de gestion auquel il importerait de remédier, et ils se bornent à attendre avec résignation le retour de temps meilleurs, à moins qu'ils jettent inconsidérément sur le marché leurs titres et s'en débarrassent à vil prix.

Au surplus ceux des actionnaires qui prennent la peine d'assister aux assemblées ne sont pas toujours suffisamment préparés à l'examen des comptes ou instruits de leurs droits pour exercer un contrôle utile sur la gestion des administrateurs. Il est à peine besoin de rappeler ici ce qu'étaient le plus souvent les assemblées jusqu'à ces dernières années. Elles ne constituaient même pas un simulacre de délibération, car les actionnaires approuvaient aveuglément et de parti pris les comptes qui leur étaient présentés. Le jour fixé pour la réunion, on voyait pénétrer dans la salle un certain nombre de messieurs quelque peu intimidés, à qui l'on venait de remettre la copie de diverses pièces, notamment du bilan et du rapport des commissaires. Bien peu d'entre eux étaient en mesure de comprendre ces documents ; aussi se contentaient-ils d'y jeter un regard distrait. Le bureau de l'assemblée entrait alors en séance. Après la lecture des rapports, le président y ajoutait parfois une courte allocution. Puis il ouvrait la « discussion générale » sur l'approbation des comptes. A ce moment une sainte terreur s'emparait des actionnaires présents. L'idée de se lever pour poser une question les glaçait d'épouvante. Lorsqu'un d'eux, payant d'audace, demandait la parole, les autres le considéraient avec stupeur, et bientôt, du reste, le silence général de l'assemblée, la conscience de son isolement, de sa faiblesse et de son ignorance, ainsi que l'attitude quelque peu dédaigneuse du président lui avaient serré la gorge au point qu'il commençait à chercher ses mots, à trembler, tout rouge d'émotion, et il se rasseyait bien vite, en s'excusant de son indiscrétion et de sa témérité. Le président déclarait alors la discussion close et les comptes étaient approuvés « à l'unanimité ». Tout était fini en quelques minutes. Ce n'était assurément pas la discussion sérieuse et approfondie qui doit, dans l'esprit du législateur, précéder le vote sur les comptes de chaque exercice.

En résumé les administrateurs comme aussi les simples actionnaires ont un grand intérêt à bien connaître les règles qui président à la tenue de l'assemblée, l'étendue de ses pouvoirs et de ses attributions, les conditions de validité de ses délibérations, et les droits que les actionnaires peuvent y exercer. Or il faut avouer qu'il leur serait difficile de se renseigner facilement sur ces divers points en se reportant aux traités qui ont été écrits sur les sociétés. D'abord ils ne possèdent pas l'éducation juridique première que suppose la lecture de ces ouvrages ; en outre ils n'ont pas à leur disposition les recueils de décisions judiciaires qui y sont cités à chaque page ; enfin les diverses notions qu'ils cherchent ne se trouvent pas groupées de manière à permettre une étude d'ensemble de cette question.

Aussi nous a-t-il paru qu'une matière aussi importante et qui intéresse autant de personnes méritait de faire l'objet d'un ouvrage spécial, dans lequel seraient exposées selon une méthode logique les solutions des questions nombreuses qui s'y rattachent. Tel est le but de ce *Manuel pratique*. On n'y trouvera aucune référence aux recueils de décisions judiciaires ; par contre le texte des principaux arrêts intervenus à ce propos y est rapporté. Ce qu'il importe en effet aux financiers de connaître avant tout, c'est, non pas l'opinion personnelle de tel auteur, mais bien les décisions adoptées par la jurisprudence, car il leur suffira de s'y conformer pour assurer la validité des délibérations de l'assemblée.

Il convenait d'ailleurs de traiter un semblable sujet dans une langue juridique exempte de toutes ces expressions scolastiques qui ne servent qu'à obscurcir le style, et restant par cela même constamment accessible à ceux-là qui n'ont pas fait d'études de droit. Nous nous sommes efforcé de la sorte d'atteindre ce que l'on peut considérer, après l'exactitude scientifique, comme la principale qualité de tout ouvrage de cette nature, à savoir la clarté, cette belle clarté lumineuse et simple qui permet à toute personne intelligente et réfléchie de comprendre le livre sans effort et de le consulter avec profit.

Au surplus il semble que ce travail vienne à son

heure, car il s'est produit récemment dans les habitudes des actionnaires au sujet des assemblées générales une transformation qui, il faut l'espérer, ne s'arrêtera pas à moitié route. Depuis que certains journaux financiers ont pris l'heureuse initiative de publier le compte-rendu sténographique des assemblées générales, l'état des esprits a commencé de se modifier très sensiblement à cet égard. L'attention du public a été vivement intéressée par la lecture de ces débats. En outre les capitalistes ont compris qu'il leur importait au premier chef d'assister et de prendre part aux discussions sur les comptes annuels et sur la gestion des administrateurs. Devenus plus conscients de leurs droits et plus hardis, les actionnaires se sont mis à fréquenter plus assidûment les assemblées, à questionner leurs mandataires sur la marche de l'entreprise, les conditions de l'exploitation, l'importance des amortissements, l'exactitude des évaluations de l'inventaire, etc. Ces habitudes nouvelles doivent être énergiquement encouragées. Elles sont de nature à stimuler le zèle des administrateurs par la perspective d'un contrôle plus attentif et plus minutieux de leurs mandants, et à prévenir le retour de ces désastres financiers comme on en a vu récemment encore et qui ne sont possibles que par la négligence de tous, administrateurs, actionnaires et commissaires censeurs, à faire leur devoir ou à user de leurs droits les plus légitimes.

*
* *

L'ouvrage se divise naturellement en deux parties,

qui sont consacrées, l'une, à l'assemblée ordinaire, l'autre, à l'assemblée extraordinaire.

Le premier chapitre indique comment l'assemblée ordinaire est constituée, de qui elle se compose et selon quelles règles elle doit être convoquée.

Le second chapitre a trait à la question si importante des communications dues aux actionnaires avant l'assemblée. Il s'est élevé à cet égard de nombreuses difficultés, dont les causes sont multiples, à savoir l'extrême laconisme de la disposition légale qui les prescrit, l'ignorance des actionnaires quant à l'étendue exacte de leurs droits, et peut-être aussi quelquefois la mauvaise volonté des administrateurs. Aussi s'est-on efforcé de déterminer avec précision en quoi consiste exactement la communication prescrite par la loi, si les actionnaires ont le droit de prendre copie des documents ou seulement de les consulter, dans quelles conditions ils peuvent exiger cette communication et quelle est la sanction de ces prescriptions légales. Ce sont là des questions d'un intérêt pratique considérable. Mais il n'eût pas été suffisant de les résoudre si l'on n'avait pas donné en même temps quelques explications sur les principaux documents à communiquer eux-mêmes, c'est-à-dire l'inventaire et le bilan. Quels détails doivent-ils contenir et quels renseignements doivent-ils fournir aux actionnaires ? En particulier qu'est-ce au juste que le bilan, que doit-il comprendre, soit à l'actif, soit au passif, et comment l'étudier ? Telles sont les notions que les actionnaires ignorent trop souvent et sans lesquelles cependant ils ne sauraient prendre une communication utile et féconde des comptes soumis à l'assemblée. Il importait en outre de préciser les règles générales qui président à l'établissement du bilan, c'est-à-dire la clarté et la sincérité, celles qui régissent en particulier l'évaluation des marchandises, des valeurs de Bourse, des créances, et enfin celles, si importantes, qui concernent l'amortissement, car, faute de les observer, les administrateurs risquent de présenter des comptes inexacts et d'être accusés d'avoir provoqué la distribution de dividendes fictifs. Enfin le rapport du commissaire aux comptes a fourni l'occasion de rappeler l'importance extrême de ces fonctions et la légèreté inexcusable avec laquelle elles sont trop souvent confiées par les actionnaires et remplies par ceux à qui elles ont été dévolues.

Dans le troisième chapitre on trouvera les règles concernant le *quorum* exigé par la loi, l'établissement et la communication de la feuille de présence, la composition du bureau de l'assemblée, la tenue de l'assemblée elle-même et la rédaction du procès-verbal qui constatera ses délibérations.

Le quatrième chapitre passe en revue les attributions de l'assemblée ordinaire ainsi que les objets divers de ses délibérations. Une première question se présente à ce propos, la plus grave de toutes : qu'entend-on exactement par le mot *bénéfices* ? A quelles conditions les administrateurs peuvent-ils affirmer qu'il existe des bénéfices et en proposer la répartition sans crainte d'être accusés de distribution de dividendes fictifs ? Il importait d'autant plus de poser ici des règles très précises que des erreurs sont commises à cet égard même par les décisions de justice, et qu'il règne dans certains esprits une confusion qui serait de nature à embarrasser les administrateurs. D'autres questions non moins pratiques se présentent dans le même ordre d'idées, celles de savoir si l'assemblée peut, dans le silence des statuts, porter une partie des bénéfices aux réserves, à quelles conditions les administrateurs ont le droit de distribuer un acompte sur le dividende en cours d'exercice, dans quels cas ils commettent le délit de distribution de dividendes fictifs. Au sujet de la seconde mission de l'assemblée, la nomination des administrateurs, on a examiné les conditions moyennant lesquelles l'assemblée peut les révoquer même en l'absence de toute mention à l'ordre du jour. D'autre part le vote du *quitus* appelait nécessairement un exposé rapide des principes de la responsabilité des administrateurs qui donnent lieu à tant de confusions et d'incertitudes. L'occasion était favorable pour distinguer nettement les diverses responsabilités qu'ils peuvent encourir, soit envers la société elle-même, soit envers les tiers, soit envers les créanciers de la société, et pour formuler à cet égard les règles fondamentales qui sont fréquemment méconnues. Ce chapitre se termine par l'étude des autorisations que les administrateurs sollicitent de l'assemblée en vue des marchés à passer avec la société.

La seconde partie est consacrée à l'assemblée extraordinaire. Elle a presque exclusivement pour objet la détermination exacte de ses pouvoirs quant à la modification des statuts. Lorsque le pacte social n'a pas eu le soin de les déterminer minutieusement, les questions les plus délicates se présentent à cet égard. On sait déjà que la jurisprudence s'est efforcée d'édifier un système qui pût remplacer les dispositions de loi absentes. C'est à exposer ce système d'une manière claire et simple que tous nos efforts ont principalement tendu.

Le principe est que l'assemblée générale extraordinaire, régulièrement constituée, a le droit d'apporter aux statuts toutes les modifications qu'elle jugera utiles, à la condition de respecter les « bases essentielles » de la société, les droits des tiers, ainsi que le principe de l'égalité qui doit régner entre les actionnaires. Mais quelles sont ces « bases essentielles » que la jurisprudence considère comme intangibles ? C'est, d'une manière certaine, l'objet, la nature de la société, et, l'on peut ajouter, sa nationalité. Résulte-t-il de là que toute modification quelconque de l'objet social, même la plus légère, soit interdite ? L'assemblée ne peut-elle pas, par exemple, l'étendre ou bien encore améliorer les conditions de l'exploitation, du moment qu'elle respecte l'essence même de l'objet social, tel que les statuts l'ont déterminé ? D'autre part qu'entend-on exactement par la nature de la société ? Ne se confond-elle pas, tout au moins depuis la loi du 1er août 1893, avec sa forme ? Telles sont les principales questions qui se trouvent examinées dans les trois premiers chapitres.

Il suit de là, semble-t-il, que l'assemblée extraordinaire a le droit de modifier les statuts sur tous les autres points, et notamment de changer la répartition des bénéfices prévue par le pacte social. Ce serait une grave erreur que de le croire. Le partage des bénéfices étant le but poursuivi par tous les membres de la société, il est rationnel de considérer comme intangible, en dehors de l'unanimité des actionnaires, la clause qui en réglemente la répartition. Toutefois l'interdiction de la modifier va-t-elle jusqu'à empêcher l'addition aux statuts d'une clause ayant pour but de prévoir la création d'une réserve extraordinaire ? S'opposera-t-elle également à ce que la société passe avec des tiers des traités considérés par elle comme avantageux, du moment que ces traités seront de nature à entraîner indirectement une modification plus ou moins importante de la répartition des bénéfices ? La jurisprudence ne se montre pas aussi rigoureuse. La constitution des réserves apparaît comme tellement utile et même nécessaire à la prospérité de toute entreprise industrielle qu'elle a cru préférable de sacrifier sur ce point le principe de l'immutabilité, plutôt que de compromettre, irrémédiablement peut-être, la fortune de la société en l'empêchant de combler une aussi regrettable lacune. De même elle ne considère pas que la répercussion qu'un contrat avantageux peut exercer sur la répartition originaire des bénéfices constitue une raison suffisante pour en interdire l'approbation ou le vote par l'assemblée des actionnaires. Le quatrième chapitre contient la discussion de ces intéressants problèmes de droit.

Le chapitre suivant étudie les deux autres restrictions que la jurisprudence a mises au pouvoir de l'assemblée extraordinaire. Il était essentiel en particulier de fixer la portée du principe de l'égalité entre les actionnaires, qu'on a souvent mal interprété. Quant à la règle du respect du droit des tiers, elle trouve surtout son application à propos de la réduction du capital.

Il restait à parcourir les modifications statutaires qui ne sont pas interdites par ces divers principes et à examiner dans quelles conditions elles peuvent être valablement votées. A cet égard c'est la réduction du capital qui soulève les plus grandes difficultés, à raison du préjudice qu'elle peut causer aux créanciers de la société, de l'atteinte qu'elle porte à l'égalité d'entre les actionnaires lorsque toutes les actions ne sont pas également libérées ou bien que quelques-unes sont déjà remboursées, enfin de la perturbation qu'elle entraîne dans la répartition des bénéfices, surtout en cas d'existence de parts de fondateur. Il y a là des problèmes juridiques qui ont été à peine effleurés jusqu'ici et qui méritaient une étude approfondie. Pour quelles causes l'assemblée extraordinaire peut-elle réduire le capital ? Peut-elle prendre cette mesure en cas de dépréciation des apports ? Quelle est la limite de la réduction permise ? Comment tiendra-t-elle compte du principe de l'égalité entre les actionnaires ? A quelles conditions respectera-t-elle les droits des tiers, c'est-à-dire des créanciers de la société ? Les actionnaires ne seront-ils pas fondés à se plaindre si la réduction du capital est réalisée d'une manière telle qu'elle doive favoriser, à leur propre détriment, les intérêts des porteurs de parts et aussi ceux des administrateurs à qui il est dû un tantième des bénéfices ? La réduction du capital peut-elle être valablement réalisée par voie de rachat d'actions ? Ces diverses questions font le principal objet du sixième chapitre. Le septième traite surtout de la dissolution anticipée et de la fusion. Enfin le huitième passe en revue les autres modifications des statuts, que l'on peut appeler secondaires.

L'ouvrage se termine par une table alphabétique et contient en outre le texte des lois relatives aux sociétés, c'est-à dire des lois de 1867, 1893 et 1903.

Pour être complet, il aurait fallu qu'on y traitât également des assemblées constitutives. En réalité c'est là un sujet tout différent, qui rentre dans la constitution même de la société, tandis que nous avions l'intention d'étudier le fonctionnement des assemblées générales d'une société déjà née. Peut-être aussi pourra-t-on relever un défaut de méthode ou quelques lacunes, dont nous nous excusons par avance. Quoi qu'il en soit, nous espérons que ce manuel, qui contient l'exposé et la solution des principales règles et questions relatives aux assemblées d'actionnaires, rendra quelques services à tous les financiers, administrateurs, commissaires-censeurs et capitalistes qui voudront bien le consulter, et qu'il retrouvera auprès du public l'accueil si encourageant et si flatteur qu'avait reçu notre *Traité des parts de fondateur*.

EMILE LECOUTURIER

10 février 1906

SOMMAIRE DES MATIÈRES

PREMIÈRE PARTIE

De l'assemblée générale ordinaire

CHAPITRE PREMIER

But et organisation de l'assemblée

CHAPITRE II

Communications dues aux actionnaires avant l'assemblée

CHAPITRE III

Règles concernant la tenue de l'assemblée

CHAPITRE IV

Objet des délibérations de l'assemblée

DEUXIÈME PARTIE

De l'assemblée générale extraordinaire

CHAPITRE PREMIER

CHAPITRE II

Pouvoirs de l'assemblée extraordinaire quant à la modification des statuts

CHAPITRE III

Modifications de l'objet social

CHAPITRE IV

Modifications de la nature, de la forme et de la nationalité de la société

CHAPITRE V

Modifications de la répartition des bénéfices

CHAPITRE VI

Autres restrictions des pouvoirs de l'assemblée

CHAPITRE VII

Augmentation et réduction du capital social

CHAPITRE VIII

Prorogation, dissolution anticipée et fusion

CHAPITRE IX

FORMULES

DOCUMENTS LÉGISLATIFS

LOI SUR LES SOCIÉTÉS DU 24 JUILLET 1867

(modifiée dans certaines de ses dispositions
par la loi du 1er août 1893).

Textes coordonnés (1).

TITRE PREMIER

Des sociétés en commandite par actions

ART. 1er. — *Les sociétés en commandite ne peuvent diviser leur capital en actions ou coupures d'actions de moins de* 25 *francs lorsque le capital n'excède pas* 200.000 *francs, de* 100 *francs lorsque le capital est supérieur à* 200.000 *francs.*

Elles ne peuvent être définitivement constituées qu'après la souscription de la totalité du capital et le versement en espèces, par chaque actionnaire, du montant des actions ou coupures d'actions souscrites par lui, lorsqu'elles n'excèdent pas 25 *francs, et du quart au moins des actions lorsqu'elles sont de* 100 *francs et au-dessus.*

Cette souscription et ces versements sont constatés par une déclaration du gérant dans un acte notarié.

A cette déclaration sont annexés la liste des souscripteurs, l'état des versements effectués, l'un des doubles de l'acte de société, s'il est sous seing privé, et une expédition, s'il est notarié et s'il a été passé devant un notaire autre que celui qui a reçu la déclaration.

(1) Les modifications apportées à la loi du 24 juillet 1867 par celle du 1er août 1893 sont imprimées en *italiques*.

L'acte sous seing privé, quel que soit le nombre des associés, sera fait en double original, dont l'un sera annexé, comme il est dit au paragraphe qui précède, à la déclaration de souscription du capital et de versement du quart et l'autre restera déposé au siège social.

Art. 2. — Les actions ou coupons d'actions sont négociables après le versement du quart.

Art. 3. — *Les actions sont nominatives jusqu'à leur entière libération. Les actions représentant des apports devront toujours être intégralement libérées au moment de la constitution de la société.*

Ces actions ne peuvent être détachées de la souche et ne sont négociables que deux ans après la constitution définitive de la société.

Pendant ce temps, elles devront, à la diligence des administrateurs, être frappées d'un timbre indiquant leur nature et la date de cette constitution (1).

Les titulaires, les cessionnaires intermédiaires et les souscripteurs sont tenus solidairement du montant de l'action.

Tout souscripteur ou actionnaire qui a cédé son titre cesse, deux ans après la cession, d'être responsable des versements non encore appelés.

Art. 4. — Lorsqu'un associé fait un apport qui ne consiste pas en numéraire, ou stipule à son profit des avantages particuliers, la première assemblée générale fait apprécier la valeur de l'apport ou la cause des avantages stipulés.

La société n'est définitivement constituée qu'après l'approbation de l'apport ou des avantages, donnée par une autre assemblée générale, après une nouvelle convocation.

La seconde assemblée générale ne pourra statuer sur l'approbation de l'apport ou des avantages qu'après un rapport qui sera imprimé et tenu à la disposition des actionnaires cinq jours au moins avant la réunion de cette assemblée.

Les délibérations sont prises par la majorité des actionnaires présents. Cette majorité doit comprendre le quart

(1) La loi du 16 novembre 1903 a complété ce paragraphe.

des actionnaires et représenter le quart du capital social en numéraire.

Les associés qui ont fait l'apport ou stipulé des avantages particuliers soumis à l'appréciation de l'assemblée n'ont pas voix délibérative.

A défaut d'approbation, la société reste sans effet à l'égard de toutes les parties.

L'approbation ne fait pas obstacle à l'exercice ultérieur de l'action qui peut être intentée pour cause de dol ou de fraude.

Les dispositions du présent article relatives à la vérification de l'apport qui ne consiste pas en numéraire ne sont pas applicables au cas où la société à laquelle est fait ledit apport est formée entre ceux seulement qui en étaient propriétaires par indivis.

Art. 5. — Un conseil de surveillance, composé de trois actionnaires au moins, est établi dans chaque société en commandite par actions.

Ce conseil est nommé par l'assemblée générale des actionnaires immédiatement après la constitution définitive de la société et avant toute opération sociale.

Il est soumis à la réélection, aux époques et suivant les conditions déterminées par les statuts.

Toutefois le premier conseil n'est nommé que pour une année.

Art. 6. — Ce premier conseil doit, immédiatement après sa nomination, vérifier si toutes les dispositions contenues dans les articles qui précèdent ont été observées.

Art. 7. — Est nulle et de nul effet à l'égard des intéressés toute société en commandite par actions constituée contrairement aux prescriptions des art. 1, 2, 3, 4 et 5 de la présente loi.

Cette nullité ne peut être opposée aux tiers par les associés.

Art. 8. — Lorsque la société est annulée, aux termes de l'article précédent, les membres du premier conseil de surveillance peuvent être déclarés responsables, avec le gérant, du dommage résultant, pour la société ou pour les tiers, de l'annulation de la société.

La même responsabilité peut être prononcée contre ceux des associés dont les apports ou les avantages n'auraient pas été vérifiés et approuvés conformément à l'article 4 ci-dessus.

L'action en nullité de la société ou des actes et délibérations postérieurs à sa constitution n'est plus recevable lorsque, avant l'introduction de la demande, la cause de nullité a cessé d'exister. L'action en responsabilité pour les faits dont la nullité résultait cesse également d'être recevable lorsque, avant l'introduction de la demande, la cause de nullité a cessé d'exister et, en outre, que trois ans se sont écoulés depuis le jour où la nullité était encourue.

Si, pour couvrir la nullité, une assemblée générale devait être convoquée, l'action en nullité ne sera plus recevable à partir de la date de la convocation régulière de cette assemblée.

Ces actions en nullité contre les actes constitutifs des sociétés sont prescrites par dix ans.

Cette prescription ne pourra toutefois être opposée avant l'expiration des dix années qui suivront la promulgation de la présente loi.

Art. 9. — Les membres du conseil de surveillance n'encourent aucune responsabilité en raison des actes de la gestion et de leurs résultats.

Chaque membre du conseil de surveillance est responsable de ses fautes personnelles dans l'exécution de son mandat, conformément aux règles du droit commun.

Art. 10. — Les membres du conseil de surveillance vérifient les livres, la caisse, le portefeuille et les valeurs de la société.

Ils font, chaque année, à l'assemblée générale un rapport dans lequel ils doivent signaler les irrégularités et inexactitudes qu'ils ont reconnues dans les inventaires et constater, s'il y a lieu, les motifs qui s'opposent aux distributions des dividendes proposés par le gérant.

Aucune répétition de dividendes ne peut être exercée contre les actionnaires, si ce n'est dans le cas où la distribution en aura été faite en l'absence de tout inventaire ou en dehors des résultats constatés par l'inventaire.

L'action en répétition, dans le cas où elle est ouverte, se prescrit par cinq ans, à partir du jour fixé pour la distribution des dividendes.

Les prescriptions commencées à l'époque de la promulgation de la présente loi, et pour lesquelles il faudrait encore, suivant les lois anciennes, plus de cinq ans à partir de la même époque, seront accomplies par ce laps de temps.

ART. 11. — Le conseil de surveillance peut convoquer l'assemblée générale et, conformément à son avis, provoquer la dissolution de la société.

ART. 12. — Quinze jours au moins avant la réunion de l'assemblée générale, tout actionnaire peut prendre, par lui ou par un fondé de pouvoir, au siège social, communication du bilan, des inventaires et du rapport du conseil de surveillance.

ART. 13. — L'émission d'actions ou de coupons d'actions d'une société constituée contrairement aux prescriptions des articles 1, 2 et 3 de la présente loi, est punie d'une amende de 500 à 10.000 francs.

Sont punis de la même peine :

Le gérant qui commence les opérations sociales avant l'entrée en fonctions du conseil de surveillance ;

Ceux qui, en se présentant comme propriétaires d'actions ou de coupons d'actions qui ne leur appartiennent pas, ont créé frauduleusement une majorité factice dans une assemblée générale, sans préjudice de tous dommages-intérêts, s'il y a lieu, envers la société ou envers les tiers ;

Ceux qui ont remis les actions pour en faire l'usage frauduleux.

Dans les cas prévus par les deux paragraphes précédents, la peine de l'emprisonnement de quinze jours à six mois peut, en outre, être prononcée.

ART. 14. — La négociation d'actions ou de coupons d'actions dont la valeur ou la forme serait contraire aux dispositions des articles 1, 2 et 3 de la présente loi, ou pour lesquels le versement du quart n'aurait pas été effectué conformément à l'article 2 ci-dessus, est punie d'une amende de 500 à 10.000 francs.

Sont punies de la même peine toute participation à ces négociations et toute publication de la valeur desdites actions.

Art. 15. — Sont punis des peines portées par l'article 405 du Code pénal, sans préjudice de l'application de cet article à tous les faits constitutifs du délit d'escroquerie :

1° Ceux qui, par simulation de souscriptions ou de versements ou par publication, faite de mauvaise foi, de souscriptions ou de versements qui n'existent pas ou de tous autres faits faux, ont obtenu ou tenté d'obtenir des souscriptions ou des versements ;

2° Ceux qui, pour provoquer des souscriptions ou des versements, ont, de mauvaise foi, publié les noms de personnes désignées, contrairement à la vérité, comme étant ou devant être attachées à la société à un titre quelconque ;

3° Les gérants qui, en l'absence d'inventaire ou au moyen d'inventaires frauduleux, ont opéré entre les actionnaires la répartition de dividendes fictifs.

Les membres du conseil de surveillance ne sont pas civilement responsables des délits commis par le gérant.

Art. 16. — L'article 463 du Code pénal est applicable aux faits prévus par les trois articles qui précèdent.

Art. 17. — Des actionnaires représentant le vingtième au moins du capital social peuvent, dans un intérêt commun, charger à leurs frais un ou plusieurs mandataires de soutenir, tant en demandant qu'en défendant, une action contre les gérants ou contre les membres du conseil de surveillance, et de les représenter, en ce cas, en justice, sans préjudice de l'action que chaque actionnaire peut intenter individuellement en son nom personnel.

Art. 18. — Les sociétés antérieures à la loi du 17 juillet 1856, et qui ne se seraient pas conformées à l'article 15 de cette loi, seront tenues, dans un délai de six mois, de constituer un conseil de surveillance, conformément aux dispositions qui précèdent.

A défaut de constitution du conseil de surveillance dans le délai ci-dessus fixé, chaque actionnaire a le droit de faire prononcer la dissolution de la société.

Art. 19. — Les sociétés en commandite par actions antérieures à la présente loi, dont les statuts permettent la transformation en société anonyme autorisée par le gouvernement, pourront se convertir en société anonyme dans les termes déterminés par le titre II de la présente loi, en se conformant aux conditions stipulées dans les statuts pour la transformation.

Art. 20. — Est abrogée la loi du 17 juillet 1856.

TITRE II

Des sociétés anonymes

Art. 21. — A l'avenir, les sociétés anonymes pourront se former sans l'autorisation du gouvernement.

Elles pourront, quel que soit le nombre des associés, être formées par un acte sous seing privé fait en double original.

Elles seront soumises aux dispositions des articles 29, 30, 32, 33, 34 et 36 du Code de commerce, et aux dispositions contenues dans le présent titre.

Art. 22. — Les sociétés anonymes sont administrées par un ou plusieurs mandataires à temps, révocables, salariés ou gratuits, pris parmi les associés.

Ces mandataires peuvent choisir parmi eux un directeur, ou, si les statuts le permettent, se substituer un mandataire étranger à la société et dont ils sont responsables envers elle.

Art. 23. — La société ne peut être constituée si le nombre des associés est inférieur à sept.

Art. 24. — Les dispositions des articles 1er, 2, 3 et 4 de la présente loi sont applicables aux sociétés anonymes.

La déclaration imposée au gérant par l'article 1er est faite par les fondateurs de la société anonyme ; elle est soumise, avec les pièces à l'appui, à la première assemblée générale, qui en vérifie la sincérité.

Art. 25. — Une assemblée générale est, dans tous les cas, convoquée à la diligence des fondateurs, postérieurement à l'acte qui constate la souscription du capital social et le versement du quart du capital qui consiste en numéraire. Cette assemblée nomme les premiers administrateurs ; elle nomme également, pour la première année, les commissaires institués par l'article 32 ci-après.

Ces administrateurs ne peuvent être nommés pour plus de six ans ; ils sont rééligibles, sauf stipulation contraire.

Toutefois ils peuvent être désignés par les statuts, avec stipulation formelle que leur nomination ne sera point soumise à l'approbation de l'assemblée générale. En ce cas, ils ne peuvent être nommés pour plus de trois ans.

Le procès-verbal de la séance constate l'acceptation des administrateurs et des commissaires présents à la réunion.

La société est constituée à partir de cette acceptation.

Art. 26. — Les administrateurs doivent être propriétaires d'un nombre d'actions déterminé par les statuts.

Ces actions sont affectées en totalité à la garantie de tous les actes de la gestion, même de ceux qui seraient exclusivement personnels à l'un des administrateurs.

Elles sont nominatives, inaliénables, frappées d'un timbre indiquant l'inaliénabilité et déposées dans la caisse sociale.

Art. 27. — Il est tenu chaque année au moins une assemblée générale à l'époque fixée par les statuts Les statuts déterminent le nombre d'actions qu'il est nécessaire de posséder, soit à titre de propriétaire, soit à titre de mandataire, pour être admis dans l'assemblée, et le nombre de voix appartenant à chaque actionnaire eu égard au nombre d'actions dont il est porteur.

Tous propriétaires d'un nombre d'actions inférieur à celui déterminé pour être admis dans l'assemblée, pourront se réunir pour former le nombre nécessaire et se faire représenter par l'un d'eux.

Néanmoins, dans les assemblées générales appelées à vérifier les apports, à nommer les premiers administrateurs et à vérifier la sincérité de la déclaration des fondateurs de la société, prescrite par le deuxième paragraphe de l'article 24, tout actionnaire, quel que soit le nombre des actions dont il est porteur, peut prendre part aux délibérations avec le nombre de voix déterminé par les statuts, sans qu'il puisse être supérieur à dix.

ART. 28. — Dans toutes les assemblées générales, les délibérations sont prises à la majorité des voix.

Il est tenu une feuille de présence ; elle contient les noms et domicile des actionnaires et le nombre d'actions dont chacun d'eux est porteur.

Cette feuille, certifiée par le bureau de l'assemblée, est déposée au siège social et doit être communiquée à tout requérant.

ART. 29. — Les assemblées générales qui ont à délibérer dans des cas autres que ceux qui sont prévus par les deux articles qui suivent, doivent être composées d'un nombre d'actionnaires représentant le quart au moins du capital social.

Si l'assemblée générale ne réunit pas ce nombre, une nouvelle assemblée est convoquée dans les formes et avec les délais prescrits par les statuts, et elle délibère valablement, quelle que soit la portion du capital représenté par les actionnaires présents.

ART. 30. — Les assemblées qui ont à délibérer sur la vérification des apports, sur la nomination des premiers administrateurs, sur la sincérité de la déclaration faite par les fondateurs aux termes du paragraphe 2 de l'article 24, doivent être composées d'un nombre d'actionnaires représentant la moitié au moins du capital social.

Le capital social, dont la moitié doit être représentée pour la vérification de l'apport, se compose seulement des apports non soumis à vérification.

Si l'assemblée générale ne réunit pas un nombre d'actionnaires représentant la moitié du capital social, elle ne peut prendre qu'une délibération provisoire. Dans ce cas, une nouvelle assemblée générale est convoquée. Deux avis, publiés à huit jours d'intervalle, au moins un mois à l'avance, dans l'un des journaux désignés pour recevoir les annonces légales, font connaître aux actionnaires les résolutions provisoires adoptées par la première assemblée, et ces résolutions deviennent définitives si elles sont approuvées par la nouvelle assemblée, composée d'un nombre d'actionnaires représentant le cinquième au moins du capital social.

Art. 31. — Les assemblées qui ont à délibérer sur des modifications aux statuts ou sur des propositions de continuation de la société au-delà du terme fixé pour sa durée, ou de dissolution avant ce terme, ne sont régulièrement constituées et ne délibèrent valablement qu'autant qu'elles sont composées d'un nombre d'actionnaires représentant la moitié au moins du capital social.

Art. 32. — L'assemblée générale annuelle désigne un ou plusieurs commissaires, associés ou non, chargés de faire un rapport à l'assemblée générale de l'année suivante sur la situation de la société, sur le bilan et sur les comptes présentés par les administrateurs.

La délibération contenant approbation du bilan et des comptes est nulle si elle n'a été précédée du rapport des commissaires.

A défaut de nomination des commissaires par l'assemblée générale, ou en cas d'empêchement ou de refus d'un ou de plusieurs des commissaires nommés, il est procédé à leur nomination ou à leur remplacement par ordonnance du président du tribunal de commerce du siège de la société, à la requête de tout intéressé, les administrateurs dûment appelés.

Art. 33. — Pendant le trimestre qui précède l'époque fixée par les statuts pour la réunion de l'assemblée générale, les commissaires ont droit, toutes les fois qu'ils le jugent convenable dans l'intérêt social, de prendre communication des livres et d'examiner les opérations de la société.

Ils peuvent toujours, en cas d'urgence, convoquer l'assemblée générale.

Art. 34. — Toute société anonyme doit dresser chaque semestre un état sommaire de sa situation active et passive.

Cet état est mis à la disposition des commissaires.

Il est, en outre, établi chaque année, conformément à l'article 9 du Code de commerce, un inventaire contenant l'indication des valeurs mobilières et immobilières et de toutes les dettes actives et passives de la société.

L'inventaire, le bilan et le compte des profits et pertes sont mis à la disposition des commissaires, le quarantième jour au plus tard avant l'assemblée générale. Ils sont présentés à cette assemblée.

ART. 35. — Quinze jours au moins avant la réunion de l'assemblée générale, tout actionnaire peut prendre, au siège social, communication de l'inventaire et de la liste des actionnaires, et se faire délivrer copie du bilan résumant l'inventaire et du rapport des commissaires.

ART. 36. — Il est fait annuellement, sur les bénéfices nets, un prélèvement d'un vingtième au moins, affecté à la formation d'un fonds de réserve.

Ce prélèvement cesse d'être obligatoire lorsque le fonds de réserve a atteint le dixième du capital social.

ART. 37. — En cas de perte des trois quarts du capital social, les administrateurs sont tenus de provoquer la réunion de l'assemblée générale de tous les actionnaires, à l'effet de statuer sur la question de savoir s'il y a lieu de prononcer la dissolution de la société.

La résolution de l'assemblée est, dans tous les cas, rendue publique.

A défaut par les administrateurs de réunir l'assemblée générale, comme dans le cas où cette assemblée n'aurait pu se constituer régulièrement, tout intéressé peut demander la dissolution de la société devant les tribunaux.

ART. 38. — La dissolution peut être prononcée sur la demande de toute partie intéressée, lorsqu'un an s'est écoulé depuis l'époque où le nombre des associés est réduit à moins de sept.

ART. 39. — L'article 17 est applicable aux sociétés anonymes.

ART. 40. — Il est interdit aux administrateurs de prendre ou de conserver un intérêt direct ou indirect dans une entreprise ou dans un marché fait avec la société ou pour son compte, à moins qu'ils n'y soient autorisés par l'assemblée générale.

Il est, chaque année, rendu à l'assemblée générale un compte spécial de l'exécution des marchés ou entreprises par elle autorisés aux termes du paragraphe précédent.

Art. 41. — Est nulle et de nul effet, à l'égard des intéressés, toute société anonyme pour laquelle n'ont pas été observées les dispositions des articles 22, 23, 24 et 25 ci-dessus.

Art. 42. — Lorsque la nullité de la société ou des actes et délibérations a été prononcée aux termes de l'article précédent, les fondateurs auxquels la nullité est imputable et les administrateurs en fonctions au moment où elle a été encourue, sont responsables solidairement envers les tiers *et les actionnaires du dommage résultant de cette annulation.*

La même responsabilité solidaire peut être prononcée contre ceux des associés dont les apports ou les avantages n'auraient pas été vérifiés et approuvés conformément à l'article 24.

L'action en nullité et celle en responsabilité en résultant sont soumises aux dispositions de l'article 8 ci-dessus.

Art. 43. — L'étendue et les effets de la responsabilité des commissaires envers la société sont déterminés d'après les règles générales du mandat.

Art. 44. — Les administrateurs sont responsables conformément aux règles du droit commun, individuellement ou solidairement suivant les cas, envers la société ou envers les tiers, soit des infractions aux dispositions de la présente loi, soit des fautes qu'ils auraient commises dans leur gestion, notamment en distribuant ou en laissant distribuer sans opposition des dividendes fictifs.

Art. 45. — Les dispositions des articles 13, 14, 15 et 16 de la présente loi sont applicables en matière de sociétés anonymes, sans distinction entre celles qui sont actuellement existantes et celles qui se constitueront sous l'empire de la présente loi. Les administrateurs qui, en l'absence d'inventaire ou au moyen d'inventaire frauduleux, auront opéré des dividendes fictifs, seront punis de la peine qui est prononcée dans ce cas par le n° 3 de l'article 15 contre les gérants des sociétés en commandite.

Sont également applicables en matière de sociétés anonymes les dispositions des trois derniers paragraphes de l'article 10.

Art. 46. — Les sociétés anonymes actuellement existantes continueront à être soumises, pendant toute leur durée, aux dispositions qui les régissent.

Elles pourront se transformer en sociétés anonymes dans les termes de la présente loi, en obtenant l'autorisation du gouvernement et en observant les formes prescrites pour la modification de leurs statuts.

Art. 47. — Les sociétés à responsabilité limitée pourront se convertir en sociétés anonymes dans les termes de la présente loi, en se conformant aux conditions stipulées pour la modification de leurs statuts.

Sont abrogés les articles 31, 37 et 40 du Code de commerce et la loi du 23 mai 1863 sur les sociétés à responsabilité limitée.

TITRE III

Dispositions particulières aux sociétés à capital variable

Art. 48. — Il peut être stipulé, dans les statuts de toute société, que le capital social sera susceptible d'augmentation par des versements successifs faits par les associés ou l'admission d'associés nouveaux, et de diminution par la reprise totale ou partielle des apports effectués.

Les sociétés dont les statuts contiendront la stipulation ci-dessus seront soumises, indépendamment des règles générales qui leur sont propres suivant leur forme spéciale, aux dispositions des articles suivants.

Art. 49. — Le capital social ne pourra être porté par les statuts constitutifs de la société au-dessus de la somme de 200.000 francs.

Il pourra être augmenté par des délibérations de l'assemblée générale, prises d'année en année; chacune des augmentations ne pourra être supérieure à 200.000 francs.

Art. 50. — Les actions ou coupons d'actions seront nominatifs, même après leur entière libération.

Ils ne seront négociables qu'après la constitution définitive de la société.

La négociation ne pourra avoir lieu que par voie de transfert sur les registres de la société, et les statuts pourront donner, soit au conseil d'administration. soit à l'assemblée générale, le droit de s'opposer au transfert.

Art. 51. — Les statuts détermineront une somme au-dessous de laquelle le capital ne pourra être réduit par les reprises des apports autorisées par l'article 48.

Cette somme ne pourra être inférieure au dixième du capital social.

La société ne sera définitivement constituée qu'après le versement du dixième.

Art. 52. — Chaque associé pourra se retirer de la société lorsqu'il le jugera convenable, à moins de conventions contraires et sauf l'application du paragraphe 1er de l'article précédent.

Il pourra être stipulé que l'assemblée générale aura le droit de décider, à la majorité fixée pour la modification des statuts, que l'un ou plusieurs des associés cesseront de faire partie de la société.

L'associé qui cessera de faire partie de la société, soit par l'effet de sa volonté, soit par suite de décision de l'assemblée générale, restera tenu, pendant cinq ans, envers les associés et envers les tiers, de toutes les obligations existant au moment de sa retraite.

Art. 53. — La société, quelle que soit sa forme, sera valablement représentée en justice par ses administrateurs.

Art. 54. — La société ne sera point dissoute par la mort, la retraite, l'interdiction, la faillite ou la déconfiture de l'un des associés ; elle continuera de plein droit entre les autres associés.

TITRE IV

Dispositions relatives à la publication des actes de société

Art. 55. — Dans le mois de la constitution de toute société commerciale, un double de l'acte constitutif, s'il est sous seing privé, ou une expédition, s'il est notarié, est déposé au greffe de la justice de paix et du tribunal de commerce du lieu dans lequel est établie la société.

A l'acte constitutif des sociétés en commandite par actions et des sociétés anonymes sont annexées : 1° une expédition de l'acte notarié constatant la souscription du capital social et le versement du quart ; 2° une copie certifiée des délibérations prises par l'assemblée générale dans les cas prévus par les articles 4 et 24.

En outre, lorsque la société est anonyme, on doit annexer à l'acte constitutif la liste nominative, dûment certifiée, des souscripteurs, contenant les nom, prénoms, qualité, demeure et le nombre d'actions de chacun d'eux.

Art. 56. — Dans le même délai d'un mois, un extrait de l'acte constitutif et des pièces annexées est publié dans l'un des journaux désignés pour recevoir les annonces légales.

Il sera justifié de l'insertion par un exemplaire du journal certifié par l'imprimeur, légalisé par le maire et enregistré dans les trois mois de sa date.

Les formalités prescrites par l'article précédent et par le présent article seront observées, à peine de nullité, à l'égard des intéressés ; mais le défaut d'aucune d'elles ne pourra être opposé aux tiers par les associés.

Art. 57. — L'extrait doit contenir les noms des associés autres que les actionnaires ou commanditaires ; la raison de commerce ou la dénomination adoptée par la société et l'indication du siège social ; la désignation des associés autorisés à gérer, administrer et signer pour la société ; le montant du capital social et le montant des valeurs fournies ou à fournir par les actionnaires ou commanditaires ; l'époque où la société commence, celle où elle doit finir, et la date du dépôt fait aux greffes de la justice de paix et du tribunal de commerce.

Art. 58. — L'extrait doit énoncer que la société est en nom collectif ou en commandite simple, ou en commandite par actions, ou anonyme, ou à capital variable.

Si la société est anonyme, l'extrait doit énoncer le montant du capital social en numéraire et autres objets, la quotité à prélever sur les bénéfices pour composer le fonds de réserve.

Enfin, si la société est à capital variable, l'extrait doit contenir l'indication de la somme au-dessous de laquelle le capital social ne peut être réduit.

Art. 59. — Si la société a plusieurs maisons de commerce situées dans divers arrondissements, le dépôt prescrit par l'article 55 et la publication prescrite par l'article 56 ont lieu dans chacun des arrondissements où existent les maisons de commerce.

Dans les villes divisées en plusieurs arrondissements, le dépôt sera fait seulement au greffe de la justice de paix du principal établissement.

Art. 60. — L'extrait des actes et pièces déposées est signé, pour les actes publics, par le notaire, et, pour les actes sous seing privé, par les associés en nom collectif, par les gérants des sociétés en commandite ou par les administrateurs des sociétés anonymes.

Art. 61. — Sont soumis aux formalités et aux pénalités prescrites par les articles 55 et 56 :

Tous actes et délibérations ayant pour objet la modification des statuts, la continuation de la société au-delà du terme fixé pour sa durée, la dissolution avant ce terme et le mode de liquidation. tout changement ou retraite d'associés et tout changement à la raison sociale.

Sont également soumises aux dispositions des articles 55 et 56 les délibérations prises dans les cas prévus par les articles 19, 37, 46, 47 et 49 ci-dessus.

Art. 62. — Ne sont pas assujettis aux formalités de dépôt et de publication les actes constatant les augmentations ou les diminutions du capital social opérées dans les termes de l'article 48, ou les retraites d'associés, autres que les gérants ou administrateurs, qui auraient lieu conformément à l'article 52.

Art. 63. — Lorsqu'il s'agit d'une société en commandite par actions ou d'une société anonyme, toute personne a le droit de prendre communication des pièces déposées aux greffes de la justice de paix et du tribunal de commerce, ou même de s'en faire délivrer à ses frais expédition ou extrait par le greffier ou par le notaire détenteur de la minute.

Toute personne peut également exiger qu'il lui soit délivré au siège de la société une copie certifiée des statuts, moyennant payement d'une somme qui ne pourra excéder 1 franc.

Enfin les pièces déposées doivent être affichées d'une manière apparente dans les bureaux de la société.

Art. 64. — Dans tous les actes, factures, annonces, publications et autres documents *imprimés ou autographiés*, émanés des sociétés anonymes ou des sociétés en commandite par actions, la dénomination sociale doit toujours être précédée ou suivie immédiatement de ces mots, écrits lisiblement en toutes lettres : *société anonyme ou société en commandite par actions*, et de l'énonciation du capital social.

Si la société a usé de la faculté accordée par l'article 48, cette circonstance doit être mentionnée par l'addition de ces mots : *à capital variable*.

Toute contravention aux dispositions qui précèdent est punie d'une amende de 50 à 1.000 francs.

Art. 65. — Sont abrogées les dispositions des articles 42, 43, 44, 45, 46 du Code de commerce.

TITRE V

Des tontines et des sociétés d'assurances

Art. 66. — Les associations de la nature des tontines et les sociétés d'assurances sur la vie, mutuelles ou à primes, restent soumises à l'autorisation et à la surveillance du gouvernement.

Les autres sociétés d'assurances pourront se former sans autorisation. Un règlement d'administration publique déterminera les conditions sous lesquelles elles pourront être constituées.

Art. 67. — Les sociétés d'assurances désignées dans le paragraphe 2 de l'article précédent, qui existent actuellement, pourront se placer sous le régime qui sera établi par le règlement d'administration publique, sans l'autorisation du gouvernement, en observant les formes et les conditions prescrites pour la modification de leurs statuts.

Dispositions diverses

Art. 68. — *Quel que soit leur objet, les sociétés en commandite ou anonymes qui seront constituées dans les formes du Code de commerce ou de la présente loi seront commerciales et soumises aux lois et usages du commerce.*

Art. 69. — *Il pourra être consenti hypothèque au nom de toute société commerciale en vertu des pouvoirs résultant de son acte de formation même sous seing privé, ou des délibérations ou autorisations constatées dans les formes réglées par ledit acte. L'acte d'hypothèque sera passé en forme authentique, conformément à l'article 2327 du Code civil.*

Art. 70. — *Dans les cas où les sociétés ont continué à payer les intérêts ou dividendes des actions, obligations ou tous autres titres remboursables par suite d'un tirage au sort, elles ne peuvent répéter ces sommes lorsque le titre est présenté au remboursement.*

LOI DU 16 NOVEMBRE 1903

Modifiant la loi du 9 juillet 1902 relative aux actions de priorité

Article premier

Les articles 1 et 2 de la loi du 9 juillet 1902 sont modifiés ainsi qu'il suit :

Art. 1er. — L'article 34 du Code de commerce (1) est ainsi complété :

Le capital social des sociétés par actions se divise en ac-

(1) Art. 34 : Le capital de la société anonyme se divise en actions et même en coupons d'actions d'une valeur égale.

tions et même en coupons d'actions d'une valeur nominale égale.

Toute société par actions peut, par délibération de l'assemblée générale constituée dans les conditions prévues par l'article 31 de la loi du 24 juillet 1867, créer des actions de priorité, jouissant de certains avantages sur les autres actions ou conférant des droits d'antériorité, soit sur les bénéfices, soit sur l'actif social, soit sur les deux, si les statuts n'interdisent point, par une prohibition directe et expresse, la création d actions de cette nature.

Sauf dispositions contraires des statuts, les actions de priorité et les autres actions ont, dans les assemblées, un droit de vote égal.

Dans le cas où une décision de l'assemblée générale comporterait une modification dans les droits attachés à une catégorie d'actions, cette décision ne sera définitive qu'après avoir été ratifiée par une assemblée spéciale des actionnaires de la catégorie visée. Cette assemblée spéciale, pour délibérer valablement, doit réunir au moins la moitié du capital représenté par les actions dont il s'agit, à moins que les statuts ne prescrivent un minimum plus élevé.

Art. 2. — Le paragraphe 3 de l'article 3 de la loi du 24 juillet 1867, modifié par la loi du 1er août 1893, est ainsi complété :

En cas de fusion de sociétés par voie d'absorption ou de création d'une société nouvelle englobant une ou plusieurs sociétés préexistantes, l'interdiction de détacher les actions de la souche et de les négocier ne s'applique pas aux actions d'apport attribuées à une société par actions ayant, lors de la fusion, plus de deux ans d'existence.

Article 2

La présente loi est applicable aux sociétés fondées antérieurement ou postérieurement à la présente loi.

PREMIÈRE PARTIE

DE L'ASSEMBLÉE GÉNÉRALE ORDINAIRE

CHAPITRE PREMIER

BUT ET ORGANISATION DE L'ASSEMBLÉE

SOMMAIRE

Section I. — But et raison d'être de l'assemblée ordinaire (nos 1 et 2).
Section II. — Qui peut assister à l'assemblée (nos 3 à 7 *bis*).
Section III. — Conditions pour être admis à l'assemblée (nos 8 à 11 *bis*).
Section IV. — Irrégularités dans la composition de l'assemblée (nos 12 à 15).
Section V. — Convocation de l'assemblée. — Ordre du jour (nos 16 à 23).

SECTION I

BUT ET RAISON D'ÊTRE DE L'ASSEMBLÉE ORDINAIRE

1. *Raison d'être.* — Qu'est-ce que l'assemblée générale ordinaire ? Pour le bien comprendre, il importe de se

rendre compte de la constitution et du fonctionnement des sociétés par actions. Le capital social est divisé en un certain nombre de parts, appelées actions, dont le taux minimum est aujourd'hui de cent francs, sauf pour les sociétés d'un capital inférieur à 200.000 francs. Il en résulte que chaque action représente une part d'associé et que les actionnaires ne sont pas autre chose que des associés, tout comme les membres d'une société de personnes en nom collectif ou en commandite ; ils sont associés pour l'exploitation de l'industrie qui constitue l'objet social.

Toutefois il existe entre les uns et les autres de profondes différences, tant en droit qu'en fait. La principale consiste en ce que, dans les sociétés par actions, l'importance du nombre de leurs membres oblige à confier la gestion de l'entreprise à quelques-uns d'entre eux, qui seront les mandataires de leurs collègues et dirigeront en leur nom les affaires sociales. Ces mandataires doivent, bien entendu, rendre compte de leur gestion à leurs mandants. Tel est précisément l'objet essentiel de l'assemblée annuelle des actionnaires exigée par la loi et qu'on appelle l'assemblée *ordinaire*, par opposition à l'assemblée *extraordinaire*, qui ne se tient que sur l'initiative du conseil et à intervalles irréguliers.

2. *Attributions.* — Les administrateurs se présentent devant les actionnaires réunis à cet effet et soumettent à leur approbation les comptes de l'exercice, c'est-à-dire les résultats de leur gestion. L'assemblée examine ces comptes, les discute, et les approuve ou les rejette. Par

là même elle ratifie ou blâme la gestion de ses mandataires.

En même temps elle fixe l'emploi des bénéfices, le montant du dividende à répartir, des amortissements à effectuer, des sommes à porter aux fonds de réserve ou de prévoyance, etc.

Elle est en outre chargée de remplacer les administrateurs sortant de fonctions, de leur accorder leur quitus, s'il y a lieu, et de nommer les commissaires aux comptes pour l'exercice suivant. Elle peut, le cas échéant, révoquer les administrateurs dont elle n'est pas satisfaite. Enfin elle statue sur les intérêts généraux de la société et résout les diverses questions qui lui sont soumises par le conseil d'administration.

En résumé la réunion de l'assemblée générale ordinaire permet aux actionnaires d'exercer une fois par an — et une seule — la surveillance qui leur appartient ainsi que de donner leur avis sur la gestion de leurs mandataires et la marche des affaires sociales. Son attribution essentielle est l'examen des comptes sociaux, qui implique nécessairement le contrôle des opérations réalisées pendant le dernier exercice et aboutit à l'approbation ou au blâme de la conduite du conseil.

SECTION II

Qui peut assister a l'assemblée générale

3. *Principe.* — En principe tous les actionnaires ont

le droit d'assister à l'assemblée générale. Il est naturel en effet que tous ceux qui ont mis des fonds dans l'affaire soient admis à exercer ce contrôle, quels que soient le nombre des titres détenus et l'importance des sommes engagées par chacun d'eux. Par contre on n'y laisse pénétrer que les actionnaires, et personne autre, pas même les porteurs de parts de fondateur ou les obligataires, n'y saurait être admis.

Bien qu'on l'ait quelquefois contesté, il est certain que les actions de jouissance confèrent à cet égard les mêmes droits que les actions non amorties.

4. *Cessionnaires.* — Le cessionnaire d'actions transmises autrement que par un mode de négociation commercial peut-il assister à l'assemblée générale ?. On sait que les actions d'apport ne sont pas négociables pendant deux ans à compter de la constitution de la société. Néanmoins elles font valablement l'objet de transmissions par ce qu'on appelle les voies civiles (cession par acte sous seing privé et signification à la société). On s'est demandé si celui qui a acquis de la sorte des actions d'apport a le droit d'assister à l'assemblée. Le doute venait de ce qu'aucun transfert ne peut être valablement opéré pendant ces deux années. Dans une étude publiée par le *Journal des Sociétés*, nous avons critiqué une décision du tribunal de commerce de la Seine qui tranchait la question négativement (1902, p. 49). Il serait vraiment bien peu logique en effet d'exclure de l'assemblée le véritable intéressé pour y laisser entrer le cédant, qui est devenu totalement indifférent aux affaires sociales

depuis qu'il s'est défait de ses titres. S'inspirant de cette considération, la Cour de Paris infirmait peu après le dit jugement et ouvrait au cessionnaire les portes de l'assemblée générale (12 avril 1902, *Dall.* 1906.2.345).

5. *Actionnaire qui a donné ses titres en gage.* — Lorsqu'un porteur d'actions a donné ses titres en gage, le droit d'assister à l'assemblée générale lui demeure-t-il acquis ou bien appartient-il au créancier gagiste ? Il n'est pas douteux que le débiteur reste propriétaire de ses actions, bien que le créancier les détienne. La qualité d'actionnaire demeure donc fixée sur sa tête jusqu'au jour où il aura été exproprié. Jusque-là il jouit des avantages attachés à la propriété des actions, parmi lesquels figure le droit d'accès à l'assemblée générale. Il doit donc y être admis. Mais, comme il ne pourrait pas effectuer le dépôt de ses titres sans le concours du créancier qui les détient, il devra, au moment de la constitution du gage, prendre ses dispositions de manière que le créancier les lui remette à cet effet en temps voulu ou les dépose en son nom. La Cour de Liège a jugé récemment en ce sens que l'assistance à l'assemblée générale du créancier gagiste est de nature à vicier ses délibérations, tout au moins lorsque la présence du propriétaire des titres aurait pu déplacer la majorité (4 nov. 1903, *Journ. Pal.*, 1905. IV. 15).

6. *Reporteurs.* — C'est une question délicate que de savoir si les reporteurs peuvent être admis à l'assemblée générale. En droit, ils sont propriétaires des titres pendant l'intervalle des deux liquidations successives,

puisqu'ils les ont achetés comptant pour les revendre d'ailleurs immédiatement à terme. En fait, ce sont des capitalistes qui cherchent à tirer un parti fructueux de leur argent et qui se désintéressent absolument de l'entreprise industrielle dans laquelle ils vont se trouver ainsi associés pour quelques jours. Quoi qu'il en soit, la jurisprudence n'a pas cru pouvoir exclure de l'assemblée les reporteurs, car ils sont, officiellement tout au moins, propriétaires des actions qui ont fait l'objet du report :

« Considérant, a décidé la Cour de Paris le 6 juillet 1892, qu'il résulte des recherches faites par les experts que ces reports ont été effectués dans des conditions régulières et que chacun des reporteurs a intégralement versé le prix des actions et les frais accessoires du report ; que, dans ces circonstances, ces reporteurs étaient propriétaires des actions qu'ils détenaient et avaient par suite le droit de figurer à l'assemblée générale ; qu'il importerait peu que ces opérations aient eu pour mobile le désir des reporteurs de faire partie de l'assemblée générale du moment qu'il n'est pas établi que le but de cette combinaison était de fausser les votes de l'assemblée et de constituer une majorité factice... »

Il en est ainsi même pour les reports qui auraient été faits en réalité pour le compte de la société elle-même :

« Considérant, continue l'arrêt, qu'il est constant que treize personnes ont, à la liquidation du 15 novembre 1883 (l'assemblée avait été tenue le 29 novembre suivant), pris en report régulier à la Bourse de Paris 8.155 actions uniquement en vue d'assister à l'assemblée et *qu'en rémunération du service qu'elles ont ainsi rendu, elles ont reçu du Crédit mobilier une commission de 1 fr. 72 par titre, soit un total de 14.390 francs représentant les charges imposées aux reporteurs ;*

« Que cette manière d'opérer, tout incorrecte qu'elle soit, ne saurait, dans les circonstances de la cause et en l'absence de toute intention frauduleuse, vicier la délibération attaquée en enlevant à ces reporteurs leur qualité de propriétaires des actions reportées ; qu'il est certain en effet que le conseil du Crédit mobilier avait, au mois de mai 1883, tenté de réunir une assemblée générale pour lui proposer la réduction du capital social ; que, faute d'avoir pu rassembler les 40.000 titres nécessaires à la validité de la délibération, l'assemblée n'avait pas pu avoir lieu, et que ce n'est que pour éviter un nouvel échec qu'on a eu recours au procédé critiqué ; que la réduction du capital a été votée d'ailleurs à l'unanimité moins trois voix ; qu'enfin il a été constaté que le rachat des actions autorisé par l'assemblée a été avantageux pour la société... »

Cette décision est intéressante parce qu'elle montre en même temps combien les sociétés éprouvent de difficulté pour réunir le *quorum* nécessaire, surtout en vue des assemblées extraordinaires. Cette considération pratique n'a pas été sans influence sur la décision de la Cour.

7. *Actions non entièrement libérées*. — Les porteurs d'actions non libérées ont-ils accès à l'assemblée ? Oui, car ils sont quand même actionnaires. Mais les statuts peuvent refuser l'entrée de l'assemblée à ceux qui n'ont pas effectué les versements exigibles sur leurs titres. C'est là une clause valable.

7 *bis*. *Nu-propriétaire et usufruitier*. — Lorsqu'une action est grevée d'usufruit, doit-on admettre à l'assem-

blée le nu-propriétaire ou l'usufruitier ? Dans la pratique, c'est le premier qui est considéré comme ayant le droit d'y siéger, à l'exclusion de l'usufruitier. Les statuts contiennent d'ailleurs le plus souvent une clause expresse en ce sens.

Cette solution doit être approuvée. L'assistance à l'assemblée a pour but de permettre aux actionnaires de surveiller leurs intérêts et de contrôler la gestion des affaires sociales par les mandataires qu'ils ont placés à la tête de la société. Cette surveillance constitue un acte de conservation, d'administration du patrimoine. Or les actions grevées d'usufruit font en réalité, malgré ce démembrement de la propriété, partie du patrimoine du nu-propriétaire. Sans doute la jouissance de ce bien lui a été enlevée pour un temps, mais son droit de propriété, momentanément amputé et restreint, redeviendra entier dès la fin de l'usufruit. Cette diminution partielle et essentiellement temporaire ne saurait donc être prise en considération quand il s'agit de savoir à qui appartient le droit de propriété sur ces actions et à qui revient par conséquent la charge de l'administration qu'elles comportent. L'usufruitier objectera, il est vrai, que l'assemblée générale ordinaire a pour mission principale de fixer le dividende annuel, et qu'en ce faisant elle statue sur une question qui l'intéresse seul, à l'exclusion du nu-propriétaire, puisque c'est à lui que ce dividende sera versé. Mais tel n'est pas le seul objet de l'assemblée ordinaire, qui est chargée, d'une manière générale, comme on le verra plus loin, de trancher, toutes les questions qui concernent la marche des affaires et l'avenir de la société. Au surplus la fixation du dividende, dont le montant dépend de l'affectation que recevra le surplus des bénéfices et de la constitution des fonds de prévoyance nécessaires, intéresse également à ce point de vue le nu-propriétaire. Enfin, outre l'assemblée ordinaire, il y a les assemblées extraordinaires, qui ont le pouvoir de modifier les statuts conformément aux besoins de l'entreprise. Or il ne saurait être contesté que les résolutions à prendre sur ces questions, étant donné l'influence qu'elles exerceront sur l'avenir de la société, sont beaucoup plutôt du ressort du nu-propriétaire, dont le droit de propriété deviendra complet dans un délai plus ou moins long, que de celui de l'usufruitier. Ajoutez à cela qu'on ne saurait convoquer tantôt le nu-propriétaire, tantôt l'usufruitier, selon la nature des questions soumises à l'assemblée. Il convient donc d'attribuer à l'un des deux exclusivement le droit de siéger à l'assemblée, et c'est au nu-propriétaire qu'il nous paraît revenir.

Un arrêt de la Cour de Bruxelles du 21 novembre 1903 (*Journ. Pal.*, 1906.4.19), le seul que nous connaissions sur la matière, décide cependant que ce droit appartient simultanément au nu-propriétaire et à l'usufruitier, et qu'il devra être exercé d'un commun accord par l'un d'eux ou par un mandataire.

SECTION III

Conditions pour être admis a l'assemblée générale

8. *Nombre minimum d'actions.* — Dans la pratique, les statuts n'accordent, pour ainsi dire, jamais à tous les actionnaires l'accès de l'assemblée. Afin d'éviter la cohue et le désordre qui accompagnent toute réunion nombreuse, ils contiennent une clause de style qui réserve ce droit aux actionnaires propriétaires d'un nombre déterminé de titres et qui écarte ainsi les « petits actionnaires ». Quelquefois aussi ils limitent le nombre des voix qui appartiendront aux actionnaires, de manière que les gros porteurs de titres ne deviennent pas, en fait, les maîtres de la société.

9. *Groupement.* — A ce point de vue la loi du 1er août 1893 a consacré une importante innovation. Afin d'assurer davantage l'égalité entre les actionnaires et aussi de faciliter la tenue des assemblées par l'admission d'un plus grand nombre de membres, elle a autorisé les « petits actionnaires » à se grouper pour réunir le nombre d'actions exigé par les statuts : « Tous proprié-
« taires d'un nombre d'actions inférieur à celui déter-
« miné pour être admis dans l'assemblée, dit-elle, pour-
« ront se réunir pour former le nombre nécessaire et se
« faire représenter par l'un d'eux. »

Le but de cette disposition a été très clairement indiqué dans le rapport de M. Clausel de Coussergues à la Chambre des Députés : « Avec ce texte (l'ancien ar- « ticle 27), dit M. Graux (l'un des auteurs du projet de « loi), on pourrait redouter que les sociétés rédigeassent « leurs statuts de façon non seulement à évincer le petit « actionnaire, mais même à empêcher le groupement des « petits porteurs d'actions. Pour éviter toute contesta- « tion sur ce point et pour assurer à l'actionnaire le plus « infime le droit d'être représenté aux assemblées, nous « insérons dans l'article 27 un paragraphe qui donne « aux actionnaires, même porteurs d'un seul titre, le « droit de se syndiquer pour organiser leur représenta- « tion. » C'est donc au profit des petits porteurs d'actions exclusivement que cette disposition nouvelle a été ajoutée à la loi de 1867. Cette observation permettra de résoudre facilement plusieurs questions qui embarrassent parfois les administrateurs de sociétés.

Supposons que l'assemblée se compose seulement des actionnaires propriétaires de dix actions et que les statuts accordent aux actionnaires présents autant de voix qu'ils possèdent de fois dix actions. Un actionnaire porteur de 15 actions peut-il se réunir à un actionnaire porteur de 5 actions afin d'avoir deux voix à l'assemblée ? Non, parce que la faculté de groupement ne doit être utilisée que par des actionnaires propriétaires de moins de dix actions.

Un actionnaire porteur de 15 actions reçoit le pouvoir d'un autre actionnaire qui en possède autant : il va de la sorte représenter à l'assemblée 30 actions. Combien aura-t-il de voix à l'assemblée ? Deux ou trois ? Il faut répondre qu'il en aura seulement deux, car lui-même ainsi que l'actionnaire absent n'ont qu'une voix chacun, et le fait que l'un est représenté par l'autre ne saurait modifier cette situation ni surtout augmenter leurs droits au sein de l'assemblée.

A plus forte raison la loi de 1893 ne permet-elle pas aux actionnaires porteurs de plus de 10 actions de se prêter entre eux les actions qu'ils ne peuvent utiliser personnellement pour l'assemblée. Celui qui en a 18 n'a pas le droit d'en emprunter 2 à celui qui en possède 12 pour avoir deux voix. De même celui qui n'a que 8 actions ne saurait en prendre 2 à celui qui en a 12 afin d'avoir accès à l'assemblée ; il ne peut réunir ses actions qu'aux actions de ceux qui, comme lui, ne possèdent pas le nombre fixé par les statuts.

Ces diverses solutions dérivent toutes du principe que la loi de 1893 n'a entendu favoriser que les petits actionnaires, ceux-là seulement qui, ne possédant pas le nombre minimum d'actions fixé par les statuts, ne pouvaient jusque-là prendre part aux délibérations de l'assemblée générale. C'est à eux seuls que la faculté de se grouper est réservée.

L'innovation législative de 1893 s'applique-t-elle aux sociétés en commandite par actions ? La question est controversée entre les auteurs et n'a pas encore fait l'objet d'un débat judiciaire. Toutefois il semble bien résulter de l'arrêt cité ci-dessous qu'elle doit être tranchée négativement.

Doit-on reconnaître à cette loi un effet rétroactif et peut-elle être invoquée par les actionnaires des sociétés fondées avant le 1er août 1893 ? La Cour de Paris a résolu la question d'une façon négative par l'arrêt bien connu du 19 février 1897 :

« Considérant qu'il est de principe que les lois n'ont pas d'effet rétroactif ; qu'admettre le contraire serait porter atteinte à des intérêts légitimes et modifier des conventions librement consenties à l'origine ou ratifiées postérieurement par une adhésion implicite ;

« Que, si la loi nouvelle a voulu assurer la représentation des unités et faciliter le groupement des petits porteurs de titres, il ne résulte pas de son texte et de ses travaux préparatoires, notamment au Sénat, qu'elle ait entendu statuer autrement que pour l'avenir, et que des considérations d'ordre public devant nécessairement réagir dans le passé aient été déterminantes de ses dispositions, spécialement celles de l'article 4... ; que l'article 4 lui-même, modifiant le paragraphe premier de l'article 27 de la loi de 1867, spécial aux sociétés anonymes, s'applique à ces sociétés seulement et non à celles en commandite, ce qui exclut la pensée d'une mesure d'ordre public et d'intérêt général en matière de société par actions » (Dall. 1898. 2.153).

Un pourvoi ayant été formé contre cet arrêt, la Cour de cassation l'a rejeté, mais toutefois sans se prononcer sur la question tranchée par la Cour de Paris :

« Attendu, sans qu'il soit besoin d'examiner si l'article 4 de la loi du 1er août 1893 s'applique aux sociétés constituées antérieurement, qu'il résulte des constatations de l'arrêt attaqué que les petits porteurs d'actions qui se sont présentés à l'assemblée générale y ont été admis ; que leur présence n'a été l'objet d'aucune protestation et ne peut être considérée comme le résultat d'aucune manœuvre frauduleuse...... » (29 juin 1899, *Journ. Soc.*, 1899. 535).

La loi dit que les petits actionnaires peuvent se faire représenter par « l'un d'eux ». Doit-on interpréter littéralement cette disposition ? Faut-il décider au contraire qu'ils pourraient également se faire représenter par un des actionnaires ayant accès à l'assemblée ? On admet très généralement cette dernière opinion, bien que le texte même de la loi semble dire le contraire. En tous cas ils n'auraient pas le droit de choisir comme mandataire commun un étranger à la société.

Ce mandataire sera soumis aux mêmes formalités que les autres membres de l'assemblée pour le dépôt des titres et des pouvoirs (V. n° 10).

Le mandataire de plusieurs petits porteurs n'a-t-il qu'une seule voix ? N'a-t-il pas au contraire autant de voix qu'il représente de groupes d'actions donnant droit à une voix ? Bien qu'on trouve une décision judiciaire dans le sens de la première opinion, c'est à la seconde qu'il convient certainement de s'arrêter. Autrement la loi de 1893 n'atteindrait pas son but qui est de permettre aux petits actionnaires d'exercer à l'assemblée, grâce au groupement de leurs forces, une part d'influence proportionnelle à l'importance des intérêts qu'ils possèdent dans la société. Comme, dans la pratique, ceux qui veulent se faire représenter par le moyen du groupement adressent leur pouvoir en blanc au conseil d'administration, qui se charge de leur trouver un mandataire, il dépendrait le plus souvent du conseil d'augmenter ou de diminuer le nombre des voix appelées à être exprimées à l'assemblée suivant la façon dont il répartirait ces procurations (*Sic*

Trib. comm. Lyon, 20 oct. 1902, *Journ. Soc.*, 1903.67).

Dans la pratique, les groupements d'actionnaires en vue de l'assemblée sont assez rares. Ceux qui voudraient les former rencontrent une difficulté presque insurmontable qui provient de ce que les actionnaires ne se connaissent pas entre eux et ne peuvent par conséquent se concerter pour mettre à profit l'avantage qui leur a été concédé. Or le législateur n'a rien fait pour lever cet obstacle et faciliter l'application de la loi. Ils n'ont dès lors d'autre ressource que de déposer leurs titres au siège social pour que les administrateurs forment eux-mêmes ces groupements.

10. *Dépôt préalable.* — Malgré les restrictions apportées par les statuts au droit d'assister à la réunion, il serait encore impossible, du moins dans les sociétés importantes, de vérifier et de compter le jour même de l'assemblée et au moment de l'arrivée des actionnaires les titres de ceux qui ont le droit d'y assister. Aussi l'usage s'est-il établi d'exiger le dépôt préalable des actions au porteur un certain nombre de jours à l'avance, cinq jours le plus souvent ; c'est le conseil qui, à défaut des statuts, fixe dans quel délai et dans quelles caisses ce dépôt sera effectué. Comme les dépôts engagent dans une certaine mesure sa responsabilité, il doit se montrer à cet égard très circonspect. Les compagnies de chemins de fer tendent à autoriser les dépôts de titres dans les gares les plus importantes de leur réseau, afin de donner aux actionnaires le plus de facilités possible pour l'accomplissement de cette formalité.

Il a été jugé que la disposition des statuts qui prescrit le dépôt des titres dans un lieu déterminé n'est pas sanctionnée par une nullité. Si l'usage de la société est d'accepter comme suffisante la remise au siège social de récépissés de dépôt émanant d'établissements de crédit ou de maisons de banque honorables, on peut s'y conformer sans que la validité de la délibération de l'assemblée en soit compromise (Paris, 6 juillet 1892).

Décidé également : qu'il n'est pas nécessaire de mentionner les numéros des titres dans les constatations de dépôt (Trib. comm. Lyon, 3 oct. 1902) ;

...qu'aucune nullité n'est édictée ni aucune déchéance prévue par la loi pour le dépôt tardif des titres en vue d'une assemblée générale, et que dès lors un actionnaire ne peut demander la nullité d'une assemblée par le motif que, dans le silence des statuts, des actionnaires auraient été admis à déposer leurs titres moins de quinze jours avant l'assemblée (Trib. comm. Seine, 13 nov. 1901, *Journ. Soc.*, 1902.460).

En sens contraire le même tribunal a décidé que, lorsque les statuts imposent aux actionnaires qui veulent assister à l'assemblée l'obligation de déposer leurs titres un certain temps d'avance contre la remise d'une carte d'admission, l'entrée de l'assemblée est à bon droit refusée à des actionnaires attributaires d'actions d'apport qui ne s'y présentent pas porteurs d'une carte d'admission (13 mai 1901, *Journ. Soc.*, 1901.448).

Il arrive quelquefois en effet que les statuts prescrivent le dépôt des titres plus longtemps avant l'assemblée, vingt jours par exemple. Le motif de cette disposition spéciale est généralement que les fondateurs de la société ont voulu écarter de l'assemblée les actionnaires de passage, ceux qui n'achètent des titres que juste au moment où l'assemblée va se réunir, avec l'intention de s'en défaire aussitôt après. Lorsqu'il en est ainsi, la prescription des statuts devrait être suivie rigoureusement et l'assemblée n'aurait pas le droit de passer outre (Trib. comm. Lyon, 13 avril 1905, *Journ. Soc.*, 1905.451), tandis que, d'après la jurisprudence qui vient d'être rapportée, elle peut le faire lorsque le dépôt, exigé seulement quelques jours avant l'assemblée, n'a d'autre but que d'en faciliter l'organisation matérielle. Cette prescription présente un autre avantage, celui de permettre aux administrateurs d'établir la liste des actionnaires en temps voulu pour qu'elle puisse être communiquée conformément à l'article 35 (V. n° 62).

11. *Mandataires.* — Les actionnaires qui ne peuvent pas assister à l'assemblée ont la faculté de s'y faire remplacer par un mandataire, qu'ils sont libres de choisir à leur gré. Mais assez souvent les statuts stipulent que les mandataires devront être eux-mêmes actionnaires.

Les pouvoirs doivent être sur timbre. D'ordinaire les sociétés se contentent de pouvoirs sous seing privé ; c'est sous cette forme que sont établis ceux qu'elles envoient aux porteurs d'actions nominatives en même temps que l'avis de convocation.

Les statuts pourraient exiger, ou bien que les procurations soient authentiques, c'est-à-dire passées devant notaire, ou bien que les pouvoirs sous seing privé soient légalisés. De même le conseil aurait le droit de formuler une semblable exigence. Mais, dans ce cas, il aurait pour devoir d'en aviser en temps voulu les actionnaires, afin que ceux-ci aient le loisir de remplir cette formalité avant l'assemblée. Sinon on pourrait voir là une manœuvre abusive qui serait, le cas échéant, de nature à entraîner la nullité de l'assemblée.

11 *bis*. *Mandataires légaux.* — Parmi les actionnaires, il peut se rencontrer des personnes que la loi appelle des « incapables », et dont elle s'est préoccupée de faire gérer le patrimoine par un tiers, à savoir des mineurs, des interdits et des femmes mariées. C'est le mari qui, sauf exception, représente la femme et qui exerce ses droits ; les mineurs et les interdits sont légalement représentés par leur tuteur. En conséquence ce dernier doit exercer le droit du mineur ou de l'interdit, lorsqu'ils sont propriétaires d'actions, de prendre part aux délibérations de l'assemblée. Quant à la femme mariée, la jouissance et l'administration de ses biens appartiennent au mari. Il en est ainsi sous le régime de communauté (communauté légale ou communauté réduite aux acquêts), et sous le régime dotal, à l'exception des biens paraphernaux de la femme. Par conséquent c'est le mari qui représentera la femme à l'assemblée générale dans ces deux cas. Au contraire la femme séparée de biens conserve la libre administration et la jouissance de sa fortune ; c'est donc elle-même qui aura le droit de prendre part à l'assemblée.

Lorsque des actions appartiennent à une société, elles sont représentées à l'assemblée par la personne qui a qualité pour agir en son nom. La société en nom collectif y enverra un de ses membres, la société en commandite un de ses gérants, la société anonyme un délégué du conseil d'administration.

SECTION IV

Irrégularités dans la composition de l'assemblée

12. *Principe.* — Il arrive parfois que des irrégularités se produisent dans la composition des assemblées soit que les administrateurs refusent à tort d'y admettre des actionnaires, soit au contraire qu'ils y laissent pénétrer des personnes qui n'avaient pas le droit d'y prendre part. En principe la jurisprudence refuse d'admettre que l'assemblée soit viciée par ce seul fait ; elle recherche si la présence des actionnaires évincés ou l'absence des non-actionnaires aurait pu modifier la majorité qui s'est prononcée en faveur des résolutions adoptées par l'assemblée, et c'est seulement lorsqu'il en est ainsi qu'elle annule la délibération. Cette doctrine présente le grand avantage de ne pas subordonner la validité des délibérations des assemblées à la découverte d'une irrégularité plus ou moins dénuée d'importance.

13. *Refus d'admission.* — Les refus injustifiés de cette

nature se produisent le plus souvent à propos du dépôt préalable des titres. Il convient de rappeler à ce sujet que ce n'est là qu'une formalité d'ordre intérieur, une pure mesure administrative, destinée simplement à faciliter la préparation et l'organisation de l'assemblée prochaine. La chose essentielle, c'est qu'on n'y admette que les actionnaires (V. Trib. comm. Seine, 4 juin 1902, *Journ. Soc.*, 1903. 126). Seule la violation de cette prescription pourrait entraîner comme sanction la nullité de l'assemblée, sous la condition qu'on vient d'indiquer. Que les administrateurs n'attachent donc pas à cette formalité du dépôt plus d'importance qu'elle n'en a réellement. Ils se garderont en particulier d'exiger à tort le dépôt préalable des titres, soit de la part des propriétaires d'actions d'apport pendant la période d'interdiction biennale, soit de la part des cessionnaires de ces titres (Trib. comm. Seine, 31 oct. 1900, *Journ. Soc.*, 1901. 186, et 15 mai 1901, *ibid.*, 1901. 448). Ils n'oublieront pas non plus que la délibération ne serait viciée ni par le dépôt tardif des titres d'un actionnaire ou du pouvoir d'un actionnaire mandataire, ni par le défaut de présentation de la carte d'entrée. En d'autres termes, ils s'attacheront avant tout à observer l'esprit de la loi, qui veut que les actionnaires puissent assister aux assemblées, et ne reconnaîtront à ces diverses formalités administratives que l'importance restreinte qu'elles présentent en réalité.

14. *Présence de personnes admises à tort.* — L'irrégularité inverse se produit plus souvent ; il n'est pas rare

en effet que l'on admette à l'assemblée des personnes qui n'avaient pas le droit d'y assister, soit qu'il s'agisse d'actionnaires ne possédant pas le nombre d'actions exigé par les statuts, soit même qu'il s'agisse d'étrangers à la société à qui des actionnaires avaient remis des titres pour leur permettre de se faire passer comme tels.

La Cour de cassation a rendu récemment un arrêt intéressant dans un cas où l'on avait admis à tort à l'assemblée des actionnaires qui ne possédaient pas le nombre de titres requis par les statuts :

« Attendu que, d'après la feuille de présence et le procès-verbal de la séance, toutes les résolutions prises par l'assemblée ont été votées par des majorités telles que, défalcation faite des 240 suffrages irrégulièrement émis, il subsiste pour chacune de ces résolutions un fort appoint dans le sens de son adoption ; quant au point de savoir si la seule présence de 240 petits actionnaires a suffi pour compromettre l'indépendance et la sincérité des votes, de telle manière qu'il y eût lieu de tenir ceux-ci pour nuls et non avenus, c'était une thèse sur laquelle la Cour d'appel n'a pas eu à se prononcer ; l'intrusion dans l'assemblée de personnes sans qualité pour y prendre place n'était pas, par elle-même, une cause de nullité des délibérations ; il aurait fallu qu'à ce fait s'ajoutassent des manœuvres frauduleuses... » (20 juin 1898, *Journ. Soc.*, 1898.491).

La décision de la jurisprudence est encore la même lorsque des personnes qui n'étaient pas actionnaires, autrement dit lorsque des actionnaires fictifs, pour employer l'expression consacrée, ont été admis à l'assemblée. La Cour de cassation s'est prononcée à cet égard par un arrêt du 14 juillet 1873. Elle a confirmé un arrêt de la Cour de Grenoble, qui avait décidé qu'il importait peu qu'un certain nombre de porteurs fictifs d'actions eussent été admis à l'assemblée, car, en déduisant le nombre exact des personnes qui n'auraient pas dû y assister, le nombre des actions représentées par les porteurs non contestés dépassait le minimum exigé par les statuts. D'ailleurs, ajoutait la Cour, les circonstances excluaient tout soupçon d'une combinaison frauduleuse. Depuis lors la jurisprudence n'a pas varié.

Il suit de là que la nullité de la délibération devrait être prononcée s'il se trouvait que, déduction faite des actions faussement représentées, le *quorum* ne fût pas atteint. Le tribunal de commerce de Lyon a prononcé récemment pour une raison de ce genre la nullité d'une délibération de l'assemblée extraordinaire qui avait voté la dissolution de la société. D'une part il était établi que deux actionnaires dont la signature figurait sur la feuille de présence n'étaient pas venus à l'assemblée et que ces signatures étaient fausses ; d'autres actionnaires y avaient été portés avec un nombre d'actions supérieur à celui qu'ils possédaient réellement ; enfin des employés de la société figuraient tant comme actionnaires que comme mandataires, alors qu'ils ne possédaient aucune action et que dès lors les statuts ne leur permettaient pas de représenter d'autres actionnaires.

Comme on a pu le remarquer, les diverses décisions judiciaires qui viennent d'être citées prennent soin de constater que, dans les espèces litigieuses, aucune manœuvre frauduleuse n'avait été signalée. Il est permis d'en conclure que la jurisprudence ne montrerait pas, dans le cas contraire, la même indulgence. Elle ne ferait, en agissant ainsi, que se conformer à la règle supérieure d'après laquelle la fraude vicie tout. En conséquence la nullité de l'assemblée serait vraisemblablement prononcée si l'on avait admis à l'assemblée des personnes qui avaient été sollicitées et peut-être même rémunérées par le conseil pour venir prendre sa défense ou pour soutenir auprès des actionnaires telle ou telle résolution. Une semblable intervention serait en effet de nature à entraîner le vote d'actionnaires trompés par la fausse qualité sous laquelle ces personnes se sont présentées, et il serait logique d'annuler une délibération que les actionnaires n'ont peut-être adoptée que sous l'empire de l'erreur et de la surprise. C'est alors une question de fait à résoudre d'après les circonstances.

15. *Poursuites correctionnelles.* — Les personnes qui pénètrent dans l'assemblée générale sans être actionnaires ne s'exposent-elles pas à une condamnation pénale ? La question est réglée par l'article 13 de la loi de 1867, aux termes duquel sont punis d'une amende de 500 à 10.000 francs et peuvent en outre être condamnés à la peine de l'emprisonnement ceux qui, en se présentant comme propriétaires d'actions qui ne leur appartiennent pas, ont créé *frauduleusement* une majorité factice dans une assemblée générale, sans préjudice de tous dommages-intérêts. Pour que le délit existe, il faut donc deux conditions : 1° qu'on se soit présenté comme propriétaire d'actions alors qu'on ne l'était pas ;

2° qu'on ait ainsi créé frauduleusement une majorité dans l'assemblée générale. Cette disposition est-elle applicable, soit aux actionnaires sérieux qui remettent leurs actions à des étrangers pour se faire représenter par eux, soit à ces étrangers ?

Il faut remarquer tout d'abord que la preuve d'un fait de cette nature serait bien difficile, à cause de la nature même des titres au porteur qui se transmettent de la main à la main et qui sont présumés être la propriété de ceux qui les détiennent, ainsi que cela a été jugé plusieurs fois. Mais, en admettant même que la preuve en soit rapportée, la question à résoudre serait de savoir, « non pas si un mandat donné dans ces con-« ditions est valable et si les votes ainsi émis sont régu-« liers, mais si les mandataires verbaux ont agi de mau-« vaise foi et dans une intention de fraude » (Trib. corr. Seine, 23 déc. 1896). Or de tels errements, ajoutait ce tribunal, peuvent être incorrects, mais ils ne sont nullement dolosifs. En tous cas, lors même que cette substitution eût été frauduleuse, le délit n'existerait que moyennant cette autre condition qu'il eût été créé par ce moyen une majorité factice :

« Attendu qu'il n'a été créé frauduleusement aucune majorité factice ;

« Que cette majorité y a été exacte et régulière ; qu'en effet les voix émises ont été, comme nombre et comme vote, les mêmes que si les propriétaires d'actions avaient eux-mêmes voté au lieu de faire émettre leurs suffrages par des mandataires ;

« Qu'aucun des actionnaires n'étant propriétaire de plus de

500 actions, *aucun d'eux n'a émis, soit par lui-même, soit par mandataire, plus de suffrages qu'il ne lui en appartenait ...* » (même décision).

Il suit de là que l'article 13 susénoncé ne serait applicable qu'autant qu'il serait établi qu'un actionnaire, par la remise d'un certain nombre de ses titres à des tiers complaisants, aurait disposé d'un nombre de voix supérieur à celui que les statuts lui attribuaient et se serait ainsi assuré frauduleusement une majorité factice [1].

SECTION V

Convocation de l'assemblée. — Ordre du jour

16. *Règles générales.* — Les actionnaires qui s'abstiennent d'assister à l'assemblée générale ne peuvent pas chercher une excuse dans l'ignorance où ils auraient été de la date de sa réunion. En effet ces assemblées sont toujours annoncées d'une manière aussi efficace que possible.

(1) Les actionnaires ont intérêt à s'assurer que les assemblées ne sont pas « truquées ». Une assemblée est truquée lorsque, par exemple, les plus forts actionnaires, ne pouvant pas, par suite d'une clause restrictive des statuts, utiliser toutes leurs actions pour voter, distribuent entre des prête-noms complaisants celles qui leur sont inutiles à cet égard. Pour se renseigner, les actionnaires peuvent consulter la liste des actionnaires, qui est mise à leur disposition pendant la quinzaine qui précède l'assemblée, et la feuille de présence, dont ils ont le droit de prendre connaissance après l'assemblée sans limitation de délai.

Les statuts réglementent très minutieusement le mode et le délai des convocations. Généralement ils ordonnent de faire une insertion dans l'un des journaux d'annonces légales. Cette insertion s'adresse particulièrement aux actions au porteur. Quant aux propriétaires d'actions nominatives, ils sont souvent convoqués personnellement par lettre recommandée.

Les propriétaires d'actions au porteur objecteront-ils que tout le monde ne lit pas les journaux d'annonces légales, par exemple les *Petites Affiches* ou la *Gazette des Tribunaux* ? Cela est vrai. Quoi qu'il en soit, on peut affirmer qu'ils ont toute facilité pour connaître en temps utile la date de l'assemblée. En effet les statuts impartissent toujours un délai pour cette réunion annuelle. Sans doute ce délai est assez long (c'est, par exemple, le premier semestre qui suivra la clôture de l'exercice), mais, en pratique, chaque société tient régulièrement son assemblée à la même époque de l'année, à quelques jours près. L'actionnaire de telle société sait d'avance que l'assemblée est toujours convoquée pour les premiers jours de mai ou de juin, et il ne lui reste plus qu'à s'informer de la date précise qui sera fixée chaque année. Or rien n'est plus facile. Les journaux financiers — et l'on sait combien il en existe à l'heure actuelle — ne manquent pas de donner ces renseignements, de même qu'ils s'empressent de faire connaître les résultats de l'exercice écoulé dès qu'ils sont connus. Il suffit donc d'en lire un seul pour être renseigné à cet égard.

Chaque assemblée doit faire l'objet d'une convocation spéciale. Il ne faudrait pas conclure de cette règle, bien entendu, qu'une seule et même convocation serait insuffisante pour deux assemblées, l'une ordinaire et l'autre extraordinaire, qui seraient fixées au même jour. Ce qu'il faut retenir, c'est que les membres d'une assemblée ne peuvent se proroger à une date ultérieure *sans convocation nouvelle* (V. nº 88). La raison en est facile à comprendre. Tous les actionnaires doivent être avisés de la tenue de chaque assemblée générale. Si l'on pouvait procéder de la manière qui vient d'être indiquée, cette règle cesserait d'être observée, et les actionnaires absents de la première assemblée ignoreraient la tenue de la seconde. On pourrait ainsi les en évincer trop facilement.

On devra admettre une exception à cette règle pour le cas, purement hypothétique, où tous les actionnaires auraient été présents à la première assemblée.

17. *Qui convoque l'assemblée.* — C'est au conseil d'administration, régulièrement constitué, qu'il incombe de convoquer l'assemblée générale. Cependant l'article 33 dispose que les commissaires peuvent toujours, en cas d'urgence, la convoquer, mais c'est là une disposition qui ne reçoit que bien rarement son application dans la pratique. Toutefois le fait s'est produit récemment, et le commissaire porta même à l'ordre du jour la révocation de plusieurs administrateurs. L'affaire ayant été soumise au tribunal de commerce de la Seine par les administrateurs révoqués, celui-ci déclara valable et régulière la convocation de l'assemblée par le commis-

saire, bien que la réunion eût eu lieu en dehors de l'époque habituelle.

18. *Mode de convocation et délai.* — En ce qui concerne le mode de convocation, les administrateurs doivent se conformer aux statuts. L'observation de leurs prescriptions à cet égard est nécessaire, mais aussi elle est suffisante. Il a été jugé à ce propos que la convocation de l'assemblée faite au moyen d'une insertion dans un journal est régulière, lors même qu'auparavant les administrateurs envoyaient en outre des lettres individuelles aux actionnaires dont ils connaissaient les noms (Trib. comm. Seine, 16 janv. 1893).

Le délai requis par les statuts est un délai franc. Cela veut dire qu'on ne doit comprendre dans le nombre de jours qu'ils ont fixé ni celui de la convocation ni celui de l'assemblée. Le tribunal de commerce de la Seine a annulé une assemblée tenue le 26 mars parce que la convocation avait été faite seulement le 11 mars précédent et que les statuts exigeaient un délai de quinze jours (Jugement du 28 mars 1887).

Lorsque les actions sont nominatives, doit-on adresser une convocation individuelle à tous les actionnaires ou bien seulement à ceux qui possèdent le nombre de titres nécessaire pour assister à l'assemblée ? La raison de douter est que, depuis la loi du 1er août 1893, tous les actionnaires peuvent, en se groupant, être représentés à l'assemblée générale. Le tribunal de commerce de la Seine a décidé qu'il suffit de convoquer individuellement ceux qu'on appelle les « gros actionnaires », les petits actionnaires ayant été dûment informés par l'insertion requise par les statuts (12 juin 1895). La Cour de Paris n'a pas eu à statuer sur cette question par la raison qu'elle a refusé de reconnaître à la loi de 1893 un effet rétroactif. Mais cette décision a provoqué des critiques de la part de plusieurs auteurs, et les administrateurs agiront sagement en ne s'y conformant pas.

19. *Sanction.* — Quelle est la sanction des prescriptions statutaires relatives au mode et au délai de convocation des assemblées ? C'est la nullité de l'assemblée à l'occasion de laquelle elles n'auraient pas été observées. Cela résulte d'un grand nombre de décisions judiciaires et ne saurait faire aucun doute. Mais cette nullité peut se couvrir, et les tribunaux, qui comprennent combien il est grave d'annuler une délibération de l'assemblée, ne se montrent pas très exigeants à cet égard :

« Attendu, décidait le tribunal de commerce de la Seine à la date du 2 novembre 1901, que, s'il est vrai que l'avis de convocation n'a été publié que quatorze jours avant la réunion, alors que les statuts imposaient un délai minimum de quinze jours, il est constant que cette irrégularité a été couverte par une ratification tout au moins tacite des actionnaires ;

« Qu'il convient en effet d'observer tout d'abord qu'à l'assemblée du 22 mars, régulièrement composée, il n'a été élevé aucune protestation contre la date à laquelle a été publié l'avis de convocation ;

« Qu'en outre, depuis cette époque, plusieurs assemblées générales ont été tenues sans qu'aucune critique ait été formulée par les actionnaires non présents à la dite assemblée ;

« Qu'on ne saurait méconnaître que le silence ainsi prolongé des associés n'ait constitué une renonciation, tout au moins tacite, à se prévaloir d'une irrégularité qui n'a pas été de nature à compromettre le fonctionnement de la société... »

20. *Cas de dispense.* — Peut-on se dispenser de l'observation de ces formalités lorsque tous les actionnaires doivent assister à l'assemblée et les délibérations ne sont-elles pas valables cependant, du moment qu'ils y ont tous assisté effectivement ? La question s'est présentée à propos d'une assemblée extraordinaire, et elle a été résolue affirmativement à juste titre. La présence de tous les actionnaires à l'assemblée prouve surabondamment que chacun d'eux avait été prévenu et constitue, en tant que de besoin, une renonciation à se prévaloir de l'inobservation des prescriptions statutaires. Mais il n'en serait pas de même pour l'assemblée ordinaire, car la disposition de l'article 35, relative aux communications dues aux actionnaires pendant la quinzaine qui précède l'assemblée, entraîne l'obligation de leur adresser tout au moins une convocation au plus tard le seizième jour avant la date fixée pour la réunion.

21. *Prorogation.* — Il appartient également aux administrateurs de proroger la convocation, s'ils le jugent à propos. L'assemblée qui serait tenue à la date fixée à l'origine et d'ailleurs en dehors des administrateurs serait absolument nulle (Paris, 19 avril 1902, *Journ. Soc.*, 1902. 261).

22. *Ordre du jour.* — Il est de principe incontesté que la convocation de l'assemblée générale doit contenir un ordre du jour indiquant les questions qui seront soumises à ses délibérations. Bien qu'on ait décidé le

contraire, ce principe s'applique également aux réunions du conseil d'administration.

On admet cependant une exception pour les assemblées dont les actionnaires connaissent nécessairement l'objet à l'avance. Il en est ainsi pour les assemblées constitutives et pour les assemblées ordinaires. Mais encore faut-il que ces assemblées ne sortent pas de leur rôle normal. Par exemple l'assemblée ordinaire a pour mission essentielle de statuer sur l'approbation des comptes, la distribution d'un dividende, s'il y a lieu, et la nomination des administrateurs. Si l'assemblée qu'il s'agit de réunir doit se renfermer dans ces limites, la rédaction d'un ordre du jour est inutile à la rigueur. Par contre elle deviendra nécessaire dès que les résolutions à prendre sortiront de ce cadre. Aussi ne saurait-on approuver la décision récente d'un tribunal de commerce,d'après laquelle le conseil était dispensé de rédiger un ordre du jour en vue d'une assemblée qui devait entendre le rapport d'une commission spéciale et prendre une décision relativement à une action judiciaire à introduire contre les fondateurs et premiers administrateurs de la société.

Un arrêt de la Cour de cassation du 17 janvier 1903 (Sir. 1905.1.324) dit en passant que l'assemblée générale peut pourvoir, dans le silence de l'ordre du jour, aux nécessités imprévues qui surgissent au cours de la délibération. Doit-on voir là une seconde exception au principe qui précède ? Il semble bien que oui, mais elle n'a jamais reçu d'application en jurisprudence qu'en ce qui concerne la révocation des administrateurs (V. n° 121). Cependant d'autres cas analogues peuvent se présenter. Si, par exemple, le conseil d'administration donne sa démission inopinément au début même de l'assemblée générale, celle-ci, à raison de l'urgence absolue, pourra le remplacer immédiatement, sauf à surseoir à statuer sur les comptes, puisque l'approbation des comptes emporterait le *quitus* au profit des administrateurs démissionnaires.

Deux conséquences résultent du principe qui a été rappelé un peu plus haut. En premier lieu l'on devra considérer comme nulle toute délibération de l'assemblée générale qui aurait été tenue sans qu'un ordre du jour eût annoncé en temps voulu aux actionnaires l'objet de la réunion. En second lieu les délibérations de l'assemblée ne peuvent valablement porter que sur les objets qui sont compris dans l'ordre du jour. La première de ces deux règles ne comporte aucune difficulté (V. not. Trib. comm. Seine, 16 novembre 1903, *Journ. Soc.*, 1904.442). On ne saurait en dire autant de l'application de la seconde, car elle implique une interprétation de l'ordre du jour de l'assemblée contestée. Or toute interprétation de cette nature est inévitablement incertaine et arbitraire.

22 *bis*. *Jurisprudence.* — Est nulle la résolution de l'assemblée d'une société de chemins de fer portant abandon de l'exploitation du réseau au profit d'un tiers lorsque l'ordre du jour annonçait seulement la discussion de traités d'affermage ou d'exploitation (Paris, 19 juin 1885, *Journ. Pal.*, 1886.1.445).

Il en est de même de la résolution qui approuve la réduction par le conseil du chiffre précédemment fixé pour l'augmentation du capital si l'ordre du jour annonçait simplement la reprise des questions traitées à l'assemblée générale du tant (Cass., 10 avril 1889, *ibid.*, 1890.38) ;

....de la résolution qui prononce la dissolution anticipée de la société alors que l'ordre du jour portait simplement une proposition de révocation du gérant (Trib. comm. Seine, 16 nov. 1903, *Journ. Soc.*, 1904.442) ;

... de la résolution portant dissolution anticipée de la société alors que l'assemblée était convoquée pour donner d'abord son avis sur une proposition de fusion avec d'autres sociétés, et ensuite, mais seulement dans le cas où cette proposition aurait été préalablement votée, sur la dissolution anticipée, conséquence de la fusion. Cet ordre du jour était ainsi conçu : « Fusion de la « société avec une autre société ; autorisation à donner « en ce sens au conseil, et dissolution anticipée en consé- « quence de la fusion projetée ». La Cour de Paris estima que l'ordre du jour forme un tout indivisible et que, dans l'espèce, il ne permettait à l'assemblée de prononcer la dissolution de la société que comme conséquence de la fusion dont le projet devait faire l'objet principal de sa délibération (V. Cass., 17 janv. 1905, Sir., 1905. 1.324).

23. *Rédaction de l'ordre du jour.* — En réalité il est assez rare que l'assemblée prenne une résolution sur un point que n'avait pas prévu la convocation. Les difficul-

tés véritables proviennent le plus souvent de la rédaction défectueuse de l'ordre du jour. Tantôt il est conçu en termes vagues ; tantôt la formule est trop concise et semble presque incomplète. Aussi ne saurait-on trop recommander aux administrateurs de rédiger clairement l'ordre du jour des réunions qu'ils organisent. S'ils veulent éviter toute surprise et assurer la régularité des délibérations de l'assemblée, ils s'attacheront à trouver une rédaction précise et à indiquer complètement et explicitement les questions à discuter. Sinon ceux des actionnaires qui n'auront pas assisté à la séance pourront en critiquer la validité et soutenir qu'ils ne se seraient pas abstenus s'ils avaient connu les points qui devaient être mis en discussion.

D'une manière générale, les tribunaux se montrent très libéraux, peut-être même à l'excès parfois, lorsqu'ils ont à juger des procès de cette nature. Nous croyons utile d'indiquer quelques-unes de leurs décisions pour l'édification des administrateurs de sociétés.

En premier lieu, il est généralement admis que l'assemblée peut délibérer sur tous les points qui sont les accessoires et les conséquences naturelles de l'ordre du jour. C'est ainsi que l'assemblée appelée à donner son avis sur la démission d'un administrateur peut ne l'accepter que sous réserves (Trib. comm. Seine, 7 mars 1900, *La Loi*, 25 avril 1900), ou bien encore que l'assemblée convoquée pour statuer sur l'extension des affaires sociales peut voter l'acquisition d'un nouveau fonds de commerce (Trib. comm. Seine, 25 juin 1891, *Journ.*

Soc., 1891.498). On considère que ces résolutions étaient contenues en germe dans celles que les actionnaires savaient qu'on leur soumettrait.

Mais la jurisprudence va plus loin et quelques-unes de ses décisions ont été critiquées pour leur extrême libéralisme. En voici des exemples.

La question du *quitus* à accorder aux administrateurs rentre-t-elle implicitement dans « l'examen des comptes », ou bien faut-il l'annoncer expressément ? La Cour de Paris a décidé que cette précaution n'était pas nécessaire, parce que la question de savoir si un *quitus* serait donné, ou non, à raison des faits de gestion antérieurs à l'assemblée était implicitement comprise dans celle de l'approbation des comptes (30 juin 1883, *Journ. Pal.*, 1885.1.849 ; *Sic* Cass., 20 janv. 1885, *ibid.*).

L'ordre du jour inséré dans une convocation faite par le commissaire-censeur indiquait qu'il serait question de « l'examen de la situation et des mesures à prendre ». Cette rédaction suffisait pour faire comprendre aux actionnaires et aux membres du conseil alors en fonctions qu'il serait soulevé devant l'assemblée convoquée d'urgence des questions de remaniement de l'administration de la société (Paris, 13 nov. 1890).

Lorsque l'ordre du jour annonce qu'on traitera à l'assemblée la question d'un « emprunt hypothécaire », cette mention est suffisante pour autoriser les actionnaires à voter une émission d'obligations, parce que les emprunts des sociétés se réalisent d'ordinaire par ce moyen (Trib. comm. Seine, 4 juin 1902, *Journ. Soc.*, 1903.126).

L'annonce d'un débat relatif à « la lettre d'un actionnaire », du moment que cette lettre avait été mise à la disposition des actionnaires avant la réunion, a été aussi déclarée suffisamment explicite.

Si l'assemblée ordinaire doit se transformer ensuite en assemblée extraordinaire, il ne suffit pas d'annoncer dans l'ordre du jour : « Propositions à soumettre à l'assemblée après l'approbation des comptes. »

CHAPITRE II

COMMUNICATIONS DUES AUX ACTIONNAIRES AVANT L'ASSEMBLÉE

SOMMAIRE

SECTION I

Notions générales

24. *But de ces communications.* — Il serait impossible aux actionnaires de discuter utilement en quelques mi-

nutes les comptes de tout un exercice s'ils n'avaient pas été mis à même de les étudier avant l'assemblée. En effet, en temps ordinaire, il ne leur est pas permis de prendre connaissance des livres ni de faire la moindre investigation dans la comptabilité, de telle sorte qu'ils sont tenus dans une ignorance complète de la marche des affaires et des résultats de l'exploitation. Aussi le législateur a-t-il pris les mesures nécessaires pour leur faciliter l'examen préalable des comptes sur lesquels l'assemblée sera appelée à se prononcer. D'une part ces comptes doivent être mis à leur disposition pendant la quinzaine qui précède la réunion annuelle. D'autre part le commissaire de surveillance nommé par eux dans l'assemblée précédente établit en temps utile un rapport qui leur est communiqué avec les comptes.

25. *Documents à communiquer.* — Aux termes de l'article 35 de la loi de 1867, « quinze jours au moins « avant la réunion de l'assemblée générale, tout action- « naire peut prendre, au siège social, communication de « l'inventaire et de la liste des actionnaires, et se faire « délivrer copie du bilan résumant l'inventaire et du rap- « port des commissaires ».

Ainsi quatre documents sont mis à la disposition des actionnaires pendant cette période de quinze jours :

1° l'inventaire ;

2° la liste des actionnaires ;

3° le bilan ;

4° le rapport des commissaires.

En étudiant l'inventaire et le bilan, les actionnaires apprendront quels sont les résultats de l'exercice, combien il a été fait de bénéfices bruts et de bénéfices nets, de quoi se compose l'actif social, comment il est évalué dans ses divers éléments, à combien s'élèvent les dettes, dans quelle proportion se fait l'amortissement, etc. Armés de renseignements aussi minutieux, ils pourront voter en connaissance de cause sur l'approbation des comptes.

Ce droit de communication peut être exercé par les actionnaires pendant la quinzaine qui précède l'assemblée, mais pas le jour même de la réunion.

Malheureusement bien peu d'entre eux mettent à profit la faculté que la loi leur accorde ainsi. La plupart viennent à l'assemblée sans connaître à l'avance les comptes, qu'ils sont, pour cette raison, hors d'état de discuter utilement. Il faut dire d'ailleurs que, en fait, certains administrateurs ne se soumettent qu'à contre-cœur à cette disposition légale. Ils considèrent qu'il est dangereux de livrer au premier venu (en effet le premier venu ne peut-il pas acheter une action ?) les secrets de la composition du portefeuille, du chiffre des affaires, des débiteurs de la société, etc. ; ils ont peur qu'on en abuse par des divulgations imprudentes (V. n° 69). Cela explique que l'article 35 susénoncé ait donné lieu à de nombreuses difficultés, qui ne sont pas encore toutes tranchées d'une manière définitive à l'heure actuelle.

26. *Société en commandite.* — Il convient de faire remarquer que cet article s'applique exclusivement aux

sociétés anonymes. Par suite de la conception défectueuse de la loi de 1867, c'est un autre texte qui règle le même point en ce qui concerne les sociétés en commandite par actions. « Quinze jours au moins avant la « réunion de l'assemblée générale, dit l'article 12, tout « actionnaire peut prendre par lui ou par un fondé de « pouvoir, au siège social, communication du bilan, des « inventaires et du rapport du conseil de surveillance. » Ces deux dispositions ne sont pas conçues exactement dans les mêmes termes, ce qui ne facilite pas le travail du commentateur. Quoi qu'il en soit, nous nous bornerons à l'étude de l'article 35, à raison de l'importance numérique des sociétés anonymes. Au surplus l'article 12 se trouvera expliqué en même temps par voie de comparaison.

SECTION II

Inventaire, bilan et compte de profits et pertes

27. *Inventaire.* — La première pièce dont le législateur permet aux actionnaires de prendre communication, c'est l'inventaire. Aux termes de l'article 34 de la loi de 1867, « il doit être établi chaque année un inven-« taire contenant l'indication des valeurs mobilières et « immobilières et de toutes les dettes actives et passives « de la société ». En donnant cette définition, la loi a reproduit la disposition de l'article 9 du Code de commerce, lequel oblige tout commerçant à faire annuelle-

ment « un inventaire de ses effets mobiliers et immobi- « liers et de ses dettes actives et passives ».

Dans une ordonnance de référé rendue à propos des communications dues aux actionnaires, M. Aubépin, alors président du tribunal civil de la Seine, a eu l'occasion de commenter l'article susénoncé. L'inventaire, a-t-il décidé, « doit comprendre *l'indication exacte et dé- « taillée de toutes les valeurs mobilières et immobilières*, « *avec leur valeur vénale du jour où il est fait*, *et l'énu- « mération de toutes les dettes actives et passives*, *y com- « pris les noms des débiteurs et créditeurs* ». Le même magistrat disait encore dans cette décision qu'il s'agit d'un « *inventaire détaillé* ». Tel est certainement le vœu de la loi, qui a entendu que l'inventaire révélât dans leur détail tous les éléments de l'actif social comme aussi toutes les dettes qui le grèvent.

Une fois l'inventaire devenu définitif par suite du vote approbatif de l'assemblée, il doit être recopié « année « par année, sur un registre spécial à ce destiné » (art. 9, C. com.).

28. *Usage.* — Telle est la règle, qui, il faut bien le dire, n'est pas toujours observée rigoureusement dans la pratique, notamment par les sociétés industrielles et commerciales. Sans doute elles font chaque année un inventaire, mais cet inventaire comprend seulement les matières premières, les marchandises en magasin et le matériel. C'est un « inventaire-marchandises », et d'ailleurs ce relevé forme à lui seul un travail très considérable qui suffit à remplir un gros volume. Quant aux au-

tres éléments de l'actif et du passif, ce que la loi appelle les autres « dettes actives et passives », on ne les fait pas figurer dans l'inventaire. Les actionnaires les trouveront au bilan, mais toutefois sans aucun détail, car les articles de ce document n'en donnent jamais. C'est ce qui explique que, dans la pratique, on ne demande, pour ainsi dire, jamais communication de l'inventaire, dont la lecture, pour la raison qui vient d'être indiquée, ne servirait de rien. Les actionnaires se bornent à consulter le bilan, en se réservant, s'il y a lieu, de solliciter des renseignements et explications complémentaires de la part des administrateurs le jour même de l'assemblée. Le bilan est ainsi devenu le plus important, de beaucoup, des documents dont la loi les autorise à prendre communication. Aussi mérite-t-il une étude approfondie.

29. *Bilan*. — On en donne généralement la définition suivante : c'est le résumé de l'inventaire. Elle ne saurait être clairement comprise qu'autant qu'on connaîtra la manière dont il est établi. Cette courte incursion sur le domaine de la comptabilité permettra en même temps d'étudier le compte de *Profits et pertes*.

Tout le monde sait qu'en comptabilité on ouvre un compte, au grand-livre, à toutes les valeurs dont il est parlé dans les écritures et qui prennent dès lors une sorte de personnalité fictive. Il y a le compte *capital*, le compte *marchandises*, le compte *effets à payer*, etc. Une distinction importante doit être faite entre ces divers comptes. Les uns sont des *comptes de valeurs*, c'est-à-dire qu'ils correspondent à une valeur réelle (le portefeuille, les marchandises, les valeurs de Bourse, etc.) ; les autres sont des *comptes d'ordre*, qui facilitent la tenue de la comptabilité et la surveillance des résultats de l'exploitation, mais qui ne représentent pas des valeurs réelles. Tels sont les comptes d'*intérêts et agios*, de *frais généraux*, etc.

A la fin de l'exercice on arrête tous les comptes ; l'exercice est « clos ». Cela fait, on établit d'abord ce qu'on appelle la *balance de vérification*. Elle comprend quatre colonnes : débits, crédits, soldes débiteurs, soldes créditeurs. Deux opérations de comptabilité sont alors effectuées : d'une part on contrôle l'exactitude des chiffres d'après la réalité même des faits ; c'est ainsi qu'on vérifie le compte *caisse* et les autres comptes de valeurs ; d'autre part on solde les comptes d'ordre. Ces derniers comptes viennent se réunir et se fondre dans le compte de *profits et pertes*. Les écritures qu'on passe à cet effet sont dénommées *écritures d'inventaire*.

Une fois les comptes de valeurs vérifiés et les comptes d'ordre soldés, on obtient la *balance d'inventaire*, c'est-à-dire la balance définitive, qui se divise naturellement comme la précédente en quatre colonnes. Il ne reste plus dans les deux colonnes de soldes que les soldes, créditeurs ou débiteurs, des *comptes de valeurs*. Il suffira de les réunir sur une feuille distincte pour avoir le bilan.

30. *Compte de profits et pertes.* — Aux termes de l'article 34 de la loi de 1867, le compte de profits et pertes est présenté à l'assemblée en même temps que

le bilan et l'inventaire. Ce compte spécial, qui fait partie intégrante du bilan, indique les résultats particuliers de l'exercice.

Il se compose d'ue débit et d'un crédit ; au débit, on porte les charges de l'exercice, et, au crédit, les profits de toute sorte. Les charges comprennent ordinairement les frais d'administration, les frais généraux d'exploitation, les impôts de toute sorte, les intérêts et l'amortissement des obligations. Si un débiteur de la société tombe en faillite pendant l'année, le montant de sa dette sera porté au débit de ce compte, car c'est une perte pour l'exercice. Au crédit on verra figurer les bénéfices bruts, c'est-à-dire le montant des encaissements réalisés par la société, déduction faite des dépenses, matières premières et main-d'œuvre. Si la société réalisait pendant l'exercice un bénéfice inattendu, si, par exemple, l'une des obligations qu'elle a en portefeuille gagnait un lot, le montant du lot devrait figurer au crédit de ce compte. N'est-ce pas en effet un « profit » ?

La différence entre le débit et le crédit fait connaître le montant des bénéfices nets ou des pertes de l'exercice.

Pour faire mieux comprendre ces notions nécessairement incomplètes, il n'est pas inutile de donner un exemple de chacun des divers documents de comptabilité dont il vient d'être parlé. Nous les empruntons à l'excellent ouvrage de M. Croizé, intitulé : *De l'inventaire commercial et des bilans en général.*

Folios du grand livre	TITRES DES COMPTES	Totaux des		Soldes	
		débits	crédits	débiteurs	créditeurs
	Capital	»	130.139 60	»	130.139 60
	Pertes et profits	»	»	»	»
	Mauvaises créances	1.500 »	»	1.500 »	»
	Intérêts et changes	7.253 70	1.280 50	5.973 20	»
	Dépenses de maison	6.000 »	»	6.000 »	»
	Frais généraux	33.014 90	»	33.014 90	»
	Agencements et installations	1.500 »	»	1.500 »	»
	Amortissement des agencem. et installat.	»	300 »	»	300 »
	Mobilier	4.500 »	»	4.500 »	»
	Amortissement du mobilier	»	450 »	»	450 »
	Marchandises	356.187 50	346.387 50	9.800 »	»
	Marchandises rendues	3.500 »	250 »	3.250 »	»
	Emballages	1.150 »	»	1.150 »	»
	Escomptes et rabais	4.800 »	6.500 »	»	1.700 »
	Caisse	330.640 50	325.370 »	5.270 50	»
	Effets à recevoir	343.130 75	294.630 »	48.500 75	»
	Effets à payer	215.640 »	240.620 »	»	24.980 »
	Loyers d'avance	3.000 »	»	3.000 »	»
	Cie du gaz, compte de dépôt	105 »	»	105 »	»
	Crédit Lyonnais	310.000 50	309.000 50	1.000 »	»
	Clients	319.610 »	261.640 70	57.969 30	»
	Factures à recevoir	678 »	»	678 »	»
	Fournisseurs	302.625 10	325.617 15	»	22.982 05
	Frais à payer	»	1.575 »	»	1.575 »
	Mémoires et factures à payer	»	1.075 »	»	1.075 »
		224.835 95	224.835 95	183.211 65	183.211 65

BALANCE D'INVENTAIRE

F^os du gr. liv. ou des compt.-cour.	TITRES DES COMPTES	Totaux des débits	Totaux des crédits	Soldes exprimant l'actif	Soldes exprimant le passif
	Capital	»	146.593 50	»	146.593 50
	Pertes et profits	62.942 »	62.942 »	»	»
	Mauvaises créances	1.500 »	1.500 »	»	»
	Intérêts et changes	7.253 70	7.253 70	»	»
	Dépenses de maison	6.000 »	6.000 »	»	»
	Frais généraux	33.014 90	33.014 90	»	»
	Agencements et installations	1.500 »	»	1.500 »	»
	Amortissement des agencem. et installat.	»	300 »	»	300 »
	Mobilier	4.500 »	»	4.500 »	»
	Amortissement du mobilier	»	450 »	»	450 »
	Marchandises générales	423.529 50	348.087 50	75.442 »	»
	Marchandises rendues	3.500 »	3.500 »	»	»
	Emballages	1.150 »	1.150 »	»	»
	Escomptes et rabais	6.500 »	6.500 »	»	»
	Caisse	330.640 50	325.370 »	5.270 50	»
	Effets à recevoir	343.130 75	294.630 »	48.500 75	»
	Effets à payer	215.640 »	240.620 »	»	24.980 »
	Loyers d'avance	3.000 »	»	3.000 »	»
	Cie du gaz, compte de dépôt	105 »	»	105 »	»
	Crédit Lyonnais	310.000 50	309.000 50	1.000 »	»
	Clients	319.610 »	261.640 70	57.969 30	»
	Factures à recevoir	678 »	»	678 »	»
	Fournisseurs	302.625 10	325.677 15	»	22.992 05
	Mémoires et factures à payer	»	1.075 »	»	1.075 »
	Frais à payer	»	1.575 »	»	1.575 »
		2.376.819 95	2.376.819 95	197.965 55	197.965 55

BILAN

Actif		
Valeurs immobilisées		
Agencements et installations	1.500 »	
Mobilier.	4.500 »	
		6.000 »
Valeurs engagées		
Loyers d'avance.	3.000 »	
Cie du gaz (dépôt).	105 »	
		3.105 »
Valeurs disponibles		
Espèces en caisse.	5.270 50	
Espèces au Crédit Lyonnais	1.000 »	
Effets en portefeuille. . . .	48.500 75	
		54.771 25
Marchandises		
Stock en magasin	»	
		75.442 »
Créances		
Clients.	57.969 30	
Factures à recevoir	678 »	
		58.647 30
		197.965 55

Passif		
Comptes de régularisation		
Amortissement des agencements et installations. . .	300 »	
Amortissement du mobilier.	450 »	
		750 »
Dettes envers les tiers		
Effets à payer	24.980 »	
Fournisseurs.	22.992 05	
Mémoires et factures à payer	1.075 »	
Frais à payer.	1.575 »	
		50.622 05
Dettes envers le commerçant ou les associés		
Capital au début de l'exercice	123.942 50	
Intérêts de l'année.	6.197 10	
Bénéfices de l'exercice. . .	16.453 90	
Capital actuel.	. . . . .	146.693 50
		197.965.55

PERTES ET PROFITS

Mauvaises créances .	1.500 »	Bénéfice brut. . .	62.942 »
Intérêts et changes.	5.973 20		
Dépenses de maison.	6.000 »		
Frais généraux. . . .	33.014 90		
Balance, bénéfice net.	16.453 90		
	62.942 »		62.942 »

SECTION III

Du bilan

§ 1. — Détail du bilan.

31. *Division du bilan.* — Comme on le voit, le bilan comprend deux colonnes. A la colonne du *passif* on porte toutes les sommes qu'il y aurait lieu de payer aux divers créanciers si la société prenait fin, puis toutes celles que la société a reçues des actionnaires ou de prêteurs et qu'il faudrait rembourser. De l'autre côté, à *l'actif*, figure tout ce qu'elle possède en biens meubles et immeubles, et tout ce qui lui est dû, autrement dit tous les éléments de la richesse sociale. En d'autres termes, le *passif* indique la provenance de toutes les sommes encaissées par la société ainsi que le détail de tous ses comptes débiteurs, soit envers les actionnaires, soit envers les tiers, et l'*actif* énumère l'emploi qui a été

fait de ces sommes. Il est évident que le total de l'*actif* doit être égal au total du *passif*.

32. *Analyse du bilan.* — L'actif et le passif se décomposent l'un et l'autre en diverses catégories suivant la destination qu'ont reçue les sommes mises à la disposition de la société ou l'origine de celles qu'elle doit. Les explications qui suivent se réfèrent au bilan des grandes sociétés industrielles.

La première catégorie de l'actif est constituée d'ordinaire par les *immobilisations* ou *compte de premier établissement*. On entend par là l'instrument de travail de la société, c'est-à-dire l'usine, le fonds de commerce avec le matériel, l'outillage et le mobilier, les constructions, terrains, concessions diverses, etc., qui lui permettront de fonctionner. Comme ces divers éléments de l'actif doivent subsister jusqu'à la fin de la société, on les appelle l'actif *immobilisé*.

La seconde catégorie comprend *l'actif réalisable à terme*. Ce sont les matières premières, les stocks de marchandises, les prêts à longue échéance, les participations prises dans des affaires qui ne sont pas constituées en sociétés par actions, bref toute la partie de l'actif dont la réalisation exigerait un temps plus ou moins long.

Puis vient *l'actif réalisable immédiatement* ou *à court terme*, c'est-à-dire les créances exigibles ou sur le point de le devenir, les effets que l'on peut escompter en banque, les valeurs facilement négociables.

L'actif *disponible* ou *liquide* est constitué par les sommes que la société possède en caisse ou en compte courant chez ses banquiers.

Viennent enfin les *comptes à amortir*, c'est-à-dire les divers éléments de l'actif qui ne représentent qu'une valeur conventionnelle, tout au moins très aléatoire, et qu'il est d'une bonne administration d'amortir aussi rapidement que possible au moyen de prélèvements sur les bénéfices annuels. Ce sont les frais de constitution de la société, qu'on est forcé de porter à l'actif puisqu'ils ont été payés sur le capital social, les brevets et marques de fabrique, le nom commercial, l'enseigne, etc., toutes choses dont la valeur intrinsèque est difficilement appréciable et peut dans tous les cas disparaître totalement du jour au lendemain.

Voici maintenant le passif où l'on trouvera les diverses sommes qui ont servi à constituer l'actif.

En premier lieu l'on porte le *capital social* et le montant des *obligations* émises par la société, car telles sont les ressources qui ont permis à la société d'acheter ou de construire son instrument de travail et d'y apporter constamment les améliorations nécessaires. C'est le *passif non exigible*, les obligations ne venant à remboursement que dans les proportions et délais convenus au moment de l'émission.

La seconde catégorie se compose des *réserves*, *fonds de prévoyance*, *fonds d'amortissement*, et *provisions* diverses, qui ont pour but, d'une manière générale, soit de parer à une dépréciation de l'actif, soit de subvenir à des besoins futurs prévus ou imprévus.

Après le capital social et les réserves vient le *passif exigible*. Ce sont les sommes dues aux tiers, aux fournisseurs ou à des créanciers divers, et dont le paiement peut être réclamé immédiatement. Cet élément du passif comprend les *effets à payer* et les *créditeurs divers*, c'est-à-dire les dettes non représentées par des effets de commerce.

Le dernier article du passif, du moins lorsque la société a gagné de l'argent, est le compte de profits et pertes (V. n° 30).

§ 2. — Étude du bilan.

32 *bis*. *Utilité*. — Maintenant que le mode d'établissement et le détail du bilan sont connus, il s'agit d'étudier le bilan en lui-même. C'est là une question particulièrement intéressante pour les actionnaires, et cependant bien peu d'entre eux s'en préoccupent autant qu'il conviendrait. Trop souvent ils considèrent le bilan comme un document mystérieux qui échappe à leur intelligence et que seuls peuvent comprendre des comptables de profession. De là à approuver les yeux fermés les comptes qui leur sont présentés par les administrateurs, il n'y a qu'un pas. Est-il téméraire d'espérer guérir cette indifférence nonchalante en leur apprenant à étudier, à « éplucher » un bilan ? L'avenir le dira.

Deux questions doivent les préoccuper surtout : la situation commerciale de la société, d'une part, et sa situation financière, d'autre part. Cette étude ne saurait d'ailleurs être utilement entreprise que si l'on se donne la peine de rapprocher le dernier bilan du bilan précédent et de les comparer.

33. *Situation commerciale de la société.* — La situation commerciale est indiquée d'abord par le chiffre de bénéfices que le bilan accuse. Toute entreprise industrielle sagement administrée s'efforce naturellement d'augmenter sans cesse le montant de ses bénéfices. On se rendra compte en même temps du mouvement des affaires, qui, lui aussi, doit normalement s'accroître d'année en année. Une entreprise qui ne progresse pas périclite, car les concurrents grandissent pendant ce temps-là. Il importe dès lors que les affaires prennent chaque année un développement plus considérable. C'est tout profit pour la société, car, à partir d'un certain chiffre, les frais généraux n'augmentent, pour ainsi dire, presque plus malgré l'extension des affaires.

En consultant le compte *Profits et pertes*, on trouve dans le même ordre d'idées un autre renseignement intéressant. Si l'on divise le total des frais d'exploitation de l'exercice par le total des recettes correspondantes, on obtient le *coefficient d'exploitation*, que tous les efforts de l'administration doivent tendre à abaisser en comprimant les dépenses, en diminuant les prix de revient, et en élevant les prix de vente dans la mesure compatible avec les conditions économiques du marché.

D'autres questions, notamment celle des amortissements, doivent encore préoccuper les actionnaires. Une société industrielle qui néglige d'amortir rapidement son actif immobilisé s'expose aux plus graves dangers (V. n°s 51 et suiv.). Les actionnaires soucieux de leurs intérêts voudront savoir comment les choses se passent à cet égard dans la société à la fortune de laquelle ils sont associés.

34. *Situation financière de la société.* — Vient ensuite l'examen de la question financière. Comment connaître la situation de trésorerie d'une société ? Il suffit de comparer les « disponibilités » et les « exigibilités ». On comprend sans peine qu'une société dont les disponibilités, augmentées de l'actif immédiatement réalisable, ne couvrent pas au moins le montant des dettes exigibles, court des risques graves, dont le moindre est d'être obligée d'emprunter à des conditions onéreuses pour faire face aux remboursements qui lui seraient demandés Cette situation serait encore plus inquiétante si la société avait émis des obligations, parce que tout retard dans le service des intérêts et de l'amortissement pourrait entraîner le dépôt du bilan ou la déclaration de faillite. Lors au contraire que les disponibilités dépassent les exigibilités, la société se trouve en possession d'un *fonds de roulement.* Or il est essentiel pour toute société industrielle d'avoir à sa disposition un fonds de roulement dont l'importance varie d'ailleurs avec la nature de chaque entreprise. Il en faut un même lorsque les marchandises sont vendues « comptant », c'est-à-dire, en réalité, lorsqu'elles sont payées dans un très court délai (trente jours ordinai-

ment), car la société aura dû se libérer envers les fournisseurs de matières premières avant d'encaisser le montant des marchandises vendues par elle. A plus forte raison le fonds de roulement est-il indispensable lorsque l'entreprise, à raison de sa nature même, est obligée d'accorder à ses clients des crédits plus ou moins longs. Enfin il présente une grande importance surtout dans les temps de crise générale ou en cas d'accident particulier, car, si les disponibilités de la société sont abondantes, elle ne sera pas réduite à des emprunts onéreux qui pourraient la mettre en danger dans l'avenir. La situation de trésorerie doit être assez large pour parer à toute éventualité fâcheuse, à toute dépense imprévue, en plus du remboursement des dettes exigibles et du *fonds de roulement* nécessaire à l'exploitation.

Notons en passant que cette étude du bilan par les actionnaires est beaucoup facilitée lorsque les administrateurs prennent soin de distinguer, comme nous l'avons indiqué, les diverses catégories qui composent soit l'actif, soit le passif : capital et réserves, engagements envers les tiers, d'une part, immobilisations et valeurs disponibles, d'autre part.

En même temps l'on remarquera le montant des réserves ou fonds de prévoyance dont l'accroissement méthodique améliore la trésorerie et fortifie la situation industrielle de la société.

Valeur de liquidation de l'action. — L'étude du bilan fournit enfin un renseignement tout particulièrement précieux, car elle permet de connaître la valeur intrinsèque de l'action, ce qu'on appelle souvent la valeur de liquidation ou, plus vulgairement, la *valeur à casser*. Deux méthodes de calcul peuvent être employées à cet effet. La première consiste à retrancher de l'actif du bilan les comptes à amortir, les amortissements et les dettes envers les tiers ; le surplus représente ce qui appartiendrait aux actionnaires en cas de liquidation, et il n'y a plus qu'à diviser cette somme par le nombre d'actions. On arrive au même résultat en déduisant les exigibilités des disponibilités, en ajoutant à la différence la valeur du fonds de commerce ou de l'usine exploitée (clientèle, mobilier et matériel industriel), et en divisant le chiffre total par celui des actions. Bien entendu cette indication ne sera exacte qu'autant que les estimations du bilan ne contiendront aucune exagération et que, d'autre part, les amortissements commandés par la prudence auront été réalisés aussi largement que possible.

SECTION IV

Règles a suivre pour l'établissement de l'inventaire et du bilan

§ 1. — Conditions requises : clarté et sincérité.

36. *Règle.* — Toutefois l'étude du bilan n'est possible pour les actionnaires qu'autant qu'il a été établi d'une manière claire et intelligible. Les adminis-

trateurs ne doivent pas en effet oublier que ceux qui le consulteront n'ont pas le droit de se reporter aux livres pour en percer les obscurités ou pour en combler les lacunes. Ce document doit donc se suffire à lui-même et renseigner d'une manière complète les actionnaires sur la consistance de l'actif et du passif ainsi que sur la situation vraie de la société. Autrement dit il doit être *clair* et aussi *sincère*.

37. *Clarté.* — La première qualité d'un bilan, c'est la clarté. Ce que nous disons semble presque une ironie quand on se rappelle certains bilans qui sont absolument incompréhensibles à raison des dénominations obscures employées par le conseil, du défaut d'ordre qu'on y remarque, ou du « bloquage » d'articles qui devraient logiquement rester séparés.

Le bloquage est un des défauts les plus communs des bilans. Voici, par exemple, un article du passif qui est ainsi conçu : « Fournisseurs et créanciers en compte-courant : 3.000.000 de francs ». Pourquoi ne pas séparer ces deux postes ? Tout actionnaire a intérêt à savoir ce qui est dû, d'une part, aux fournisseurs, et, d'autre part, aux banquiers ; il a même le droit de le savoir. Pourquoi ? Parce que ces renseignements sont de nature à lui faire connaître la marche des affaires et la situation vraie de la société. Si la somme due aux fournisseurs de matières premières est importante, cela prouve qu'on fait beaucoup d'affaires. Si, au contraire, la plus grosse partie de cette somme est due aux banquiers, cela tient, ou bien à ce que le fonds de roulement était insuffisant, ce qui est également un indice favorable, ou bien à ce que les disponibilités de la société ont disparu, ce qui serait de nature à inquiéter les actionnaires.

Nous pourrions citer bien d'autres exemples d'articles obscurs qui rendent inintelligible le bilan. Il suffit, pour en trouver, de parcourir les bilans de certaines sociétés financières où abondent les articles intitulés : *Divers*, sans autre explication ni détail. De pareilles méthodes ne sont nullement conformes au vœu de la loi, qui exige l'établissement d'un bilan complet, clair et d'une lecture facile même pour les actionnaires qui ne connaissent pas les détails de la comptabilité. Autrement il ne servirait de rien.

Depuis quelques années on constate à cet égard un progrès très sensible. Non seulement les expressions cabalistiques qu'on employait jadis tendent à disparaître, mais les administrateurs prennent soin, pour plus de clarté, de diviser l'actif et le passif en diverses catégories selon la nature des articles.

Voici, à titre d'exemple, un bilan établi d'après les habitudes nouvelles et qui présente toute la clarté désirable.

Bilan au 31 décembre 1904

ACTIF

Actif immobilisé

Premier établissement		3.300.000 »
Travaux neufs		1.000.000 »

Actif réalisable (ou : valeurs disponibles)

Matières premières et approvisionnements		685.000 »
Produits fabriqués ou en cours de fabrication		873.000 »
Effets à recevoir		200.000 »
Comptes particuliers débiteurs		625.000 »
Fonds et valeurs		650.000 »
		7.333.000 »

PASSIF

Passif non exigible

Capital-actions	2.000.000	3.800.000 »
Capital-obligations	1.800.000	

Réserves

Réserve légale		200.000 »
Fonds de réserve et amortissements		761.000 »

Passif exigible (ou : engagements)

Effets à payer	870.000	2.070.000 »
Créditeurs divers	1.200.000	

Balance (profits et pertes)

Solde au 31 décembre, formant bénéfices		502.000 »
		7.333.000 »

38. *Exactitude et sincérité.* — La seconde des règles auxquelles est soumis le bilan, c'est qu'il doit être établi d'une manière *exacte* et *sincère*. Comme il a pour but

de faire connaître les résultats de l'exercice et notamment le montant des bénéfices,qui consistent dans l'excédent de l'actif sur le passif, il importe, d'une part, que les évaluations de l'actif soient aussi rapprochées que possible de la vérité, et, d'autre part, que le tableau du passif ne contienne aucune dissimulation, omission ni réduction directe ou indirecte. Si l'on majorait la valeur de certains éléments de l'actif ou si l'on dissimulait des dépenses qui sont à la charge de l'exercice, les bénéfices accusés par l'inventaire seraient supérieurs à la réalité et par conséquent fictifs pour partie.

39. *Inventaire et compte de profits et pertes.* — Les mêmes règles s'appliquent naturellement à l'inventaire et au compte de profits et pertes. Ce dernier compte sera clair s'il fournit aux actionnaires, qui sont désireux de pouvoir apprécier les résultats de l'exploitation, le détail, soit des encaissements, soit des charges de l'exercice. Il est certain qu'ils ont intérêt, par exemple, à savoir si les encaissements proviennent des bénéfices industriels, ou du revenu du portefeuille, ou bien de la vente d'une partie de l'actif, ou bien encore de rentrées inattendues. Il importe également de distinguer les bénéfices industriels de la société elle-même des bénéfices industriels réalisés par ses filiales. Ces divers renseignements leur seront utiles notamment pour déterminer le montant des bénéfices de l'exercice et pour en décider l'affectation. De même l'indication des frais d'exploitation et le détail des charges, notamment des frais généraux, ne leur sont pas indifférents, car il y aura peut-être lieu

pour eux de solliciter sur ce point certaines modifications à l'organisation de l'administration sociale ou de proposer certaines économies.

Quant à la sincérité, il est à peine besoin de rappeler qu'elle doit présider à l'établissement du compte de *Profits et pertes* comme des autres. De même que pour l'inventaire et le bilan, des administrateurs peu scrupuleux auraient beau jeu pour y faire apparaître des bénéfices fictifs, soit en dissimulant une partie des frais généraux et charges normales de l'exercice, soit en portant au crédit du compte des produits imaginaires ou seulement incertains et aléatoires.

40. *L'exactitude absolue est impossible.* — Des deux dernières qualités requises pour le bilan, l'exactitude et la sincérité, c'est surtout la seconde que la loi demande aux administrateurs, car l'exactitude absolue ne peut que bien difficilement être obtenue. Cela tient à ce que les estimations de l'inventaire et du bilan présentent inévitablement une certaine part de convention.

Il ne faut pas oublier en effet que, dans la rigueur des principes, c'est seulement à la fin de la société qu'on peut savoir s'il existe, ou non, des bénéfices, et qu'à ce moment la valeur des différents éléments est déterminée d'une manière certaine par la réalisation qu'en fait le liquidateur. Ce n'est que par suite d'une impérieuse nécessité pratique que l'on a admis l'usage des distributions annuelles de bénéfices, mais les estimations faites en cours de société manquent de toute base précise. En tous cas, certaines d'entre elles sont nécessairement conventionnelles et arbitraires. Sans doute il existe des industries dans lesquelles il est très aisé de connaître la valeur exacte des différents éléments de l'actif social. On peut citer, par exemple, les entreprises de transport de marchandises ou de personnes, dont l'actif se compose exclusivement de chevaux, de voitures et d'immeubles contenant des écuries et des remises. Mais, dans la plupart des sociétés industrielles, les évaluations sont autrement difficiles à faire avec exactitude. Voici, par exemple, une société qui a dépensé 300.000 francs pour la construction de son usine et l'achat du matériel industriel. Pour quelle somme devra-t-elle porter cette usine au premier inventaire ? Si l'on recherche la valeur vénale, il sera presque impossible de la déterminer sans erreur. Comment savoir en effet à quel prix on trouverait acquéreur ? Est-ce 200.000, 150.000 ou 100.000 francs ? Personne ne saurait le dire, vu que tout dépend des circonstances dans lesquelles on essaierait de la vendre. D'autre part, si l'on admet que l'usine n'a plus qu'une valeur vénale de 200.000 francs et qu'on la porte à l'actif pour cette somme seulement, il résultera d'une pareille estimation une perte apparente de 100.000 francs, qui n'a pas été subie en réalité puisque l'usine en question a toujours la même valeur intrinsèque, et qui cependant entraînera le grave inconvénient d'empêcher la distribution de bénéfices réellement acquis.

Pour ces diverses raisons l'usage s'est répandu de porter les biens de cette nature pour leur prix d'achat ou de revient, sous réserve, bien entendu, de l'amortissement correspondant à la dépréciation qu'ils subissent par le fait du temps ou des circonstances. Après tout une semblable estimation, bien que conventionnelle, est parfaitement légitime, car, au regard de la société qui a dépensé 300.000 francs, l'usine représente bien cette valeur, et aucune raison décisive ne commande de la porter pour un chiffre inférieur.

On pourrait faire le même raisonnement à propos de sociétés ayant un objet différent. Qu'il s'agisse d'une entreprise de tramways ou de chemins de fer, de charbonnage ou de métallurgie, il est certain que, si l'on cherchait à vendre les installations et le matériel, on n'en retirerait pas les sommes d'argent qu'il a fallu dépenser pour se les procurer. C'est également dans le but de ne pas faire apparaître une perte qui n'existe pas en réalité qu'on porte à l'actif les frais de recherches, d'études, de constitution, etc., qui ne représentent pas une valeur réelle, mais qui néanmoins ne sont pas perdus pour la société et qu'il convient dès lors de faire figurer au bilan comme la contre-partie à due concurrence du capital, sauf à les amortir le plus vite possible. L'amortissement a précisément pour but de rapprocher autant que possible de la vérité les évaluations du bilan (V. nos 51 et s.).

Si donc l'exactitude absolue ne peut pas toujours être atteinte et s'il existe à cet égard des tolérances consacrées par l'usage, la sincérité demeure le devoir essentiel et rigoureux des administrateurs qui établissent les comptes. Ils doivent, dans chaque cas quelque peu délicat, s'inspirer de ce sentiment beaucoup plus que des règles particulières qui ont été proposées quelquefois et qui peuvent conduire à des résultats faux. Ils consulteront aussi les usages de leur industrie et trouveront là des indications précieuses. En agissant ainsi, ils se mettront à l'abri de tout reproche, lors même que les événements ultérieurs viendraient démentir leurs appréciations.

Il faut reconnaître d'ailleurs que l'exactitude des écritures n'est pas toujours facile à atteindre lors même qu'il n'y a pas d'estimations à faire. Voici une société qui a fait pendant le cours de l'exercice des travaux dans son usine. Doit-on les considérer en totalité comme des travaux neufs et les porter au compte *Immobilisations* ? N'y en a-t-il pas au moins une partie qu'il serait plus juste de laisser à la charge de l'exercice comme travaux courants ou d'entretien ? La démarcation entre les uns et les autres est bien délicate, et les administrateurs se laissent souvent inspirer par la situation de la société ; ils évitent autant que possible d'augmenter les charges pendant les années difficiles du début ; lors au contraire que la situation de l'entreprise est bien assise, ils portent au compte de l'exercice même les travaux neufs, qui ont augmenté la puissance de production de la société.

41. *Abus.* — D'autres fois les administrateurs négligent volontairement de se conformer à leur devoir. Soit qu'ils désirent provoquer une hausse des cours afin de se débarrasser avantageusement de tout ou partie de

leurs titres, soit qu'ils veuillent dissimuler le plus longtemps possible la situation désastreuse de la société pour ne pas perdre les avantages dont ils jouissent, il arrive trop souvent que les comptes sont établis par eux avec le dessein de faire apparaître, coûte que coûte, des bénéfices plus ou moins importants. Ils réduisent, ils suppriment même les amortissements normaux ; ils font subir à divers éléments de l'actif des plus-values imaginaires ; ils portent pour leur montant nominal des créances douteuses, quelquefois même irrecouvrables ; ils font disparaître du passif certaines charges ou dépenses qui grevaient l'exercice, et de la sorte ils atteignent leur but. De pareilles supercheries échappent forcément aux actionnaires, qui ne peuvent pas prendre connaissance des livres ; seul le commissaire aux comptes, s'il est perspicace et compétent en matière de comptabilité, pourrait les découvrir. S'il ne les leur révèle pas, ils seront amenés, sans s'en douter, à voter la distribution de dividendes absolument fictifs qui affaiblissent d'autant le capital social et compromettent gravement l'avenir même de la société.

42. *Règles proposées.* — Est-il possible de couper court à ces abus en soumettant les évaluations à des règles très précises ? On l'a essayé bien des fois, notamment pour les marchandises, les matières premières, les créances et les valeurs de Bourse, mais ces efforts n'ont abouti à aucun résultat certain et définitif. C'est qu'en effet les circonstances varient trop profondément d'une société à l'autre pour qu'il y ait place pour des règles im-

muables et générales. Telle règle, qui sera juste dans un certain nombre de cas, risquerait une autre fois de conduire à des évaluations fausses. Aussi la jurisprudence n'en a-t-elle adopté ni recommandé aucune; elle accepte celles qui sont en usage, du moment qu'elles ont été appliquées avec sincérité et d'une manière loyale.

§ 2. — Évaluation des marchandises.

43. *Usage.* — En ce qui concerne les marchandises, l'usage courant, sanctionné par la jurisprudence, est de porter les matières premières d'après le cours du moment ou d'après le prix de revient, et les marchandises fabriquées également d'après le prix de revient. Il serait téméraire de compter ces dernières sur la base du prix de vente, car elles ne sont pas encore vendues, et d'ailleurs rien ne permet d'affirmer qu'on ne sera pas forcé d'en « solder » une partie.

Toutefois ces usages doivent être appliqués avec discernement et réserve, d'après les conditions spéciales de l'entreprise. C'est ainsi que les administrateurs prudents n'estiment pas invariablement les stocks de matières premières d'après le cours actuel. Il peut se faire qu'ils jugent ce cours trop élevé et destiné à baisser bientôt. En pareil cas il est sage de prendre comme base d'évaluation un chiffre un peu inférieur, ainsi que cela a été fait dans plusieurs sociétés à la fin de l'année 1906 pour l'évaluation de certains métaux. Une pareille estimation serait encore moins justifiée si les cours avaient été faussés par des spéculations intéressées, comme cela s'est produit quelquefois. De même pour l'estimation de marchandises fabriquées qui serait faite d'après le prix de revient, si celui-ci se trouvait supérieur au prix vénal actuel à la suite de la découverte de méthodes de fabrication plus économiques ou pour toute autre cause. Est-il besoin d'ajouter qu'il serait incorrect de faire figurer pour le prix de revient des marchandises ou produits fabriqués qui auraient été refusés par le client qui les avait commandés ?

En un mot il y a toujours lieu de tenir compte, dans un but de sincérité et d'exactitude, des circonstance particulières, qui peuvent dissuader les administrateurs scrupuleux de se conformer rigoureusement aux usages reçus en cette matière.

§ 3. — Évaluation des créances.

44. *Règle.* — Comment évaluer les créances ? Le bon sens répond qu'on doit les porter pour leur montant nominal si les débiteurs sont solvables, pour une somme à déterminer si l'on a lieu d'être inquiet au sujet de leur recouvrement, et pour mémoire si les débiteurs sont devenus insolvables. En ce qui concerne les créances douteuses, il revient au même de les faire figurer pour leur montant nominal et de constituer en même temps une réserve en prévision de l'insolvabilité des débiteurs. Certains établissements de crédit font preuve d'une prudence extrême en amortissant intégralement celles des créances dont la rentrée fait naître la moindre crainte. Il y a là une question d'appréciation

à résoudre d'après les circonstances, d'autant qu'il peut importer à la société de ne pas paraître douter de la solvabilité de ses propres clients. C'est pour ce motif qu'on préfère quelquefois porter les créances douteuses pour leur chiffre nominal, tout en affectant une partie des bénéfices à une réserve ou provision spéciale qui couvrira ces risques.

45. *Jurisprudence.* — Il a été jugé :

1° Qu'il n'y a pas de fraude à comprendre dans l'inventaire une créance sur un administrateur de la société si, dans la pensée du conseil d'administration, cette créance ne pouvait être considérée comme irrecouvrable à cause de la solvabilité du débiteur (Paris, 10 juillet 1902, *Journ. Soc.*, 1903.250) ;

2° Que l'inventaire au vu duquel les dividendes ont été distribués doit au contraire être réputé frauduleux lorsque les gérants ont fait figurer à l'actif des créances d'une importance considérable qu'ils savaient ne devoir pas être soldées intégralement si les débiteurs étaient mis en demeure de s'acquitter envers la société, alors surtout que ces créances résultaient de comptes que les gérants s'étaient ouverts à eux-mêmes, que la dette par eux contractée envers la société excédait de beaucoup l'actif qu'ils pouvaient réaliser dans les délais usuels, et qu'il était démontré qu'ils se savaient insolvables au moment où ils ont porté à l'actif de la société leurs comptes débiteurs tout entiers (Rennes, 3 novembre 1887) ;

3° Qu'il en est de même lorsque des créances considérables, quoique non garanties ou garanties insuffisamment, sont portées intégralement à l'actif du bilan, ou que des créances sur des sociétés en liquidation sont, malgré leur caractère contentieux, inscrites pour leur chiffre intégral (Paris, 5 août 1890, Aff. Société des Métaux) ;

4° Que les administrateurs ne doivent pas confondre dans un même article des créances douteuses avec des créances d'un recouvrement certain ; qu'ils doivent au contraire faire de celles-là l'objet d'un article spécial (Paris, 2 août 1870) ;

5° Que se rendent coupables du délit de banqueroute simple les gérants d'une société en commandite qui, au lieu d'isoler dans l'inventaire les mauvaises valeurs, y ont fait figurer pour leur valeur nominale des effets sur des insolvables, et ce dans le but de justifier la distribution de dividendes fictifs et de conserver les avantages que leur assuraient les statuts (Cass., 29 mai 1902).

§ 4. — Évaluation des valeurs de Bourse.

46. *Difficulté.* — C'est surtout pour l'estimation des valeurs de Bourse qu'il est impossible de poser des règles absolues, tant il existe de cas particuliers qui échappent à toute réglementation. Lorsque le portefeuille de la société ne comprend que de la rente sur l'Etat français ou des obligations de chemins de fer français, l'évaluation est singulièrement facile. Mais, si les réserves sont ordinairement employées en valeurs de cette catégorie, il arrive quelquefois par contre que le porte-

feuille des sociétés renferme des valeurs autrement difficiles à estimer même approximativement. C'est ainsi que certaines sociétés industrielles sont amenées à s'intéresser à des entreprises plus jeunes dont elles souscrivent une partie du capital et dont les titres sont extrêmement malaisés à évaluer tant que ces entreprises n'ont pas franchi la période des tâtonnements du début, tant que leur situation n'est pas solidement assise. De même les sociétés financières peuvent avoir dans leur portefeuille des valeurs qui ne sont pas encore classées et dont les cours cotés sont nécessairement incertains et variables. On comprend sans peine combien l'estimation exacte de semblables valeurs est malaisée. Au surplus on n'est pas absolument d'accord sur le principe qu'il conviendrait d'adopter d'une manière générale pour l'évaluation du portefeuille, même au regard des grandes valeurs qui ont un large marché et dont les cours sont relativement stables. A plus forte raison serait-on embarrassé pour réglementer l'estimation des valeurs qui ne se négocient qu'à intervalles plus ou moins longs, en petites quantités, et dont les cours risqueraient de s'effondrer si l'on mettait sur le marché un gros paquet de titres. Or beaucoup de sociétés industrielles ou financières possèdent en portefeuille des titres de cette nature. Aussi est-il extrêmement important, sinon de poser des règles sur ce point, ce qui serait à peu près impossible, du moins de fournir aux administrateurs et aux actionnaires des indications détaillées, afin que les uns procèdent à des évaluations exactes, malgré la grande difficulté de l'entreprise, et que les autres soient en mesure de les contrôler.

47. *Plusieurs méthodes.* — On conçoit pour les valeurs de Bourse trois modes d'évaluation : *a*) le prix d'achat ou de revient ; *b*) le cours de la Bourse ; *c*) la valeur raisonnée du titre. On peut écarter immédiatement ce dernier mode d'évaluation. Théoriquement supérieur aux autres, il ouvrirait la porte aux estimations les plus fantaisistes, car la même valeur peut être appréciée bien différemment par des hommes également compétents. Il n'est pas rare de voir une valeur estimée 600 francs par les uns et 1.000 francs par les autres. Aussi, malgré que cette méthode ait été prônée par certains économistes, la pratique n'hésite-t-elle qu'entre les deux autres, le prix de revient et le cours de la Bourse, qui ont l'une et l'autre leurs partisans. On a rappelé souvent que la Banque de France et la plupart des compagnies d'assurances évaluent leurs titres d'après le prix de revient. Elles maintiennent cette pratique même lorsque, par suite d'une baisse, le prix de revient se trouve au-dessus des cours actuels, et cette manière de faire s'explique parce qu'il s'agit de valeurs extrêmement sérieuses dont la baisse ne saurait jamais être que passagère. Toutefois il est certain qu'il y aurait lieu de constituer une réserve spéciale pour dépréciation éventuelle si l'on craignait que cette baisse fût définitive.

Quant aux sociétés industrielles ou financières, elles paraissent s'attacher le plus souvent aux cours de la Bourse et ne prendre le prix de revient qu'à défaut d'indications fournies par la cote. Il convient de remarquer à ce propos que les cours des valeurs les plus sérieuses subissent de larges fluctuations ; aussi la prudence commande-t-elle de ne pas suivre aveuglément la cote et de se tenir plutôt en dessous des cours pratiqués, tout au moins lorsqu'il apparaît que la hausse du moment n'est qu'une hausse passagère (1).

Reste à savoir quel cours on choisira, soit celui du dernier jour de l'exercice, soit le cours moyen du dernier mois, soit le cours moyen de l'année, et si, d'autre part, on ne doit pas tenir compte, pour rectifier ces estimations, des événements qui ont pu survenir depuis la clôture de l'exercice. Il n'existe pas de règle à cet égard. Au surplus les administrateurs peuvent s'inspirer des traditions de modération qui sont en honneur dans les grands établissements de crédit. Il suffit de se reporter aux rapports de leurs conseils d'administration pour constater que les évaluations sont faites le plus souvent, pour les valeurs cotées, à des cours inférieurs à ceux qui étaient pratiqués à la fin de l'exercice et que l'on se préoccupe avant tout d'éviter une déconvenue et même de ménager aux actionnaires, suivant toutes probabilités, d'agréables surprises en cas de réalisation.

48. *Cas exceptionnels.* — Si cette manière de procéder peut être admise sans difficulté, il convient, bien entendu, de faire une exception pour le cas où les admi-

(1) V. sur ces usages le remarquable *Rapport fait au nom de la commission extraparlementaire sur les inventaires et bilans au garde des sceaux*, par M. Alfred Neymarck.

nistrateurs auraient poussé les cours à la fin de l'année dans le but de pouvoir donner au portefeuille social une évaluation plus élevée. Le fait, paraît-il, n'est pas sans exemple, et des financiers à l'esprit observateur ont remarqué que certains titres subissent toujours une hausse régulière dans le courant de décembre. S'il était établi que cette hausse fût la conséquence de spéculations intéressées de cette nature, il est certain que l'estimation établie d'après le cours de la Bourse, bien que conforme, en apparence, à l'usage courant, n'en serait pas moins critiquable.

De même l'estimation d'après le prix de revient pourrait parfois conduire à des résultats contraires à la vérité. Si en effet, dans un cas déterminé, tout portait à croire que les titres ne pourraient jamais être vendus à ce chiffre, ou bien si la société était en liquidation, il est clair qu'il conviendrait, en raison de ces circonstances particulières, d'abaisser notablement l'évaluation au-dessous du prix de revient.

En résumé les administrateurs ne doivent pas s'attacher aveuglément à celle de ces bases d'estimation qu'ils auront choisie. Ils auront soin, si besoin est, de rectifier, d'après les circonstances du moment, les indications qu'elle fournira, et ce toujours dans le sens d'une réduction.

L'estimation des valeurs de Bourse devient plus délicate encore lorsqu'il s'agit de titres d'une société nouvelle et qui n'a pas jusqu'alors donné de résultats permettant de leur attribuer une valeur raisonnée. Il en est ainsi, par exemple, des titres de sociétés filiales qui se trouvent dans le portefeuille de la société mère. Comme les transactions auxquelles ils donnent lieu sont rares, elles ne sont pas de nature à fournir un point de repère absolument sûr, et les cours qui seront cotés de temps à autre sont trop aléatoires et trop peu stables pour qu'on s'y puisse attacher rigoureusement. Dès lors sur quelle base la société évaluera-t-elle cette partie de son portefeuille ? D'après le rendement des titres ? D'après les perspectives d'avenir qu'ils paraissent présenter ? Ce sont là des données bien peu précises, bien incertaines. L'usage très généralement répandu consiste à s'attacher au prix de revient ou au taux nominal. Cette méthode offre l'avantage de ne pas discréditer les valeurs en question. Mais il faut convenir qu'il est des cas où il ne serait pas loyal de s'y conformer, notamment lorsque l'avenir de l'entreprise est tellement compromis qu'aucun espoir sérieux de relèvement ne saurait plus être conservé.

49. *Pas de règle absolue en jurisprudence.* — La jurisprudence n'a posé à ce sujet aucune règle exclusive ; elle admet qu'on procède à l'évaluation du portefeuille, soit d'après le cours de la Bourse, soit d'après le prix de revient, du moment que l'estimation est sincère. Elle laisse ainsi aux administrateurs la faculté de s'inspirer des circonstances et de choisir celle de ces deux méthodes qui leur plaira davantage. On trouve notamment l'expression de cette idée libérale dans un arrêt de la Cour de Paris du 18 mars 1887 (aff. du Crédit général français, Dall. 1888.2.129) :

« Considérant que les prévenus soutiennent que les inventaires annuels ont été dressés avec exactitude, et, en tous cas, avec sincérité ; que les évaluations des titres du portefeuille ont été faites *d'après les cours officiels pour les valeurs cotées soit en Bourse, soit en banque, d'après les prix de revient pour celles qui n'avaient pas de marché régulier*, et que cette manière de procéder est entièrement conforme aux usages reçus ; considérant que ces bases d'estimation ne sauraient en elles-mêmes et à moins de circonstances spéciales être l'objet de sévères critiques ;

« Qu'il est exact que les obligations communales et foncières du Crédit foncier figurent à l'inventaire à leur prix d'achat et non au cours officiel, ce qui amène une majoration de 52.797 francs ; mais considérant que ces valeurs de premier ordre n'étant pas sur le marché l'objet de variations considérables, certains établissements de crédit ont l'habitude de les coter au taux de revient ; que les prévenus ont agi de même en 1881 sans se préoccuper du bénéfice de 14.000 francs environ que la hausse des cours aurait pu procurer à la société... »

Il a été jugé de même : 1° qu'une société ne commet pas de faute lorsqu'elle évalue à 450 francs des titres achetés par elle 315 francs, et dont elle a vendu une partie au prix de 511 francs ; 2° qu'elle peut porter au bilan pour leur prix d'achat des actions d'une société qui était d'ores et déjà en liquidation, du moment que nul ne pouvait prévoir au moment de l'inventaire quels seraient les résultats de cette liquidation et qu'aucune fraude ne pouvait raisonnablement être imputée de ce chef aux administrateurs.

En définitive la jurisprudence ne condamne les évaluations qu'autant qu'elles sont *manifestement* au-dessus de la vérité :

« Attendu, disait par exemple la Cour de Paris dans un arrêt du 9 janvier 1888, que le bénéfice accusé par le bilan dépendait uniquement de la réalisation de titres qui n'avaient jamais été cotés en Bourse, mais seulement en Banque, où ils n'avaient trouvé qu'une valeur de convention, résultat d'opérations simulées, les sociétés qui les avaient émis n'étant pas à cette époque sorties de la période de leur organisation et étant toutes tombées en liquidation sans avoir donné aucun résultat ; que, pour ne parler tout d'abord que de 6.981 actions X..., après les avoir portés au grand livre pour une valeur de 315 francs l'une, on avait fait disparaître ce chiffre à l'aide de grattages et on l'avait remplacé par le chiffre de 425 francs ; qu'en même temps on réduisait le passif des engagements contractés pour cette même affaire de 2.625.000 à 993.794 francs ; qu'il y aurait lieu en outre de relever dans le même bilan de faux articles résultant soit de ventes d'actions d'une société qui n'était qu'un jeu d'écritures, soit d'avances irrecouvrables à des sociétés qui n'ont jamais existé... »

L'imposture caractérisée d'un tel bilan ne laissait aucun doute sur l'intention frauduleuse de ceux qui avaient procédé notamment à l'évaluation du portefeuille.

50. *Résumé. Bonne foi règle essentielle.* — On peut résumer ces diverses indications en disant qu'il est impossible de formuler pour l'établissement des comptes et en particulier pour l'évaluation de l'actif des règles générales et absolues. Que les administrateurs s'inspirent des usages admis dans leur industrie en se préoccupant avant tout de présenter exactement et sincèrement la situation de la société ! Ils auront accompli tout leur devoir et ils éviteront le reproche d'avoir distribué des dividendes fictifs s'ils se conforment à ce

principe [1]. Au surplus ils faciliteront le contrôle de leur travail en indiquant, pour chaque article, la méthode qu'ils auront adoptée. Ont-ils estimé les valeurs de Bourse d'après le prix d'achat ou d'après les cours actuels, les stocks d'après le cours du jour de l'inventaire ou au-dessous, les marchandises d'après le prix de revient ou autrement ? Les actionnaires pourront ainsi vérifier plus aisément l'exactitude de leurs comptes. De même si, après avoir porté les marchandises au bilan d'après leur prix de revient pendant plusieurs années, ils croyaient devoir adopter désormais une autre méthode et les estimer, par exemple, d'après les mercuriales, la loyauté leur commanderait d'informer les actionnaires de cette innovation dans leurs procédés d'évaluation, sous peine de les tromper.

C'est ce que décidait récemment le tribunal de commerce de Nantes par un jugement plein de sagesse dont il est bon de citer le passage suivant :

« Aucune règle fixe n'est indiquée et ne pouvait être indiquée par le législateur sur la manière dont doit être établi l'inventaire ; en réalité les commerçants varient sur ce point et l'on peut dire d'une façon certaine qu'il n'y a d'autre principe à cet égard que la *bonne foi*, laquelle est une règle absolue dans toutes les opérations commerciales ; si les évaluations sont sincères et établies avec modération, l'inventaire ne peut donner lieu à critique sérieuse.... »

Le tribunal constate ensuite que, dans l'industrie de

(1) V. au nº 155 ce qui a trait à la distribution de dividendes fictifs.

la raffinerie à propos de laquelle on plaidait, il y a des éléments d'actif difficiles à évaluer, puis il ajoute :

« Dans ces conditions il incombe aux demandeurs (qui poursuivaient les administrateurs pour distribution de dividendes fictifs), non seulement de relever des erreurs ou des appréciations qui trouveraient leur explication ou leur excuse dans la nature du travail, mais des falsifications, c'est-à-dire des erreurs *voulues et préméditées ; si les inventaires ont été établis de bonne foi, la responsabilité des administrateurs n'est pas engagée...* »

En tous cas les tribunaux décident avec raison que, les divers éléments de l'actif devant être évalués au moment de la clôture de l'exercice, on ne saurait après coup critiquer des évaluations sincèrement établies, même si les événements ultérieurs venaient en démontrer l'erreur (V. *Dividendes fictifs*, nos 115 à 119).

§ 5. — Amortissement.

51. *Définition.* — Il a été déjà question à plusieurs reprises de l'amortissement ; le moment est venu de l'étudier avec quelque détail. Un inventaire et un bilan ne seraient pas sincères si les administrateurs se dispensaient d'y pratiquer l'amortissement dont le but essentiel est l'exactitude des évaluations de l'actif social. Il existe en réalité plusieurs sortes d'amortissement, qu'il importe de distinguer. Dans un sens étroit, l'amortissement n'est autre chose que la constatation, lors de chaque inventaire, de la diminution de valeur subie par certains postes de l'actif depuis la clôture du dernier

exercice. Dans un sens plus large, c'est le fait de ramener peu à peu à leur valeur réelle les divers postes qui, pour des raisons différentes, avaient été portés au début pour un chiffre supérieur.

Un exemple fera comprendre aisément la différence de ces deux sortes d'amortissement. On a eu déjà l'occasion d'exposer les raisons pour lesquelles l'usage s'est répandu de porter les immobilisations au prix de revient, bien que leur valeur vénale ou de réalisation, soit beaucoup moindre (V. n° 40). L'usine qui a coûté 300.000 francs, disions-nous, ne pourrait peut-être pas être vendue plus de 150.000 francs, et cependant on la portera au bilan pour 280.000 francs au bout de la première année, pour 260.000 francs la seconde, etc. Cette diminution uniforme des estimations successives a pour but de constater la dépréciation purement matérielle qui est le résultat du temps et de l'usage et témoigne du désir des administrateurs de ne pas faire d'évaluations excessives. Mais, si l'on veut se rapprocher plus encore de la vérité, il convient de ramener le plus vite possible ces évaluations au chiffre qui représente approximativement la valeur vénale, car c'est à cette condition-là seulement que le bilan sera vraiment exact. Tel est le but du second amortissement dont il vient d'être parlé et qui d'ailleurs s'explique encore par d'autres raisons.

Dans beaucoup d'industries la marche du progrès est telle qu'elle a bien vite fait d'enlever aux machines leur valeur d'origine. Il arrive fréquemment en effet qu'au bout d'un très petit nombre d'années la société se voit forcée de transformer complètement son outillage pour se tenir au niveau des derniers perfectionnements et lutter efficacement contre la concurrence. On peut dire que cette cause particulière de rapide dépréciation est constatée dans presque tous les rapports des conseils d'administration, qui ne se lassent pas d'affirmer la nécessité de procéder à la transformation des usines et au renouvellement du matériel de manière à ne pas se laisser devancer par des concurrents plus entreprenants et pourvus de plus larges ressources. Il en est ainsi également dans les industries qui exploitent des inventions dont la vogue est nécessairement éphémère. Pour ces diverses causes le matériel des sociétés industrielles est exposé au bout d'un très petit nombre d'années à ne plus représenter d'autre valeur réelle que la valeur de la ferraille. L'amortissement ordinaire de 5 °/₀, qui correspond d'ordinaire à la diminution de valeur résultant de l'usure, n'est évidemment pas suffisant pour ramener rapidement les évaluations au taux de réalisation. D'où la nécessité de procéder à des amortissements beaucoup plus larges.

Mais on se heurte ici à une difficulté qui a été déjà signalée (V. n° 40). Si les administrateurs pensaient que le matériel devra peut-être être renouvelé au bout de trois ans, par exemple, et décidaient en conséquence d'en répartir l'amortissement sur un aussi court laps de temps, ils grèveraient chacun des trois premiers bilans d'une telle charge qu'ils risqueraient de ruiner le crédit de la société. Les entreprises industrielles ont à surmonter pendant la période des débuts assez de difficultés et d'obstacles de toute nature pour qu'on ne leur impose pas en outre la charge d'un amortissement aussi lourd ; sinon elles ne tarderaient pas à succomber. Aussi l'usage s'est-il introduit de remettre à plus tard le soin de pratiquer ces larges amortissements qui ramèneront l'actif à sa valeur de réalisation. Pour le moment on se contentera d'un amortissement annuel plus modeste, qui sera de 4, 5, 6, 7 °/₀ environ, sauf à en augmenter l'importance dès que les bénéfices de la société seront assurés et que son crédit sera solidement affermi.

51*bis*. *Deux sortes d'amortissement.* — On se trouve ainsi en présence de deux espèces bien différentes d'amortissement, l'un très modéré mais strictement obligatoire, l'autre plus important, que l'usage autorise à n'effectuer que dans les années prospères. Le premier doit être pratiqué tous les ans et même en l'absence de bénéfices, puisqu'il correspond à une usure, à une diminution matérielle de valeur qui résulte du temps même ; nous l'appellerons l'amortissement *régulier*. Le second sera l'amortissement *irrégulier* ou *supplémentaire*.

52. *Amortissement régulier.* — Il n'est pas toujours aisé de fixer l'importance de l'amortissement régulier. Dans certaines industries les administrateurs n'éprouvent aucun embarras, parce que la diminution de valeur des objets périssables est connue très exactement. S'agit-

il, par exemple, d'une société de transports ? Il est aisé de fixer la moins-value que subissent chaque année les chevaux et les voitures, comme aussi les immeubles où sont établis les dépôts et les écuries. Mais il n'en est plus de même dans beaucoup d'industries, car on ne sait pas exactement sur combien d'années doit se répartir l'amortissement à effectuer. Voici une machine ou une mine ; durera-t-elle dix ans ou vingt ans ? Dans la première hypothèse, l'amortissement devrait être fixé à 10 °/₀ ; dans le seconde, à 5 °/₀. Autre question, souvent débattue dans les journaux financiers : quel est le taux d'amortissement d'une flotte ? Est-ce 2 °/₀, ou 3 ou 5, ou même davantage ? Il appartient aux administrateurs de trancher ces questions fort délicates. Ils consulteront avec profit les usages de leur industrie et s'inspireront avant tout du désir d'éviter aux actionnaires tout mécompte. Quelquefois les statuts fixent le montant de l'amortissement annuel : tant pour le matériel, tant pour l'usine, etc. Il a été jugé d'ailleurs que l'assemblée générale a le droit de pratiquer des amortissements plus importants. Le plus souvent les statuts laissent toute latitude à cet égard au conseil d'administration.

Toutefois on a essayé de poser des règles précises pour déterminer l'importance de l'amortissement industriel. L'amortissement normal, a-t-on dit, doit être tel que, l'objet périssable auquel il s'applique arrivant à son terme, les sommes accumulées à titre d'amortissement, ajoutées à la valeur actuelle de l'objet lui-même au regard de la société, suffisent à le remplacer, la société ne devant de ce chef ni rien perdre ni rien gagner. L'amortissement devrait donc être calculé de manière à représenter dans chaque inventaire la moins-value des éléments de l'actif survenue d'un bilan à l'autre. Nous avons eu l'occasion de critiquer cet essai de réglementation dans notre *Traité des parts de fondateur* (nos 212 et suiv.) :

Ces règles, y disions-nous, risquent d'être trop étroites dans certains cas, très incertaines dans d'autres, inexactes enfin le plus souvent. Les conditions de l'industrie diffèrent tellement d'une branche à l'autre qu'il paraît impossible de réglementer l'amortissement d'une manière uniforme. Pour le matériel, par exemple, il ne se déprécie dans certaines industries que très lentement et par l'usage seulement ; dans d'autres, il perd toute valeur en quelques années par le fait du progrès incessant et doit être remplacé avant qu'il soit détérioré. La quotité de l'amortissement dépend encore de mille circonstances spéciales. Les industries qui exploitent une concession ou un monopole et celles qui ont élevé des constructions sur le terrain d'autrui, par exemple, sont tenues de procéder à des amortissements très importants. De même certains fonds de commerce peuvent perdre leur valeur très rapidement, par suite d'un simple changement de mode ou de toute autre circonstance fortuite. Les sociétés qui exploitent des mines, dont la durée est le plus souvent incertaine, doivent également amortir leur actif plus vite que les entreprises dont la durée est illimitée...

53. *Amortissement irrégulier.* — Si l'importance de l'amortissement régulier ne peut pas être réglementée, il en est de même à plus forte raison pour l'amortissement irrégulier, ainsi d'ailleurs que le mot lui-même l'indique. Tout ce que l'on peut dire, c'est qu'il faut profiter des années de prospérité pour amortir les immobilisations

le plus rapidement qu'on pourra. C'est ainsi que dernièrement une importante compagnie minière prélevait sur les bénéfices du dernier exercice une somme de deux millions pour la porter à l'amortissement de la mine. Souvent en effet les bonnes années sont suivies d'années moins favorables pendant lesquelles il n'est pas toujours possible de doter comme il conviendrait les divers fonds d'amortissement.

54. *Latitude laissée aux administrateurs.* — Comprenant les nécessités de la pratique, la jurisprudence entend laisser toute latitude aux conseils d'administration pour fixer le mode et l'importance de l'amortissement d'après les conditions spéciales de chaque société. Telle est la portée doctrinale d'une décision rendue dans une espèce où les amortissements étaient critiqués pour cause d'insuffisance :

« Attendu que, sans rechercher si, dans la méthode qu'il a suivie depuis plusieurs années pour procéder aux évaluations et réductions de valeur par lui attribuées à la flotte, le conseil s'est, ou non, inspiré des principes de prévoyance en usage dans des compagnies concurrentes, ni s'il a appliqué à la dépréciation du matériel naval les taux d'amortissement généralement usités dans l'industrie des transports maritimes, il convient de remarquer que les statuts de la société laissent à cet égard une entière liberté aux administrateurs ; que, loin de fixer un taux maximum ou minimum, ils ne précisent point le quantum de la dépréciation à effectuer chaque année ;

« Que dès lors les administrateurs ont la faculté de s'en tenir à une règle d'amortissement plus ou moins étendue ou étroite ; que, sous réserve de leur propre responsabilité à raison de leur gestion, ils sont seuls juges de l'importance des réductions à opérer annuellement et de l'opportunité d'assurer par des amortissements plus ou moins larges l'avenir.

de la société dont la direction leur est confiée, à charge de faire approuver par les actionnaires l'amoindrissement de valeur qu'ils ont donné aux divers chefs de l'actif social... » (Trib. comm. Seine, 23 juillet 1894).

Dans une autre circonstance, au contraire, des porteurs de parts de fondateur soutenaient que les amortissements décidés par le conseil étaient exagérés et devaient être ramenés à de plus justes proportions. La Cour de Paris proclama très nettement le droit du conseil de pratiquer des amortissement extrêmement larges, assez importants même pour ramener à un franc bien avant le terme de la société l'évaluation de certains postes de l'actif qui pourtant présentaient encore une valeur incontestable :

« Considérant que les intimés invoquent uniquement l'exagération des prélèvements opérés à titre d'amortissement ;

« Que cette prétention est en contradiction avec les dispositions mêmes de l'article 40 des statuts qui sont la loi des porteurs de parts de fondateur et qui déclare expressément que le conseil est seul juge des dépréciations survenues entre chaque inventaire aux immeubles, usines, outillage industriel et marchandises de la société ;

« Que vouloir substituer au conseil et aux décisions des assemblées générales, sous la surveillance et le contrôle desquelles il est placé, l'appréciation de personnes étrangères à cette société, fût-ce même celle de la justice, ce serait incontestablement violer le pacte statutaire... » (16 juillet 1896, aff. de la Société des Mines du Laurium, *Journ. Soc.*, 1896. 414).

En définitive la jurisprudence laisse les conseils d'administration maîtres de déterminer l'amortissement selon les besoins dela société, du moment bien entendu qu'ils agissent sans fraude. Certaines sociétés n'amortissent que lentement leurs immobilisations pour ne pas se priver de ressources, tandis que d'autres, parvenues à une prospérité assurée, amortissent immédiatement les travaux neufs qu'elles font exécuter. Tout dépend de la situation de chaque entreprise.

En particulier le conseil a la faculté de répartir sur plusieurs exercices l'amortissement des postes de l'actif qui n'ont en réalité aucune valeur vénale, tels que les frais de constitution et d'études, la prime de remboursement, etc. (V. n° 40). On avait soutenu qu'ils doivent être amortis dès le premier exercice précisément parce qu'ils ne représentent qu'une valeur purement conventionnelle et fictive. Mais les tribunaux ont expressément autorisé les administrateurs à ne les amortir qu'en plusieurs années. D'ailleurs cet amortissement doit avoir lieu quels que soient les résultats des premiers exercices. Sinon, comme le décidait la Cour de Dijon le 24 avril 1899, l'actif porté aux bilans se trouverait entaché d'une majoration. De même la Cour de Lyon disait le 20 février 1903 ; « L'amortissement des frais de premier établissement est une charge sociale qui doit être supportée quel que soit le résultat des exercices ; le mécanisme de l'amortissement a pour effet d'en rendre la charge moins lourde en la répartissant sur une série d'exercices... »

55. *Deux méthodes.* — Il y a deux manières de pratiquer l'amortissement. Ou bien, pour reprendre l'exemple cité plus haut, on porte au bilan l'usine pour une som-

me qui ira sans cesse en décroissant : 280.000 francs la première année, 260.000 la seconde, 240.000 la troisième, etc. ; ou bien l'on maintient à l'actif du bilan l'évaluation d'origine, soit 300.000 francs, sauf à porter au passif le montant de l'amortissement annuel. La réserve pour amortissement s'élèvera donc régulièrement d'année en année, au fur et à mesure qu'on continuera de la doter dans les bilans successifs. Les deux méthodes aboutissent au même résultat au point de vue des chiffres, mais la seconde présente un double avantage : d'une part elle est plus claire, surtout lorsqu'on prend soin de distinguer des immobilisations d'origine les travaux neufs exécutés au cours de la société ; d'autre part les actionnaires et les tiers voient immédiatement le montant des amortissements pratiqués depuis la naissance de l'entreprise et peuvent se rendre compte plus facilement de la prévoyance et de la sagesse du conseil d'administration.

Il résulte de ce qui précède que les deux amortissements dont il vient d'être parlé ne sont pas fixés en même temps. L'amortissement régulier est déterminé par le conseil au moment même de l'établissement des comptes et doit figurer, en principe du moins, au compte de profits et pertes comme une charge de l'exercice. Quant à l'amortissement irrégulier, c'est l'assemblée qui décide, lorsqu'elle approuve les comptes et d'ailleurs sur la proposition du conseil, quand on doit y procéder et à combien il devra être fixé (V. n° 99). Elle se prononce souverainement sur ce point. C'est ainsi que souvent elle décide de porter au fonds d'amortissement le quart, le tiers, quelquefois même la moitié des bénéfices réalisés pendant le dernier exercice.

SECTION V

Du rapport des commissaires

56. *Notion générale.* — Aux termes de l'article 32 de la loi de 1867 « l'assemblée générale annuelle désigne « un ou plusieurs commissaires, associés ou non, *char-« gés de faire un rapport à l'assemblée générale de l'an-« née suivante sur la situation de la société, sur le « bilan et sur les comptes présentés par les adminis-« trateurs* ». C'est ce rapport qui est mis à la disposition des actionnaires en même temps que l'inventaire et le bilan.

Les commissaires sont les contrôleurs du conseil d'administration. Leur rôle consiste à examiner les comptes de l'exercice dans l'intérêt des actionnaires. On comprend sans peine que ceux-ci, vu leur grand nombre, ne sauraient être admis à exercer par eux-mêmes le contrôle qui appartient en principe à tout associé d'une entreprise industrielle ou commerciale. Une autorisation de cette nature eût entraîné un trouble profond dans le fonctionnement des divers services de la société. Pour concilier tous les intérêts, la loi a organisé un mode de contrôle qui permettra aux actionnaires de surveiller la marche des affaires sociales tout en évitant de gêner la société elle-même.

Les commissaires sont autorisés à prendre communication des livres toutes les fois qu'ils le jugeront convenable *pendant le trimestre qui précède l'assemblée*, et à examiner les opérations sociales ; d'autre part l'inventaire, le bilan et le compte de profits et pertes doivent être mis à leur disposition le quarantième jour au plus tard avant l'assemblée générale.

Il ne faut pas se dissimuler que la mission dont ils sont investis est particulièrement difficile à remplir, car elle exige d'eux une grande connaissance des affaires en général et de la comptabilité en particulier. Les commissaires consciencieux ne s'en rapportent pas les yeux fermés aux documents qui leur sont soumis par les administrateurs ; ils veulent en vérifier par eux-mêmes l'exactitude. C'est ainsi qu'ils doivent examiner de très près les livres et les comparer avec les pièces qui sont mises à leur disposition afin d'apprécier la sincérité des écritures. Non seulement ils sont tenus de donner aux actionnaires toutes les explications désirables sur les divers postes du bilan, mais il leur faut encore rechercher si les comptes ne renferment pas des irrégularités volontaires ou involontaires. N'a-t-on pas dissimulé une partie des frais généraux en les portant aux frais de premier établissement ? Ne sont-ils pas trop élevés et ne comprennent-ils pas des situations trop rémunérées ou même des sinécures ? Quelles sont exactement les dépenses qu'on a portées sous la rubrique *commissions* ou *publicité* ? Dans un autre ordre d'idées, il peut arriver que les matières premières ou les produits fabriqués soient majorés, ou bien que l'on fasse figurer parmi les produits fabriqués et à leur prix de revient ou peut-être même de vente des marchandises qui ont été déjà refusées par le client qui les avait commandées. Ou bien encore on a porté parmi les recettes d'exploitation des sommes provenant de l'aliénation d'une partie de l'actif. En résumé l'on aperçoit par ces quelques exemples combien est importante la fonction des commissaires et combien elle demande de travail et de perspicacité à ceux qui s'en acquittent consciencieusement. Aussi bien ils n'hésitent pas, s'ils le jugent nécessaire, à se rendre dans les usines de la société pour examiner les choses par eux-mêmes et vérifier l'exactitude de l'inventaire. C'est à ce prix seulement qu'ils seront en mesure de répondre à la confiance de leurs mandants et de leur faire connaître la vérité.

Au surplus l'intérêt des commissaires est conforme à leur devoir : ceux qui laissent passer sans protestation des irrégularités de cette nature peuvent engager leur responsabilité envers les actionnaires (V. n° 60 *bis*).

57. *Insuffisance ordinaire des rapports.* — Quand on connaît l'importance de la mission des commissaires et l'étendue de leur responsabilité, l'on ne peut se défendre d'un certain étonnement en lisant certains rapports qui sont présentés aux assemblées. Ils semblent copiés sur une formule-type, comme un acte de l'état

civil : « Nous avons l'honneur, disent-ils presque invariablement, de vous rendre compte du mandat... L'examen des divers chapitres du bilan nous a permis de constater la parfaite concordance des chiffres de la comptabilité avec ceux qui sont soumis à votre approbation. Nous vous proposons d'approuver les comptes. » Et le rapport est terminé. Leurs auteurs ne paraissent pas soupçonner que leur devoir est de renseigner les actionnaires sur tout ce qu'ils ont besoin de savoir pour statuer sur les comptes en connaissance de cause et même de les dissuader, s'il y a lieu, de les approuver.

Il n'est pas douteux qu'un rapport conçu dans un pareil esprit et rédigé avec une telle concision ne répond nullement au vœu de la loi. En disposant que *pendant le trimestre qui précède l'époque fixée par les statuts pour la réunion de l'assemblée*, les commissaires ont le droit, toutes les fois qu'ils le jugent convenable dans l'intérêt social, de prendre communication des livres et d'examiner les opérations de la société, en ajoutant expressément que l'inventaire, le bilan et le compte de profits et pertes seront mis à leur disposition *quarante jours au moins avant l'assemblée*, le législateur a clairement montré qu'il entendait que les commissaires se livreraient à une vérification complète, sérieuse et approfondie. Ainsi compris, leur travail serait évidemment de nature à aider les actionnaires dans l'étude des comptes qui leur sont présentés ; c'est pourquoi le rapport des commissaires doit être mis à leur disposition en même temps que l'inventaire et le bilan. Est-il besoin de faire remarquer au contraire que le désir du législateur est étrangement méconnu par des rapports aussi insipides, aussi avares de renseignements que celui dont nous venons de rappeler la formule banale trop souvent usitée ?

Il importe que les commissaires comprennent que les actionnaires attendent d'eux bien plus qu'une simple constatation de la concordance des comptes avec les écritures sociales et qu'ils désirent être renseignés complètement sur tous les points qui les intéressent, à savoir l'exactitude des évaluations de l'inventaire et l'importance des amortissements, la régularité en la forme et au fond des écritures, la progression du chiffre d'affaires et du chiffre de bénéfices, etc. Au surplus on peut constater en lisant les comptes-rendus d'assemblées que les actionnaires font entendre parfois d'énergiques protestations contre l'insuffisance du rapport, en quoi ils ont mille fois raison.

On objectera peut-être qu'un rapport détaillé ferait double emploi avec le rapport des administrateurs. Ce n'est pas exact, d'abord parce que ces deux documents ne doivent pas traiter la même question, ensuite parce que, les actionnaires n'ayant communication avant l'assemblée que du rapport des commissaires, le seul dont la loi prescrive l'établissement, c'est dans celui-ci surtout qu'ils désirent trouver les renseignements nécessaires à l'étude et à la vérification des comptes. Ajoutons que, le commissaire étant chargé précisément de contrôler la gestion du conseil, les actionnaires qui lui ont confié ce soin s'en rapporteront plus volontiers à ses appréciations qu'à celles des administrateurs.

58. *Rapport complet.* — Tous les commissaires ne comprennent pas leur rôle de la même manière. Il en est en effet qui présentent aux actionnaires un rapport extrêmement complet et par conséquent utile. Après avoir contrôlé l'exactitude des écritures sociales et la conformité de la balance avec les résultats des écritures elles-mêmes, ils se donnent la peine de procéder à l'étude détaillée de chacun des soldes actifs et passifs du bilan, en poursuivant la vérification de chacun des éléments qui constituent ces soldes. Chaque article est ainsi examiné en lui-même et par comparaison avec le même article du bilan précédent. La raison de la différence en plus ou en moins est expliquée en quelques mots. En outre les commissaires indiquent les bases d'estimation qui ont servi aux administrateurs pour l'évaluation du portefeuille, des matières premières, etc. Au besoin même ils n'hésiteront pas à critiquer les écritures qui ne leur paraîtraient pas exactes ou à signaler les opérations qu'ils jugeraient dangereuses ou mauvaises. Grâce aux indications fournies par un travail aussi consciencieux, les actionnaires pourront ensuite étudier avec intérêt et profit les documents qui leur seront remis, et la lecture de ce rapport leur permettra d'aborder en connaissance de cause la discussion des comptes à l'assemblée. Il faut espérer que cet usage se généralisera, car c'est de cette manière seulement que les commissaires des comptes remplissent véritablement la

mission importante et délicate dont ils sont investis.

On peut dire qu'un rapport idéal doit comprendre quatre parties. La première a pour but de constater la régularité des écritures et la conformité des chiffres de la balance avec les écritures elles-mêmes. Puis on passe en revue les modifications qui se sont produites depuis l'année précédente dans les divers chapitres du bilan. Suit l'examen du compte de profits et pertes, notamment des frais généraux et des amortissements. Enfin le rapport indique l'avis des commissaires sur la répartition des bénéfices qui est proposée par le conseil.

59. *Nomination des commissaires aux comptes.* — Les inconvénients que l'on vient de signaler ont pour principale cause la manière même dont il est procédé au choix des commissaires. Sans doute ils tiennent bien leur mandat de l'assemblée, au sens littéral du mot, puisque c'est celle-ci qui les désigne, mais en fait ils sont, le plus souvent du moins, proposés au choix des actionnaires par le président de l'assemblée, c'est-à-dire par le président du conseil, ou par l'administrateur délégué. Or ceux-ci ne manquent pas de leur présenter une personne du dévouement et de la discrétion de laquelle ils sont certains ; dans quelques sociétés, c'est l'avocat-conseil de la société lui-même, dont la dépendance envers les administrateurs devrait être cependant une cause d'exclusion. Cela est si vrai qu'il arrive parfois que, lorsque le commissaire est pris à partie par un actionnaire, le président de l'assemblée vient à son secours instinctivement, comme s'il dépendait officiellement du conseil d'administration.

De pareils errements sont certainement regrettables. La première qualité qu'on doive exiger d'un commissaire, c'est l'indépendance. Or comment le commissaire pourrait-il accomplir sa mission d'une manière utile pour les actionnaires s'il doit sa situation et le profit qu'il en retire à la désignation de ceux-là mêmes dont il est chargé de contrôler la gestion ? La logique et l'intérêt des actionnaires voudraient que ceux-ci choisissent spontanément le commissaire aux comptes. Mais la chose est d'autant plus difficile qu'ils ne se connaissent pas entre eux et que dès lors ils sont embarrassés pour désigner la personne sur qui se porteront leurs suffrages. C'est pour cette raison qu'en pratique ils sont presque heureux de se conformer à l'indication qui leur est donnée par les administrateurs, sans se rendre compte que ceux-ci s'efforceront instinctivement d'empêcher la nomination d'un commissaire trop zélé. Cette difficulté disparaîtrait si la loi désignait expressément les plus forts actionnaires pour remplir les fonctions de commissaires-censeurs, comme elle fait pour le choix des scrutateurs à l'assemblée, ou si tout au moins, ce qui serait bien facile, le président de l'assemblée suspendait la séance quelques minutes pour permettre aux actionnaires de se mettre d'accord sur le nom d'une personne qu'ils choisiraient spontanément en dehors de toute indication ou présentation du conseil.

Dans tous les cas il semble bien que leur intérêt leur commanderait d'investir de ces fonctions l'un d'entre eux. Du moment que les commissaires sont appelés à connaître tous les secrets des affaires sociales, n'est-il pas contraire à la logique de les prendre parmi les étrangers à la société ? D'autre part un actionnaire porteur d'un certain nombre de titres offrirait toutes les garanties désirables d'indépendance envers le conseil et de dévoûment pour l'entreprise commune. A moins qu'ils confient de propos délibéré cette mission à un expert-comptable, ce qui se fait dans certaines sociétés et qui offre assurément des avantages. Cette observation fut faite dans une assemblée récente, où quelqu'un demanda que les commissaires fussent désormais choisis parmi les actionnaires. A quoi l'on répondit que la proposition ne présentait pas d'intérêt parce qu'il est toujours loisible au commissaire que l'assemblée veut nommer de devenir actionnaire en achetant une seule action. Soit ! Mais la logique conseillerait justement de prendre les commissaires parmi les plus forts actionnaires ; l'intérêt considérable qu'ils possèdent dans l'entreprise serait garant du zèle qu'ils apporteraient dans l'accomplissement de leur mission.

Des faits récents ont montré combien il est important pour les actionnaires de choisir des commissaires indépendants du conseil d'administration. C'est à cette condition seulement que ceux-ci pourront se livrer à toutes les investigations utiles, sans crainte de froisser ou de mécontenter les administrateurs, et même leur tenir tête, le cas échéant, ou proposer à l'assemblée de ne pas approuver leurs comptes. N'étant pas inféodés au conseil, ils exerceront leur contrôle en toute liberté et avec l'unique souci de faire une vérification sérieuse et instructive pour les actionnaires. Que s'il faut entrer en lutte avec les administrateurs, rien ne les empêchera de le faire, en dépit des désagréments de toute sorte auxquels leur courageuse attitude les exposera. Si les commissaires s'étaient toujours acquittés de leurs fonctions avec cette indépendance éclairée, l'on peut dire que bien des ruines eussent été évitées. Hier encore des débats judiciaires ne révélaient-ils pas que le gérant d'une commandite par actions avait réussi à dissimuler à tous pendant de longues années, et même au conseil de surveillance, la situation lamentable d'une société que chacun considérait comme très prospère ? Il appartient donc aux actionnaires de choisir, de préférence parmi eux-mêmes, des commissaires indépendants, entendus en affaires et connaissant bien la comptabilité, s'ils ne veulent pas être obligés de s'en rapporter aveuglément et sans contrôle possible à leurs administrateurs.

60. *Droits du commissaire. Livres.* — Les commissaires ont-ils le droit de prendre connaissance de tous les livres, registres et documents sociaux quelconques ? Oui, à notre avis. La loi les ayant chargés de faire un rapport aux actionnaires tant sur les comptes présentés par les administrateurs que sur la situation de la société, ils ne sauraient remplir leur mission s'ils n'étaient pas mis au courant de tous les faits de gestion accomplis au cours de l'exercice. Du reste l'article 33 dispose expressément qu'ils ont le droit d'examiner les opérations

de la société : « Pendant le trimestre qui précède..., les commissaires ont droit, toutes les fois qu'ils le jugent convenable pour l'intérêt social, de *prendre communication des livres* et d'examiner les opérations de la société. » Qu'est-ce à dire si ce n'est qu'ils pourront exiger la remise de toutes les pièces quelconques qui seront de nature à les renseigner sur ce point ? Tous les auteurs s'accordent à cet égard. La correspondance, le registre des délibérations du conseil d'administration et les conventions conclues avec les tiers sont, en dehors de la caisse elle-même et des livres de comptabilité proprement dits, les principaux documents utiles à consulter pour eux. Il ne faut pas oublier qu'ils sont les représentants des actionnaires, c'est-à-dire des propriétaires de l'actif social, et qu'il est assez naturel que ceux-ci puissent, tout au moins par leur intermédiaire, être mis au courant de ce qui se passe dans la société.

60 *bis*. *Responsabilité*. — Du moment que les commissaires ont accepté des actionnaires un mandat salarié, ils sont responsables envers eux des fautes qu'ils commettront dans l'exercice de leurs fonctions. La loi leur donne le moyen de se renseigner, de s'éclairer. S'ils ne le font pas, ils sont fautifs et coupables de négligence. S'ils le font et qu'ils découvrent des irrégularités quelconques, ils ont le devoir impérieux de porter ces faits à la connaissance de leurs mandants. Cette responsabilité a été proclamée bien des fois par la jurisprudence.

En outre les commissaires peuvent encourir une responsabilité pécuniaire envers les tiers qui, trompés sur la situation de la société par un rapport inexact, se décideraient à acheter des actions et subiraient de ce chef une perte plus ou moins importante. La même responsabilité pèse sur les administrateurs (V. n° 125). Tout récemment encore la Cour de Douai décidait que les administrateurs et les commissaires des comptes d'une société anonyme sont solidairement responsables des conséquences des déclarations inexactes faites aux assemblées générales et tendant à faire apparaître la situation de la société comme favorable, lorsque ces déclarations ont eu pour effet de déterminer certaines personnes à acheter des actions pour un prix supérieur à leur valeur réelle (30 mars 1905).

En résumé l'on voit que la négligence des commissaires dans l'accomplissement de leur mission peut entraîner contre eux des condamnations pécuniaires très lourdes, et l'on a peine à comprendre comment ils sont si souvent assez imprudents, assez légers, pour s'approprier sans aucun contrôle ni vérification le projet de rapport qui a été préparé sous l'inspiration du conseil.

61. *Rémunération.* — La rémunération des commissaires est fixée chaque année par l'assemblée générale. Elle est souvent de 500 francs, parfois de 1000, rarement de plus. Cette allocation paraîtra dans bien des cas insuffisante, étant donné le temps et les soins que demandent dans les sociétés importantes la vérification des écritures, l'examen des livres et la rédaction du rapport, quand ce travail est fait consciencieusement. Il en est ainsi surtout lorsque le commissaire juge à propos

(ce dont il faut le féliciter) de se transporter à l'usine de la société et que cette usine est placée loin du lieu du siège social. Il n'a droit en pareil cas à aucuns frais de voyage et sa rémunération se trouve réduite d'autant. L'assemblée générale devrait tenir compte de ces considérations pour augmenter, selon les cas, l'allocation qu'elle a l'habitude d'accorder aux commissaires.

SECTION VI

Liste des actionnaires

62. *Définition.* — La liste des actionnaires est le dernier des quatre documents dont les actionnaires sont admis à prendre connaissance pendant la quinzaine qui précède l'assemblée. Malheureusement la loi a négligé de dire ce que c'est exactement que cette liste, et le sens de ces mots n'est pas encore déterminé d'une manière unanime à l'heure actuelle.

L'idée qui se présente naturellement à l'esprit est la suivante : comme il s'agit d'une communication à faire aux actionnaires dans la quinzaine qui précède l'assemblée, il est logique de penser que la loi a entendu parler de la liste des actionnaires qui doivent assister à cette assemblée. Cette disposition n'a-t-elle pas en effet pour but de permettre à chaque actionnaire de vérifier la qualité des autres actionnaires et d'éviter ainsi les surprises et les combinaisons qui pourraient fausser la majorité ? Au surplus il importe que les actionnaires connaissent les noms et adresses de leurs collègues, afin de pouvoir se concerter entre eux avant la réunion. Or tout cela deviendra facile si l'on admet qu'il s'agit de la liste des actionnaires qui doivent assister à la prochaine assemblée.

Il n'est pas contestable que cette interprétation donne toute satisfaction à l'esprit. Malheureusement elle se heurte à une objection d'ordre matériel. Pour que la disposition légale dont s'agit fût pratiquement réalisable, il faudrait que les dépôts d'actions au porteur eussent été effectués au plus tard quinze jours avant l'assemblée. Or la plupart des statuts n'exigent ce dépôt que cinq jours avant la date à laquelle elle doit se tenir, et même on admet quelquefois les dépôts pendant les cinq derniers jours.

Les auteurs pensent que la loi a entendu parler de la liste des titulaires d'actions nominatives, tenue à jour d'après les transferts opérés depuis la dernière assemblée.

Quant à la jurisprudence, on peut dire que, à part une décision dissidente, les tribunaux de commerce considèrent qu'il s'agit de la liste des actionnaires qui ont déposé leurs titres en vue d'assister à la prochaine assemblée (*Sic* Comm. Seine, 26 mai 1897, *Journ. Soc.*, 1897.463 ; Comm. Lyon, 20 oct. 1902, *ibid.*, 1903.67).

Le projet de loi arrêté par la commission extra-parlementaire ne tranche pas, à notre avis, la question d'une manière assez nette ; il se borne à dire qu'il s'agit de

« la liste des actionnaires ayant le droit d'assister aux assemblées générales ».

Quoi qu'il en soit, dans la pratique, lorsqu'un actionnaire se présente au siège social pour prendre communication de la liste des actionnaires, on lui donne communication de la liste des actionnaires qui ont déposé leurs titres en vue de la prochaine assemblée. C'est en ce sens qu'on interprète l'article 35. Naturellement cette communication ne saurait être utilement prise que dans les jours qui précèdent immédiatement la réunion, puisque, d'après le plus grand nombre des statuts, les titres peuvent être déposés jusqu'au sixième jour avant l'assemblée.

L'utilité de la connaissance de la liste des actionnaires est facile à comprendre. D'une part elle permettra à ceux qui seraient tentés de vérifier la composition de l'assemblée de se livrer aux recherches nécessaires à cet effet. D'autre part un actionnaire peut avoir des raisons de se mettre en relation avec d'autres membres de la société, et il n'a d'autre moyen de connaître leurs noms que de consulter soit la liste des actionnaires, soit la feuille de présence (V. n° 75).

SECTION VII

Exercice du droit de communication

63. — *Quels actionnaires ont droit à la communica-*

tion. — Qui a droit à la communication autorisée par l'article 35 ? La loi répond : *Tout actionnaire*, et nous ajoutons : *quel que soit le nombre de ses titres.*

On aurait pu penser que ce droit était une dépendance du droit d'assister à l'assemblée générale, et que dès lors il appartenait seulement aux actionnaires qui possèdent le nombre d'actions exigé par les statuts pour y être admis. Ce serait une erreur. D'autant plus que la loi de 1893 a concédé à tous les actionnaires, même aux moins importants, le droit d'assister à l'assemblée générale ou plutôt de s'y faire représenter à la condition de se grouper.

Peu importe non plus la date à laquelle les actionnaires sont entrés dans la société. Tout porteur d'actions est en effet un actionnaire, et la loi n'a fait aucune réserve au regard de ceux qui n'ont acquis leurs titres qu'à une époque voisine de l'assemblée. La question a été soulevée récemment au cours d'une assemblée générale. Comme un actionnaire s'était plaint qu'on ne l'eût pas laissé prendre de notes sur l'inventaire, le président du conseil d'administration tenta d'expliquer le refus en disant que cet actionnaire n'était porteur de ses titres que depuis très peu de temps et que dès lors la société pouvait avoir des craintes au sujet de l'intention qui l'animait. En droit ce refus était injustifié.

Certaines sociétés écartent de l'assemblée par une clause formelle des statuts ceux de leurs membres qui sont devenus porteurs de titres seulement dans la période qui a précédé immédiatement le jour de la réunion. Peuvent-elles se fonder sur cette stipulation pour refuser les communications dont s'agit à ces mêmes actionnaires? La question ne s'est jamais présentée devant la justice ; elle nous paraît très délicate.

64. *Simple communication ou droit de prendre copie.* — La grosse question que soulève l'interprétation de l'article 35 est celle de savoir quel est exactement le droit qu'il confère aux actionnaires. Ils sont fondés certainement à *exiger la copie* du bilan et du rapport des commissaires. Mais peuvent-ils *prendre copie* de l'inventaire et de la liste des actionnaires ? Ou bien, en ce qui concerne ces deux dernières pièces, leur droit se borne-t-il à en prendre communication *sans les copier ni même pouvoir fixer leurs souvenirs par des notes écrites ?*

Certains auteurs interprètent la loi restrictivement. Du moment, disent-ils, qu'elle n'accorde le droit d'exiger une copie que pour les deux premiers documents et que le droit des actionnaires, quant aux deux derniers, se borne à une « communication », il faut bien conclure de la différence des termes employés par la loi que le droit de prendre communication n'équivaut pas à celui de prendre copie.

Cette opinion est vivement combattue par d'autres. Tout ce qu'on peut conclure par *a contrario* de la rédaction de l'article 35, à leur avis, c'est que les actionnaires n'ont pas le droit de *se faire délivrer copie par la société* de l'inventaire et de la liste des actionnaires. Mais il n'en résulte nullement que le législateur leur ait dénié le droit d'en *prendre eux-mêmes copie.* Une interprétation aussi littérale du texte semble à la plupart des jurisconsultes trop byzantine pour pouvoir être acceptée. Ils préfèrent résoudre la question à l'aide du bon sens plutôt que par des arguments de mots. Qu'a voulu, après tout, la loi ? Permettre aux actionnaires de prendre une connaissance efficace et utile de l'inventaire, de la liste des actionnaires, du bilan et du rapport des commissaires. En ce qui concerne ces deux derniers documents, elle oblige même la société à leur en fournir une copie. Ce n'est pas un motif sérieux pour leur refuser, par un raisonnement *a contrario*, toujours dangereux, le droit de prendre, s'ils le désirent, au cours de leur lecture des notes, même très étendues, sur les deux autres. Autrement la disposition de la loi resterait lettre morte. Comment veut-on que les actionnaires retiennent par cœur, même après avoir lu les pièces plusieurs fois de suite, les chiffres qui figurent à l'inventaire ainsi que les noms et les adresses des membres de la prochaine assemblée ? Il importe avant tout d'interpréter la loi raisonnablement, humainement, et il faut convenir qu'il serait la plupart du temps, sinon toujours, bien inutile de leur montrer soit l'inventaire, soit la liste des actionnaires, s'il leur était interdit de fixer leurs souvenirs par des notes inscrites sur une feuille de papier.

Nous sommes heureux de constater que la tendance de la jurisprudence est en ce sens :

« Il importe, dit un arrêt de la Cour de Paris du 19 février 1897, de distinguer le droit de l'actionnaire à se faire délivrer une copie, prévu et réglé par les articles 36 et 63 de la loi de

1867, du droit de prendre copie personnellement ; la communication prévue par les articles 26 et 35 de la loi est *la communication utile* ; il est manifeste que, dans un grand nombre de cas, la communication sans copie serait illusoire ; il appartient donc aux parties intéressées de réclamer de la société la faculté de *prendre copie personnellement.* Si un refus non justifié par des circonstances de fait leur est opposé, il échet pour les tribunaux de statuer et d'accorder d'urgence les autorisations personnellement, dans des conditions de nature à éviter tout abus des deux parts... »

Les tribunaux de commerce, notamment celui de la Seine, semblent s'être ralliés unanimement à cette interprétation pleine de bon sens.

65. *Refus de communication. Sanction.* — L'article 35 a omis d'ajouter une sanction à la prescription qu'il a édictée. On a été amené naturellement à se demander quelle est cette sanction, et les tribunaux ne sont pas d'accord sur ce point. Supposons qu'une société refuse de parti pris à ses actionnaires — nous parlons d'un refus et non pas d'un simple retard — les communications ordonnées par la loi. Seront-ils fondés à poursuivre la nullité de la délibération de l'assemblée tenue dans ces conditions ? Il semble que cette solution serait légitime. A quoi bon ordonner aux administrateurs telles ou telles communications qui ont pour but de mettre les actionnaires en mesure de discuter utilement les comptes, si cette prescription légale peut être violée impunément ? Et quelle autre sanction logique pourrait-on appliquer en pareil cas ?

La Cour d'Aix a décidé cependant que l'on ne saurait admettre une nullité que la loi n'a pas prononcée. Quand même on verrait là une lacune dans la législation, il n'appartiendrait pas en tous cas aux tribunaux de la combler. La Cour en a conclu que le refus de communication ne pouvait donner lieu qu'à une condamnation des administrateurs récalcitrants à des dommages-intérêts.

La Cour de Paris estime au contraire que, cette prescription étant d'ordre public, la nullité de la délibération prise dans des conditions aussi peu régulières doit être prononcée par justice même en l'absence d'un texte formel, sans parler des dommages-intérêts auxquels peut avoir droit l'actionnaire qui a subi ce refus s'il justifie qu'il en est résulté pour lui un préjudice. « Le législateur, dit-elle, a conféré à chaque actionnaire le droit d'exiger la communication de certains documents, afin qu'il puisse exercer un contrôle sur la gestion sociale et participer utilement aux délibérations de l'assemblée ; la demande basée sur le refus de cette communication est fondée sur *une violation de la loi* et a le caractère d'une action « d'ordre public... » (28 déc. 1899, *Journ. Soc.*, 1900.355).

Le tribunal de commerce de la Seine se conforme à cette jurisprudence. Dernièrement encore il a affirmé le principe d'une manière très catégorique :

« Attendu qu'il convient de remarquer que la *sécurité des actionnaires* réside notamment dans la stricte observation des prescriptions réglementant le fonctionnement des sociétés ;

« Qu'il est par suite inadmissible qu'un actionnaire puisse, par le fait des représentants de la société, se trouver privé des garanties que la loi, dans un intérêt général, a entendu lui conférer en édictant une communication de nature à éclairer son contrôle et à inspirer ses moyens d'action et son influence sur la marche de la société... » (14 février 1906).

Ce jugement a été infirmé par la Cour de Paris, mais seulement sur la question de fait, la Cour ayant estimé, contrairement à l'avis des premiers juges, que l'actionnaire « n'avait pas été mis dans l'impossibilité de profiter « des avantages qui, pour tout actionnaire, résultent de « l'article 35 ».

Les auteurs ou les décisions de justice qui n'admettent pas la nullité sont un peu embarrassés pour donner une sanction aux prescriptions de l'article 35. On ne peut, pensent-ils, faire autre chose que de frapper de dommages-intérêts les administrateurs récalcitrants. Leur refus constituant certainement une faute, les actionnaires qui en auront souffert seront admis à poursuivre contre eux la réparation du préjudice qu'ils auront subi de la sorte. Il faut avouer qu'une pareille sanction ne répond guère à l'importance que le législateur attache à la disposition de l'article 35. Il veut que la délibération des actionnaires soit une délibération éclairée et qu'ils ne soient pas forcés de voter sur des comptes qu'ils n'auraient pu étudier à l'avance. Ce vœu est-il réalisé lorsque les communications préalables ont été refusées ? Non, à coup sûr. Dès lors on doit considérer cette délibération comme prise irrégulièrement, et la seule sanction qui paraisse logique est la nullité de l'assemblée, d'autant que les juges, en l'absence de la preuve d'un préjudice réel et certain, seraient bien gênés pour fixer le chiffre des dommages-intérêts dus aux actionnaires.

On rencontre souvent dans les statuts une clause portant que les actionnaires ne pourront agir en justice contre la société qu'après avoir soumis leur demande à l'assemblée générale, dont l'avis sera communiqué au tribunal compétent. Une telle stipulation est-elle de nature à paralyser l'exercice immédiat des actions judiciaires fondées sur le refus de communication ? Non, a décidé le même arrêt de la Cour de Paris (28 déc. 1899), parce que « la demande basée sur le refus de cette com- « munication est fondée sur une violation de la loi ».

Pour le même motif il faut décider que le vote de l'assemblée ne saurait couvrir la nullité résultant d'un refus de communication. Il arrive parfois que les administrateurs d'une société, lorsqu'un différend de cette nature s'élève entre elle et l'un de ses membres, croient pouvoir faire trancher la question par l'assemblée. C'est là une grave erreur, et, s'il était plus tard établi en justice que la communication a été indûment refusée à un actionnaire, les juges prononceraient la nullité de la délibération sans se préoccuper du vote que les actionnaires, consultés par le président de l'assemblée, ont pu émettre sur la question.

66. *Communication d'autres documents.* — La disposition de l'article 35 est-elle limitative ? Oui. Il n'est pas douteux que le législateur a entendu restreindre aux quatre documents et à la période de temps indiqués par

ce texte le droit de communication qu'il accorde aux actionnaires. Toutefois la jurisprudence admet que la justice peut ordonner en d'autres temps la communication d'autres pièces, notamment de la comptabilité, à titre exceptionnel et lorsqu'il est justifié d'un intérêt sérieux.

« En raison, disait la Cour de Douai le 15 décembre 1898, des difficultés et même des dangers que rencontrerait la bonne administration d'une société anonyme si chaque actionnaire avait le droit de demander en toute circonstance communication de documents appartenant à cette société ou l'intéressant, il convient d'interpréter limitativement et en toute rigueur les dispositions de la loi et de n'autoriser d'autres communications que celles prévues par la loi que *dans les circonstances exceptionnelles et lorsqu'il est justifié d'un intérêt sérieux...* »

C'est dans le même esprit que la Cour de Paris (9e chambre) décidait le 17 mai 1905 que, si les actionnaires ont le droit de se faire communiquer l'inventaire, ils ne sont pas fondés à demander la communication du livre d'inventaires.

67. *Communication insuffisante.* — Il est bien rare que les administrateurs refusent absolument aux actionnaires la communication des documents énumérés par l'article 35. Par contre il arrive souvent que les actionnaires aient à se plaindre de l'excessive concision de l'inventaire et du bilan, dont les divers postes ne sont pas présentés séparément les uns des autres, de telle sorte que les porteurs d'actions se trouvent dans l'impossibilité d'apprécier et de contrôler la signification

et l'exactitude des différents articles. Ou bien les administrateurs se contentent de porter tel article avec un chiffre global sans y joindre le détail nécessaire. Ces difficultés se présentent en particulier à propos des débiteurs et du portefeuille de la société. Les déclarations faites à ce sujet dans les assemblées générales trahissent la préoccupation constante de la plupart des administrateurs, qui redoutent toujours que les communications entraînent des indiscrétions préjudiciables à l'intérêt social. La nécessité du secret des affaires leur interdit, disent-ils, de livrer des renseignements aussi importants à quiconque se présentera au siège social muni d'une seule action. De telles révélations pourraient entraîner de graves inconvénients tant au point de vue commercial qu'au point de vue financier. Aussi les actionnaires doivent-ils se contenter à ce sujet des chiffres globaux qu'ils trouvent dans le bilan : portefeuille, tant ; débiteurs divers, tant.

68. *Solution juridique.* — Si l'on examine la question au point de vue du droit rigoureux, il n'est pas douteux que cette attitude des administrateurs soit contraire à la lettre de la loi. Pour s'en convaincre, il suffit de relire les articles 9 du Code de commerce et 34 de la loi de 1867 en ce qui concerne l'inventaire ; ces deux textes exigent notamment que ce document contienne l'indication de toutes les valeurs mobilières et de toutes les dettes actives de la société. Par conséquent les actionnaires doivent y trouver en particulier l'énumération des débiteurs de la société et le détail du por-

tefeuille. C'est d'ailleurs en ce sens que s'est prononcé le tribunal de commerce de la Seine (16 janvier 1899). Dans cette affaire l'inventaire contenait seulement l'indication de la valeur en bloc des actions et obligations que la société possédait tant en valeurs minières qu'en valeurs industrielles diverses ainsi que le total global de ses participations financières. Le tribunal accueillit favorablement les doléances de l'actionnaire qui réclamait une énumération détaillée de ces valeurs, et décida que les explications verbales données à l'assemblée ne pouvaient suppléer aux documents que prescrit la loi, parce qu'elles ne s'adressent qu'aux actionnaires ayant accès à l'assemblée, qu'elles sont tardives d'ailleurs et ne permettent pas aux intéressés d'éveiller en temps utile l'attention des commissaires aux comptes sur les points à discuter à l'assemblée :

« Il n'est pas douteux que les communications faites à X··· aient été insuffisantes et que les documents qui lui ont été fournis, absolument muets sur les articles du passif et contenant simplement le résumé sans explication de la valeur des titres possédés par la société et des participations financières dans lesquelles cette dernière se trouve engagée, ne permettaient pas à X··· de donner en pleine connaissance de cause son approbation aux comptes qui étaient présentés à l'assemblée... » (*Journ. Soc.*, 1899.227).

En résumé, dans l'esprit du législateur, toute société anonyme doit être une « maison de verre », où aucun détail de ce qui constitue le patrimoine commun ne saurait rester secret pour les actionnaires. Au surplus n'ont-ils pas un intérêt considérable à connaître sans aucune réserve la composition de l'actif social et en particulier celle du portefeuille ? Peut-être inviteraient-ils leurs administrateurs à la modifier sur tel ou tel point. Peut-être encore certains d'entre eux préféreraient-ils se retirer plutôt que de rester membres d'une société qui possède des titres qu'ils considèrent comme mauvais. En tous cas, lorsque les administrateurs solliciteront des actionnaires l'approbation de leur gestion, comment ceux-ci pourront-ils l'apprécier s'ils ignorent ce qu'ils ont fait et notamment comment ils ont constitué le portefeuille social ?

69. *Dangers de la communication.* — Toutefois le point de vue juridique n'est pas le seul qui doive préoccuper les actionnaires réfléchis et sages. Il peut arriver que l'intérêt social commande que l'on tienne secrets tels et tels faits. On conçoit facilement que les débiteurs de la société éprouveraient un vif mécontentement si l'on laissait savoir au public qu'ils lui doivent telle ou telle somme plus ou moins considérable. De même une banque d'émission a un intérêt majeur à ne révéler ni la composition de son portefeuille-titres ni le détail de son compte de participations. Il en est encore ainsi pour la société industrielle qui a employé une partie de son capital à constituer ou à aider des filiales et dont le portefeuille est composé, pour la plus grande partie tout au moins, des titres de ces sociétés filiales. Il n'est pas contestable que la connaissance donnée aux actionnaires et par conséquent au public de la composition du porte feuille serait dans certains cas de nature à rendre plus

difficile le placement de ces titres et à compromettre le crédit et l'avenir des jeunes entreprises dont la presque totalité des actions est encore entre les mains de la société qui les patronne ou qui les a mises au monde. Aussi les administrateurs conscients de leur responsabilité se refusent-ils de parti pris à donner des indications aussi détaillées dans l'inventaire qui doit être mis à la disposition de tout actionnaire quelconque, et l'on ne saurait pratiquement les en blâmer lorsque leur attitude est dictée par le respectable souci des intérêts dont ils ont la garde.

Dans le rapport fait au Sénat en 1884, M. Bozérian signalait déjà les inconvénients possibles de ces communications : « Quant aux inventaires, disait-il, leur publication aurait pour résultat la divulgation, inutile pour les indifférents, dangereuse pour les intéressés, de tous les secrets de la société. La situation de cette société, son portefeuille, les noms de ses débiteurs seraient discutés dans les journaux. Il y aurait à cela plus d'inconvénients que d'avantages... » Le rapporteur de la commission sénatoriale concluait de là que les actionnaires n'ont pas le droit de prendre copie de l'inventaire et de la liste des actionnaires (1).

(1) Cette question a donné lieu récemment à une intéressante discussion dans la presse financière à la suite de l'assemblée générale d'une grande société industrielle au cours de laquelle plusieurs actionnaires avaient exprimé le désir de connaître le détail de la composition du portefeuille, sans aucune restriction, tandis que le conseil ne consentait qu'à donner l'énumération, sans indication de quantités, des divers titres qu'il renfermait. Sans entrer dans le vif d'un débat qui excéderait les limites de

70. *Tribunal compétent.* — Devant quel tribunal l'actionnaire peut-il se pourvoir s'il désire obtenir de la justice la communication indûment refusée par la société ?

cet ouvrage, nous nous bornerons à dire que certains administrateurs abusent de la prétendue nécessité du secret commercial pour se dérober à l'obligation de présenter à leurs actionnaires des comptes clairs et complets. En ce qui concerne plus spécialement la composition du portefeuille, il convient d'ailleurs de remarquer que la question ne se présente pas toujours dans les mêmes termes. D'ordinaire les titres qu'il renferme constituent les économies et réserves de l'entreprise ; ce sont des valeurs de tout repos, fonds d'Etat et obligations de chemins de fer. En pareil cas on n'aperçoit aucune raison de refuser aux actionnaires les renseignements qu'ils sollicitent. Pour les portefeuilles qui comprennent des titres de sociétés filiales, on a soutenu que la révélation de leur composition pouvait causer à la société un grave préjudice, soit au point de vue financier, en favorisant la spéculation, soit au point de vue commercial, en affaiblissant l'influence à laquelle la société-mère peut prétendre sur les sociétés dont elle détient les titres. L'exactitude de cette observation paraît assez contestable. Ainsi que répondait un économiste distingué, M. Manchez, dans le bulletin financier du *Temps*, c'est plutôt l'insuffisance des renseignements livrés aux actionnaires qui crée le manque de confiance, le doute, et détermine les mouvements spéculatifs sur les titres. Bref c'est là encore une question que les actionnaires devront résoudre d'après les circonstances. S'ils ont confiance dans leurs administrateurs et aussi dans le commissaire censeur, qui a pris connaissance du détail des articles de l'inventaire, ils agiront sagement en n'essayant pas de leur arracher des révélations que ceux-ci jugeraient dangereuses pour l'intérêt social. Que si au contraire ils ont des motifs pour se défier des administrateurs, il leur appartient d'exiger par tous les moyens légaux la connaissance du détail de l'actif social.

Au surplus l'attitude des administrateurs à cet égard varie d'une société à l'autre. Certains se montrent absolument intransigeants. D'autres donnent le renseignement demandé aux actionnaires réunis, mais non sans avoir convenu avec les sténographes présents à l'assemblée que leur compte-rendu restera muet sur ce point. D'autres invitent les actionnaires à consulter les livres personnellement, soit au cours même l'assemblée, soit

A cet égard la jurisprudence est divisée, mais elle semble pencher vers la compétence du tribunal de commerce.

Certaines décisions admettent la compétence du juge des référés. C'est une juridiction alerte et rapide. Vous assignez aujourd'hui mardi pour jeudi prochain la société récalcitrante, et jeudi vous pourrez obtenir une ordonnance exécutoire sur minute. Or cette rapidité est indispensable, puisque le délai de communication est de quinze jours seulement, et qu'il faut que la solution soit intervenue avant l'expiration de ce délai sous peine d'avoir perdu tout intérêt.

D'autres décisions, plus préoccupées du respect des textes que des exigences de la pratique, appliquent la disposition d'après laquelle les contestations entre associés rentrent dans la compétence du tribunal de commerce (art. 631, C. com.). Or il s'agit bien ici d'une difficulté de cette catégorie. Au surplus on aurait tort d'objecter que la solution du litige demandera dans ces conditions un temps plus long, car le Code de procédure permet, avec l'autorisation du président, d'assigner même d'heure à heure, et, d'autre part, les jugements consulaires peuvent être exécutés provisoirement nonobstant appel. La Cour de cassation s'est prononcée en ce sens (25 juillet 1895). M. Aubépin, président du tribunal civil

après sa clôture. Cette précaution semble quelque peu illusoire et inutile. En Belgique les sociétés, même les sociétés de banque, publient dans les journaux la composition de leur portefeuille, ce qui tendrait à faire envisager non sans quelque scepticisme les inconvénients allégués par les administrateurs et dont il vient d'être parlé.

de la Seine, se déclarait au contraire compétent pour statuer sur ces questions en état de référé. D'autres décisions font une distinction, selon qu'il est né, ou non, une contestation sur l'étendue du droit de communication.

En présence de cette divergence, quel conseil doit-on donner à l'actionnaire qui voudrait se pourvoir en justice ? Aucune hésitation n'est permise : il faut l'engager à assigner la société en référé. Si on lui conseillait de saisir le tribunal de commerce, il lui serait impossible d'obtenir une décision en temps utile. En effet, du moins à Paris, jamais le tribunal de commerce ne statue sur le siège, excepté pour les questions de billets et de traites qui ne présentent aucune difficulté. Et, comme la moindre remise est de quinze jours, le jugement n'interviendrait certainement qu'après l'assemblée. Sans doute il pourra se faire que le juge des référés se déclare incompétent, soit à la demande de l'adversaire, soit même d'office, si l'on admet qu'il le puisse. Quoi qu'il en soit, mieux vaut encore courir la chance, car il n'est pas, en pratique, d'autre moyen d'obtenir une solution rapide.

71. *Communication prise par mandataire.* — Un actionnaire peut-il prendre communication par l'entremise d'un mandataire de l'inventaire et de la liste des actionnaires, c'est-à-dire des deux documents dont il n'est pas fondé à exiger une copie de la société ? Peut-il se faire assister d'un tiers pour les examiner ? Ces questions se sont posées assez fréquemment à propos des sociétés en nom collectif ou en commandite, lorsque les associés

non gérants voulaient prendre connaissance des livres de la société. Les tribunaux de commerce ne paraissent pas d'accord sur ce point, mais la Cour de Paris a, par deux fois, proclamé le principe que l'examen des livres par un mandataire ou avec l'assistance d'un tiers est permis. On lit en effet dans un arrêt du 30 octobre 1888 :

« *Sans doute un associé peut donner mandat à un tiers de vérifier dans son intérêt la comptabilité sociale*, mais il ne peut lui être permis d'investir un étranger du droit, qui lui est absolument personnel, de prendre part en son nom aux réunions sociales. »

La même doctrine est affirmée par elle dans une autre décision du 29 juin 1903, où elle proclamait d'abord le droit pour l'associé en nom collectif d'exiger la communication de toutes les écritures de la société :

« Le droit de l'appelante étant ainsi reconnu, ajoutait-elle, il entraîne la faculté pour elle *de se faire aider par un mandataire de son choix* ; cette délégation n'aura pas pour effet de faire entrer un étranger dans la société, puisque ce mandataire ne pourra ni assister ni prendre part aux délibérations ou aux votes des assemblées générales ; son rôle se bornera à éclairer la dame X··· sur les mérites de l'administration confiée au gérant statutaire ; la demande de l'appelante ne tend qu'à s'assurer l'exercice de son droit de contrôle.... »

On aperçoit de suite l'argument puissant que fournissent ces décisions à l'actionnaire qui voudrait prendre connaissance de l'inventaire par l'entremise d'un mandataire ou avec l'assistance d'un tiers. La question est de savoir si la communication en matière de société anonyme est régie, ou non, par des règles particulières.

La seule décision judiciaire que nous connaissions

sur la première question (la communication par l'entremise d'un mandataire) émane du tribunal de commerce de la Seine, qui s'est prononcé dans le sens de la négative.

Le jugement fait remarquer que l'article 35 n'accorde pas expressément ce droit à l'actionnaire. Dès lors rien ne permet d'induire que l'actionnaire puisse se substituer un mandataire. Puis il établit un rapprochement entre l'article 35 et l'article 12 de la même loi, qui s'applique aux sociétés en commandite par actions. Or l'article 12 dit : « tout actionnaire peut prendre, par lui *ou par un fondé de pouvoir*... communication... » Au contraire l'article 35 ne mentionne pas expressément le droit pour l'actionnaire de la société anonyme de se faire représenter par un mandataire. D'où l'on conclut par *a contrario* qu'il ne jouit pas de la même faculté.

Cette doctrine a été vivement contestée. Le bon sens, a-t-on dit, ne saurait l'admettre. En cas de maladie, d'empêchement ou d'ignorance des règles de la comptabilité, serait-il équitable d'écarter le mandataire qui se présente régulièrement au nom de l'actionnaire ? En particulier empêchera-t-on les actionnaires du sexe féminin d'envoyer un mandataire compétent prendre connaissance de l'inventaire en leur nom ?

Il ne convient pas d'insister trop longuement sur une discussion qui n'a d'intérêt pratique que pour les porteurs d'actions nominatives, les autres pouvant sans peine trouver le moyen de tourner la difficulté. Dans tous les cas le mandataire choisi pour exercer ce droit ne saurait être un concurrent de la société ou toute autre personne dont elle aurait des raisons sérieuses de se défier. C'est là une réserve toute naturelle qu'il conviendrait d'apporter à la théorie qui vient d'être exposée si elle était admise.

Lorsque la société autorise les actionnaires à prendre cette communication par mandataire, la procuration de celui-ci devra être légalisée, afin qu'aucun doute ne s'élève concernant la qualité de la personne qui se présentera au siège social pour examiner les documents.

72. *Communication avec l'aide d'un tiers.* — Quant à la seconde question, celle de savoir si l'actionnaire a le droit de se faire assister d'un tiers, elle ne s'est pas encore présentée devant les tribunaux d'une manière très nette. La Cour d'Aix semble l'avoir tranchée récemment, mais en réalité la décision qu'elle a rendue manque de précision. D'ailleurs il s'agissait, non pas des documents visés par l'article 35, mais bien de pièces justificatives dont l'actionnaire demandait la communication supplémentaire à l'appui du bilan.

On aperçoit immédiatement les deux thèses contraires. Les uns soutiendront qu'on ne saurait refuser à l'actionnaire ignorant ou peu entendu en affaires le droit de consulter une personne mieux placée que lui-même pour apprécier ces documents. Comment veut-on, par exemple, qu'une femme, à moins qu'elle soit commerçante, comprenne un inventaire ou un bilan si personne ne les lui explique? N'y a-t-il pas d'ailleurs beaucoup d'actionnaires du sexe fort dans le même cas? Or le vœu de la loi est que les actionnaires soient mis à même de prendre une communication véritablement utile des comptes avant de les discuter à l'assemblée. Le seul moyen de le réaliser, c'est de les autoriser, si besoin est, à solliciter l'assistance d'une personne entendue en la matière et qui pourra leur donner les explications nécessaires sur ces documents souvent difficiles à comprendre.

Cette solution libérale se recommande d'autant plus que, d'après la Cour de cassation, lorsqu'un actionnaire obtient la communication de documents supplémentaires, c'est-à-dire de documents autres que ceux dont il est parlé à l'article 35, il est autorisé « à se faire assister d'un comptable dont les connaissances spéciales peuvent lui être indispensables ».

Dans l'autre sens on fera remarquer que la loi n'a accordé le droit à la communication qu'aux seuls actionnaires et qu'il importe de ne pas admettre ainsi le premier venu à prendre connaissance des comptes sociaux et des affaires sociales, sous prétexte d'une assistance officieuse. Sinon des concurrents, des ennemis de la société pourraient ainsi pénétrer ses secrets et en abuser. Il y a là un danger qu'on ne conjurera qu'en réservant exclusivement aux actionnaires, comme la loi elle-même l'a fait, le droit de consulter ces documents, et c'est ce qui justifie l'interprétation littérale et rigoureuse du texte de la loi.

Nous n'avons pas la prétention de résoudre cette question délicate qui, au surplus, ne se présentera que bien rarement, car la facile transmission des titres au porteur donne à l'actionnaire qui voudrait quand même arriver à ses fins un moyen commode pour y parvenir. Mieux vaut donc laisser à chaque société le soin de prendre le parti qu'elle jugera convenable.

CHAPITRE III

RÈGLES CONCERNANT LA TENUE DE L'ASSEMBLÉE

SOMMAIRE

73. *Importance. Sanction.* — La tenue de l'assemblée est réglementée tant par la loi que par les statuts quant au *quorum* nécessaire, à la composition du bureau, à la tenue d'une feuille de présence, etc. Ces règles doivent être rigoureusement observées, sous peine de nullité des délibérations prises par les actionnaires.

SECTION I

Quorum

74. *Fixation.* — Pour les assemblées ordinaires, la loi se contente d'un nombre d'actionnaires représentant

le quart au moins du capital social. Si cette condition n'est pas remplie, l'assemblée pourra-t-elle se tenir avec un nombre moindre d'actionnaires ? Oui, moyennant l'accomplissement de certaines conditions. L'article 29 dit que « si l'assemblée générale ne réu« nit pas ce nombre, une nouvelle assemblée est convo« quée dans les formes et avec les délais prescrits par les « statuts, et elle délibère valablement, quelle que soit la « portion du capital représenté par les actionnaires pré« sents ». Lorsque l'assemblée ordinaire ne peut pas délibérer faute d'un nombre suffisant d'actionnaires, le bureau établit un procès-verbal constatant l'insuffisance des actions représentées, et la nouvelle assemblée pourra dès lors être valablement tenue, quel que soit le nombre des actionnaires qui viendront y prendre part.

Pour éviter cet ajournement, certaines sociétés accordent un jeton de présence aux actionnaires qui assistent à l'assemblée générale. Elles sont certaines par ce moyen de toujours réunir le *quorum* exigé par la loi.

Lorsque la société a racheté et annulé une partie de ses actions, comment doit-on calculer le *quorum* ? Doit-on le calculer sur le capital originaire ou seulement sur le total des actions non remboursées ? Si, par exemple, la société, constituée au capital de cinq millions et comprenant à l'origine 10.000 actions de 500 francs, en a racheté 2.000, doit-on calculer le *quorum* sur le capital originaire de cinq millions ou bien sur le capital actuel de quatre millions ? Cette dernière opinion semble seule logique.

SECTION II

Feuille de présence

75. *Nécessité*. — C'est la feuille de présence qui permet de savoir commodément si le *quorum* légal est atteint. Aux termes de l'article 28 de la loi de 1867, « il est tenu une feuille de présence ; elle contient les « noms et domiciles des actionnaires et le nombre d'ac- «tions dont chacun d'eux est porteur. Cette feuille, cer- « tifiée par le bureau de l'assemblée, est déposée au siège « social et doit être communiquée à tout requérant ».

Le dépôt préalable des titres, qui est exigé par une clause de style des statuts, a permis de préparer d'avance la feuille de présence, où l'on indique, en outre des mentions prévues par la loi, le nombre de voix auquel chaque actionnaire a droit. On laisse en face du nom de chacun un espace vide où les actionnaires apposeront leur signature en entrant à l'assemblée.

Bien que la loi ne l'ait pas expressément décidé, l'on admet que l'omission de la feuille de présence entraînerait la nullité des décisions de l'assemblée. Comme l'a dit un tribunal, l'exigence d'un *quorum* déterminé resterait illusoire si la fidèle observation de cette prescription n'était pas constatée dans des conditions présentant toutes les garanties et permettant à chacun de s'assurer que les règles imposées par la loi et par les statuts ont été exactement suivies. Il résulte de là que la tenue de la feuille de présence constitue une formalité essentielle quant à la validité des délibérations de l'assemblée.

76. *Communication.* — D'après l'article 28, qui est applicable exclusivement aux sociétés anonymes par suite du défaut de méthode de la loi de 1867, la feuille de présence « doit être communiquée à tout requérant ». Si l'on prenait cette disposition à la lettre, le premier venu, même étranger à la société, aurait le droit de se faire représenter cette feuille et de connaître ainsi les noms des membres de la société. Les tribunaux se réservent de ramener à de sages limites la portée d'une disposition légale dont les termes n'ont certainement pas été pesés par le rédacteur de la loi.

Quoi qu'il en soit, cette communication est due à n'importe quelle époque de l'année, alors que la communication de l'inventaire, du bilan, de la liste des actionnaires et du rapport des commissaires n'est autorisée que pendant la quinzaine qui précède l'assemblée annuelle. Cette différence se justifie par le motif que les intéressés peuvent avoir besoin à tout moment de l'année de vérifier la régularité des assemblées passées en consultant la feuille de présence, tandis que l'examen des comptes n'a sa raison d'être qu'à la veille de l'assemblée qui doit les discuter.

La question qui se pose au sujet de cet article est la suivante : Les actionnaires ont-ils le droit de prendre copie de la feuille de présence ou bien leur droit se borne-t-il à la lire sans pouvoir fixer leurs souvenirs par la moindre note écrite ? Elle s'est présentée récemment devant le tribunal de commerce de la Seine, qui l'a tranchée avec raison dans le sens le plus libéral. Il s'agissait, dans l'espèce, de l'ancien directeur d'un journal qui avait été révoqué de ses fonctions par l'assemblée générale extraordinaire. Désirant se rendre compte de la validité de la délibération, il se présenta au siège social pour avoir communication de la feuille de présence. La société lui avait offert cette communication, mais en s'opposant à ce qu'il en prît copie.

On conçoit sans peine qu'une communication n'est véritablement utile qu'autant qu'on aura le droit de prendre copie du document communiqué. Si la société comprend beaucoup d'actionnaires et qu'il en soit venu, par exemple, cent à l'assemblée, peut-on admettre qu'il suffira à l'actionnaire intéressé de lire la liste, même plusieurs fois, pour retenir leurs noms, prénoms et domiciles ? Non assurément. La loi doit être interprétée d'une manière sensée et pratique. Communiquer une pièce à quelqu'un, c'est la lui mettre entre les mains pour qu'il la lise et qu'il en prenne copie s'il le juge à propos. C'est en vain qu'on ferait observer que, à la différence de l'article 28, l'article 35 de la même loi prescrit expressément à la société de remettre aux actionnaires la copie du bilan et du rapport des commissaires. Il n'y a aucun argument *a contrario* à tirer de ce rapprochement et mieux vaut admettre, ce qui est l'évidence, que les termes des divers articles de la loi de 1867 n'ont pas toujours été choisis avec un soin assez minutieux.

Il a été dit précédemment que, dans la pratique, on communique aux actionnaires qui veulent prendre connaissance de la liste des actionnaires la feuille de présence, telle qu'elle a été préparée ensuite des dépôts de titres effectués par les actionnaires, et qui par conséquent n'est encore qu'un état de dépôts de titres (V. n° 62). Au début même de la séance, cette feuille est déposée sur le bureau, dont les membres la certifient, et elle devient alors la feuille de présence (V. n° 80).

SECTION III

Bureau de l'assemblée

77. *Constitution.* — La seconde opération préliminaire consiste dans la constitution du bureau de l'assemblée. Les statuts n'omettent jamais d'en réglementer la composition. En vertu de la clause uniforme qu'on y retrouve toujours, la présidence appartient au président du conseil ou à celui des administrateurs qui aura été délégué à cet effet par ses collègues ; il appelle auprès de lui à titre de scrutateurs les deux plus forts actionnaires acceptants, et le bureau, ainsi constitué, se complète par l'adjonction d'un secrétaire de son choix.

Qu'entend-on par ces mots : les plus forts actionnaires ? S'agit-il des actionnaires qui possèdent personnellement le plus grand nombre d'actions ? Ou bien de ceux qui représentent la plus grande quantité de titres tant en leur nom personnel que comme mandataires d'autres actionnaires ? Saisi de cette question, le tribunal de commerce de la Seine ne l'a pas résolue, pour le motif qu'il s'agit là d'une interprétation de statuts et qu'il appartient à l'assemblée de la trancher. Dans la pratique, c'est la dernière solution qui est généralement admise.

78. *Incompatibilités.* — Existe-t-il une incompatibilité entre les fonctions de scrutateur et la qualité de commissaire aux comptes ou d'administrateur ? La question mérite d'être examinée, car elle s'est présentée récemment dans une assemblée générale, et d'ordinaire les statuts ne contiennent aucune disposition à cet égard. Leur silence fournit un puissant argument à ceux qui nient toute incompatibilité. On cherche vainement en vertu de quel texte la nullité des délibérations de l'assemblée serait poursuivie en pareil cas. Pas de nullité sans texte impératif ou prohibitif, peut-on dire en modifiant quelque peu l'adage connu. Du moment qu'aucune interdiction ne se rencontre dans les statuts, on doit considérer comme certaine la validité de l'assemblée dans laquelle les fonctions de scrutateur auraient été remplies soit par un commissaire aux comptes, soit même par un administrateur.

En ce qui concerne le commissaire aux comptes, cette solution ne rencontre aucun obstacle au point de vue pratique. Quelle est la principale qualité que l'on demande aux membres du bureau ? C'est l'impartialité. Or l'impartialité de l'actionnaire qui a été investi des fonctions de commissaire aux comptes ne saurait être suspectée de ce chef. Même il semble que sa place soit marquée au bureau, à raison de l'importance des sommes qu'il a engagées dans la société et de la connaissance particulière qu'il lui a été donné d'acquérir de la marche des affaires. Cela ne l'empêchera pas de donner lecture de son rapport et de répondre, si besoin est, aux questions qui lui seraient posées par les autres actionnaires.

Quant aux administrateurs, la question ne s'est jamais présentée, car ils ont la sagesse de se récuser lorsque le grand nombre des titres qu'ils possèdent les désignerait pour faire partie du bureau. Leur impartialité serait beaucoup plus douteuse que celle des commissaires aux comptes, puisque c'est leur propre gestion que l'assemblée est appelée à juger. Dès lors on conçoit difficilement que le bureau puisse être composé exclusivement d'administrateurs de la société. Néanmoins la délibération prise dans de telles conditions serait légalement valable. Mais il semble que l'assemblée pourrait décider par interprétation des statuts que les administrateurs ne doivent pas faire partie du bureau.

79. *Sanction.* — De même que les convocations ne sont pas valables lorsqu'elles n'émanent pas du conseil régulièrement constitué, c'est-à-dire siégeant en nombre suffisant, de même les délibérations seraient nulles si elles étaient prises sous la direction d'un bureau constitué contrairement aux dispositions statutaires. Il est arrivé que des actionnaires désireux de se débarrasser du conseil d'administration se sont réunis en

dehors de lui et du commissaire aux comptes, et ont tenu une assemblée au cours de laquelle ils ont notamment révoqué les administrateurs. Lors même que les actionnaires ainsi groupés auraient représenté le *quorum* exigé par la loi, leurs délibérations n'en eussent pas moins été frappées d'une nullité radicale.

Une décision analogue a été rendue dans une circonstance curieuse. Les actionnaires réunis en assemblée avaient chargé de la présidence un des leurs aux lieu et place du président du conseil, parce que, disaient-ils, les fonctions de celui-ci avaient déjà pris fin. Ils calculaient en effet les années de son mandat par périodes de 365 jours, au lieu de les compter par intervalles entre les assemblées annuelles successives, et ils soutenaient en conséquence que le mandat de cet administrateur était expiré depuis un certain temps déjà au moment de l'assemblée générale. Mais cette prétention erronée fut écartée par les juges, qui décidèrent que le mandat ne prenait fin que le jour même de l'assemblée. En conséquence ils prononcèrent la nullité de l'assemblée tenue hors la présence de celui qui était désigné par les statuts pour la présider.

On peut supposer à l'inverse que le président de l'assemblée lève la séance avant que l'ordre du jour soit épuisé. S'il agissait ainsi, il serait à bon droit considéré comme ayant renoncé à l'exercice de son mandat, et l'assemblée serait autorisée à le remplacer immédiatement. A défaut d'un administrateur, les membres de l'assemblée pourraient donner la présidence à l'un d'entre eux (Cass., 5 juillet 1893).

Lorsque l'assemblée révoque son conseil, il y a lieu d'en nommer un autre aussitôt. Pendant l'interrègne, c'est encore un actionnaire qui sera appelé au fauteuil de la présidence, qu'il cédera ensuite au nouveau président du conseil.

Si, comme cela s'est produit, le président du conseil était empêché et que le conseil n'eût délégué personne pour le remplacer, il appartiendrait également aux actionnaires de désigner eux-mêmes le président de l'assemblée.

SECTION IV

Tenue de l'assemblée

80. *Ouverture de la séance.* — Lorsqu'on a constaté que le *quorum* était atteint et que le bureau a été constitué, la séance est ouverte. On dépose la feuille de présence sur la table du bureau, dont les membres la certifient immédiatement par leur signature (1). Le pré-

(1) On décide généralement que le défaut de signature de la feuille de présence par tous les membres du bureau ne saurait entraîner la nullité de l'assemblée. Non seulement la loi n'a pas établi cette sanction, mais cette « certification » n'est pas nécessaire pour permettre de s'assurer que les prescriptions légales ont été observées. La Cour de Paris s'est prononcée en ce sens par un arrêt du 15 avril 1885. Bien que la feuille eût été signée par un seul assesseur, elle proclama la validité de l'assemblée parce que les énonciations du procès-verbal permet-

sident constate que l'assemblée a été convoquée régulièrement, ainsi que l'établissent les pièces qu'il a en mains, et qu'elle peut délibérer valablement.

81. *Rapport du conseil.* — La séance commence habituellement par la lecture du rapport du conseil d'administration, dont la loi ne fait mention nulle part. Ce rapport a pour but de fournir aux actionnaires des renseignements sur la situation de la société et la marche de l'exploitation pendant le dernier exercice. Souvent il est imprimé à l'avance et distribué à l'entrée de la salle de réunion.

C'est là, il faut le reconnaître, une pratique fort utile et qui le serait davantage encore si cette distribution précédait l'assemblée de quelques jours. A une condition toutefois, c'est que le rapport du conseil ne contiendra pas les renseignements qui doivent normalement trouver place dans le rapport des commissaires. Il est d'autant plus utile d'insister sur cette distinction nécessaire qu'on ne l'observe pas toujours en pratique. Du moment que la loi prescrit la rédaction par le commissaire d'un rapport sur les comptes annuels, les administrateurs n'ont pas à donner de leur côté des explications sur ces comptes. Autrement il y aurait double emploi. Le rapport du conseil doit avoir pour but essentiel de renseigner les actionnaires sur les résultats de leur propre gestion, c'est-à-dire sur la marche générale de l'en-

taient de constater que le nombre des actionnaires ayant émargé la feuille de présence était le même que celui des actionnaires ayant pris part au vote.

treprise. Or certains administrateurs ont le tort de ne pas concevoir ainsi l'objet même du rapport du conseil et de le consacrer exclusivement à l'explication des différents articles du bilan. Qu'en résulte-t-il ? C'est que les commissaires aux comptes, s'ils ont eu connaissance de ce rapport avant de rédiger le leur, n'ont plus rien à dire de nouveau ; aussi se bornent-ils en pareil cas à déclarer, selon la formule banale, que, les comptes étant conformes aux écritures sociales, ils ne peuvent que conseiller aux actionnaires de les approuver. L'inutilité d'un semblable rapport est évidente.

Un autre inconvénient résulte de cette confusion d'attributions : comme le rapport du conseil n'est pas communiqué aux actionnaires avant l'assemblée, ceux-ci sont privés de tout renseignement, de toute indication au sujet des comptes avant le moment même où elle se réunit. Autrement dit ils n'ont plus le moyen de les étudier à l'avance, alors que cependant la loi avait entendu le leur procurer.

Il importe donc, dans l'intérêt des actionnaires, que le rapport du conseil soit consacré à ce qui en constitue l'objet normal, c'est-à-dire à l'exposé de la situation de la société, des efforts de toute nature qui ont été faits pendant l'exercice pour le développement des affaires (travaux neufs, installations nouvelles, renouvellement de matériel, création d'agences ou de dépôts, etc.), des événements particuliers qui ont marqué l'exercice (crise industrielle, augmentation des frais généraux, etc.), bref de tout ce que les actionnaires ont intérêt à savoir et qu'ils ne trouveront pas dans le rapport du commissaire.

82. *Communication préalable.* — Au cours de diverses assemblées récentes, il a été demandé que le rapport du conseil soit envoyé d'avance aux actionnaires ou qu'il leur soit remis au moment du dépôt des titres. Tel est l'usage dans certaines sociétés, notamment dans quelques compagnies de chemins de fer. Des administrateurs ont essayé de justifier leur refus. Quelques-uns ont objecté que, si les actionnaires connaissaient le rapport avant l'assemblée, ils s'abstiendraient de s'y rendre, ce qui ne paraît nullement certain. Il n'est pas douteux que la discussion des comptes gagnerait en ampleur et en intérêt si les actionnaires présents à l'assemblée avaient eu préalablement la faculté d'étudier à loisir le rapport du conseil, qui en est précisément la base.

83. *Rapport du commissaire.* — Après la lecture de ce rapport, l'assemblée entend celle du rapport du commissaire des comptes, en l'absence de laquelle sa délibération serait frappée de nullité. Par un arrêt du 11 novembre 1887, la Cour de Lyon a décidé que la loi n'exige pas la présence du commissaire à l'assemblée et qu'elle se contente d'exiger la lecture de son rapport. C'est là une question qui n'est pas de nature à s'élever fréquemment, car les commissaires aux comptes tiennent à honneur de se présenter devant les actionnaires de qui ils tiennent le mandat de confiance dont ils sont investis, afin de pouvoir répondre, le cas échéant, aux demandes d'explications complémentaires qui pourraient leur être adressées.

84. *Discussion générale.* — C'est à ce moment que s'ouvre la discussion générale sur les objets qui figurent à l'ordre du jour. Tous les actionnaires présents ont le droit d'y prendre part, même les scrutateurs, auxquels la fonction temporaire qu'ils remplissent n'enlève pas leur droit primordial de discuter les comptes. Le moment est venu pour chacun d'eux de solliciter du président de l'assemblée, ou plutôt du conseil d'administration, tous les renseignements qu'ils désirent se procurer relativement soit aux comptes, soit à la marche générale des affaires sociales, aux conditions d'exploitation, etc. Qu'ils ne craignent pas d'abuser de ce droit, puisque c'est le seul jour de l'année où il leur soit permis de questionner leurs mandataires et d'obtenir d'eux les indications qu'ils ont intérêt à se procurer concernant l'entreprise commune ! Aussi bien ceux-ci seront enchantés d'être mis à même de faire connaître le résultat de leurs efforts lorsqu'ils auront réussi à développer les affaires de la société et à consolider sa situation industrielle et financière. Que si, au contraire, la société se trouve dans une situation critique, il n'est pas inutile de faire appel aux lumières de tous pour trouver les moyens de la tirer d'embarras. Dans tous les cas il est de l'intérêt général que chacun soit admis à présenter librement ses observations sur les comptes et sur les actes du conseil, bien que les membres de l'assemblée aient parfois la tentation, bien regrettable, de considérer comme un importun quiconque pose des questions aux administrateurs et semble vouloir critiquer leur gestion.

Il est arrivé plus d'une fois que les conseils donnés par les actionnaires au cours de cette discussion, bien qu'accueillis un peu fraîchement au moment même par le conseil, ont été mis à profit par lui dans le cours de l'exercice suivant et que la société s'est bien trouvée des améliorations indiquées par les hommes d'affaires entendus qui faisaient partie de l'assemblée. C'est là un encouragement pour les actionnaires qui ont le louable désir de ne pas se désintéresser de la manière dont sont conduites les affaires sociales.

Mais ce qu'il faut répéter, c'est que de telles interventions ne peuvent être profitables à la société qu'autant qu'elles ont été précédées d'un examen réfléchi des comptes et de la situation de l'entreprise. Des critiques ou des observations improvisées ne sauraient amener un résultat avantageux. L'actionnaire qui ne s'est pas préparé à prendre part à la discussion des comptes ne sera pas en état de soutenir un débat contradictoire sur ce sujet. C'est pour cette raison que nous avons tant insisté sur l'importance de l'examen préalable des documents mis à la disposition des actionnaires, car il est le prélude obligé de toute discussion sérieuse et utile.

Dans certaines sociétés le président de l'assemblée n'est pas en mesure de fournir lui-même aux actionnaires les renseignements techniques qu'ils sollicitent. Cela tient à ce que les membres du conseil d'administration et en particulier celui qui le préside ne sont pas toujours des hommes du métier et qu'il leur faut un certain temps pour s'initier à la partie industrielle de l'entreprise à la tête de laquelle leur compétence financière ou l'importance de leurs intérêts dans la société les a fait placer. Il existe même des industries spéciales où le directeur est toujours le seul qui soit en état de répondre aux questions des actionnaires ; en pareil cas le président de l'assemblée se contente d'exercer son pouvoir de police.

84 *bis*. *Police de l'assemblée.* — Il arrive parfois que des actionnaires mécontents du conseil d'administration témoignent leur opposition d'une manière tellement vive qu'ils troublent profondément la délibération ou même la rendent à peu près impossible. Quel est en pareil cas le pouvoir du président ? Deux solutions s'offrent à lui : ou bien il ordonnera l'expulsion des actionnaires turbulents, au besoin avec le concours de la force armée ; ou bien il passera outre et fera voter quand même par la majorité favorable les résolutions comprises dans l'ordre du jour. La première solution ne va pas sans quelque difficulté pratique. En effet les agents de la force publique ne consentent pas toujours à intervenir en pareil cas, estimant qu'ils n'ont pas le droit de pénétrer dans une réunion privée sans une réquisition en règle. D'autre part les actionnaires expulsés de la salle de réunion seront tentés de contester en justice la validité des résolutions prises en leur absence. Une telle demande n'aurait assurément pas beaucoup de chances d'être accueillie, car, si tout actionnaire remplissant les conditions déterminées par les statuts a le droit de prendre part aux

assemblées générales, il n'en est pas moins vrai que chacun d'eux est tenu, sous peine d'être l'objet d'une exclusion, d'observer les convenances et de ne pas empêcher, par des manifestations excessives, les autres actionnaires de délibérer dans le calme qu'exige la discussion des intérêts sur lesquels l'assemblée doit statuer. Cependant, comme les sociétés redoutent, non sans raison, les procès qui mettent en question la validité même des délibérations de l'assemblée et gênent la marche normale des affaires, il est plus prudent d'adopter la seconde solution. Si la majorité de l'assemblée est favorable aux résolutions proposées par le conseil, il sera relativement facile au président de les mettre aux voix et de les faire voter malgré le tumulte provoqué par les actionnaires turbulents. Une fois ces résolutions adoptées et le vote consigné dans un procès-verbal régulièrement établi, il ne restera plus au conseil qu'à les appliquer sans craindre aucune contestation judiciaire.

85. *Importance des résolutions.* — Lorsque la discussion générale est terminée, on passe au vote sur les résolutions proposées par le conseil. L'assemblée générale arrête définitivement les comptes de l'exercice, fixe l'emploi des bénéfices et l'importance du dividende à répartir, nomme les administrateurs lorsque quelques-uns d'entre eux sont « sortants », ainsi que le commissaire aux comptes, et donne aux administrateurs les autorisations qui peuvent leur être nécessaires pour passer des marchés avec la société. Ces diverses résolutions feront l'objet d'autant d'études spéciales. Mais il

est indispensable d'en signaler dès maintenant l'importance capitale au point de vue des intérêts sociaux.

En premier lieu l'examen des comptes doit tout particulièrement retenir l'attention des actionnaires réfléchis. Ils reflètent en effet les actes de gestion des administrateurs, que les actionnaires ont le plus grand intérêt à connaître pour savoir si le conseil est resté digne de leur confiance. Une autre question non moins intéressante est celle de l'emploi des bénéfices. Selon que les amortissements sont pratiqués avec plus ou moins de prudence, que les réserves spéciales sont plus ou moins largement augmentées chaque année, la prospérité de l'entreprise est assurée ou au contraire compromise. Une société qui consacre régulièrement une fraction de ses bénéfices au développement de ses moyens de production et à l'extension de ses affaires consolide d'autant sa situation financière et se met par là même en mesure de traverser plus facilement les crises qui viendront l'assaillir tôt ou tard. C'est pourquoi les actionnaires doivent se garder d'exiger la distribution de la totalité des bénéfices réalisés pendant l'exercice.

D'un autre côté l'approbation des comptes emporte l'approbation de la gestion du conseil d'administration. Une fois cette approbation donnée, personne ne pourra plus à l'avenir demander compte aux administrateurs de tel ou tel acte de gestion qui aurait été funeste aux intérêts sociaux, à la condition, bien entendu, que la ratification n'ait pas été obtenue par surprise, mais bien qu'elle ait été donnée par les actionnaires en parfaite connaissance de cause. On voit par là combien le vote sur la question des comptes prend d'importance et d'ampleur. C'est en somme toute la gestion du conseil pendant l'année écoulée qui se trouve, sous cette forme, soumise aux actionnaires. Combien ceux-ci sont imprudents et légers lorsqu'ils lui donnent leur approbation aveuglément, sans réflexion ni examen préalable !

Mais, dira-t-on, comment les actionnaires pourraient-ils pratiquement entrer dans le détail de toutes les opérations sociales, exiger un compte-rendu de tous les actes de gestion et les éplucher minutieusement ? N'y a-t-il pas d'ailleurs dans l'administration de toute entreprise commerciale, industrielle ou financière, des choses qui doivent rester secrètes, notamment les prix de revient et de fabrication ? La nécessité ne commande-t-elle pas de s'en rapporter aux administrateurs qui connaissent mieux que personne les besoins de la société et qui, au surplus, sont tout autant que les actionnaires intéressés à sa prospérité ? Tout cela est parfaitement exact, et, si l'on signale ici l'importance des délibérations de l'assemblée, c'est pour raviver l'esprit de contrôle chez les actionnaires des sociétés mal administrées. Au fond il n'est pas douteux que le vote émis sur la question des comptes traduit avant tout le sentiment de confiance ou de défiance dont les membres de l'assemblée sont animés à l'égard du conseil. Mais il importe néanmoins que tous les actionnaires se préoccupent de se mettre en état de juger d'après les faits eux-mêmes le mérite des administrateurs. En cas de crise, s'il leur apparaît que les résultats défavorables n'auraient pu être conjurés par une autre administration, il leur faudra bien se résigner. Mais, s'ils sont dus à l'insuffisance des administrateurs actuels, il est urgent de leur enlever leurs fonctions. C'est pour cela qu'il importe qu'ils soient capables d'examiner un bilan et d'apprécier les causes des pertes subies par la société.

86. *Mode de votation.* — Comment vote-t-on à l'assemblée ? Le dépouillement des voix ne provoque jamais de difficultés en pratique et n'appelle aucune explication particulière. D'ordinaire on vote à mains levées, ce qui ne paraît pas logique puisque le suffrage n'est pas égalitaire et que certains actionnaires ont plus de voix que d'autres. Mais les résolutions proposées sont habituellement adoptées à une grande majorité, ce qui dispense de faire l'appel nominal. Aussi le tribunal de commerce de la Seine a-t-il pu décider que l'assemblée générale est souveraine maîtresse à cet égard et que le vote à mains levées est valable du moment que les statuts ne l'interdisent pas.

La Cour d'Alger a jugé en ce sens que l'on peut voter sans appel nominal si les statuts ne l'exigent pas et si d'ailleurs on a procédé de manière à contrôler les suffrages exprimés.

Il y aurait lieu, bien entendu, d'adopter une méthode plus rigoureuse, c'est-à-dire de compter les voix une par une, si deux sentiments contraires se faisaient jour dans le sein de l'assemblée et qu'on pût éprouver quelque incertitude sur l'importance des partis opposés.

87. *Intérêt personnel.* — Les actionnaires peuvent-ils prendre part au vote lorsqu'ils sont personnellement intéressés dans la question en discussion ? A défaut de toute interdiction expresse dans la loi, la jurisprudence se prononce dans le sens affirmatif. On ne trouve, dit-elle, de prohibition que lorsqu'il s'agit de l'approbation par les assemblées constitutives des apports et des avantages particuliers réservés à certains actionnaires. Or cette disposition doit être restreinte au cas qu'elle vise spécialement et l'on en conclut que, dans toute autre circonstance, tous les actionnaires présents, sans exception, ont le droit de voter. D'ailleurs ce fait se reproduit tous les jours. Les administrateurs ne sont-ils pas personnellement intéressés dans l'approbation des comptes présentés par eux aux actionnaires, puisque cette approbation implique la ratification de leur gestion ? Et cependant on n'a jamais songé à leur interdire de prendre part au vote.

Cette question de principe a été portée devant la justice à propos du gérant d'une société en commandite par parts. Dans une assemblée l'on avait approuvé les comptes et le gérant avait pris part au vote. Un des commanditaires ayant demandé pour ce motif l'annulation de la délibération, la Cour de Paris et la Cour de cassation lui donnèrent tort. Elles décidèrent, par interprétation des statuts, que les associés avaient entendu n'enlever à aucun d'entre eux le droit de voter. Au surplus, ajoutait la décision de la Cour d'appel, l'approbation ainsi donnée par l'assemblée générale ne fait pas obstacle à ce que les associés s'adressent aux tribunaux en cas de fraude ou de dol de la part du gérant.

En sera-t-il de même lorsque l'assemblée délibère sur un *avantage personnel* à accorder au gérant ou aux administrateurs ? L'intéressé ne doit-il pas en pareil cas s'abstenir ? C'est ce qu'avait pensé une Cour d'appel, qui prononça pour cette raison la nullité de la délibération de l'assemblée. Il s'agissait d'une indemnité pécuniaire qui était sollicitée par le gérant en raison d'un long voyage qu'il venait de faire pour les besoins de la société. Mais la Cour de cassation a cassé cette décision :

« Attendu, dit-elle, que tout actionnaire assistant régulièrement à une assemblée générale ordinaire puise dans sa qualité le droit de prendre part à la discussion et au vote des actes de gestion, alors même qu'il serait personnellement intéressé dans ces actes ; que ce droit ne pourrait lui être enlevé que par les statuts ou par une disposition formelle de la loi ;... que vainement on voudrait voir cette disposition dans l'article 4 § 5 de la loi du 24 juillet 1867, qui interdit aux associés ayant fait l'apport ou stipulé des avantages particuliers soumis à l'appréciation de l'assemblée de prendre part au vote » (26 oct. 1896, D. 1898.1.65).

Il résulte de cet arrêt que les administrateurs et gérants ont le droit de voter même sur les questions qui leur sont personnelles, telles que fixation de leurs émoluments ou d'indemnités spéciales, *quitus*, etc. Si tel est leur droit, il faut dire immédiatement qu'ils ont le bon goût, en pratique, de s'abstenir lors de pareils votes (1).

(1) Les Codes allemand, italien, roumain et suisse contiennent des dispositions qui proscrivent expressément les votes intéressés.

A plus forte raison leur est-il permis de représenter à l'assemblée les actionnaires absents et de voter en leur lieu et place dans les cas dont il vient d'être parlé. C'est d'ailleurs ce qui explique comment, le plus souvent du moins, les administrateurs sont assurés à l'avance du vote favorable de l'assemblée. Lorsque leurs propres actions ne représentent pas la majorité nécessaire, ils la complètent par les titres des actionnaires qu'ils représentent comme mandataires. Telle est la raison pour laquelle ceux-ci doivent s'abstenir d'envoyer leur pouvoir en blanc au conseil d'administration lorsqu'ils n'ont pas confiance en lui.

La Cour de cassation pousse si loin cette idée de l'interprétation restrictive qu'elle permet aux apporteurs ou aux bénéficiaires d'avantages particuliers de prendre part au vote de l'assemblée constitutive en qualité de mandataires, bien que leur intérêt dans le vote ne soit pas contestable (20 janvier 1892). Il faut du reste ajouter que cette décision a paru à de bons esprits excessive et dangereuse.

Il convient, bien entendu, de ne pas considérer cette règle comme tellement absolue qu'elle ne comporte aucune exception pour quelque cause que ce soit. La loyauté doit être toujours observée et il serait inadmissible que certains actionnaires abusent d'une jurisprudence aussi libérale pour s'assurer des avantages particuliers au détriment des autres. Il peut arriver en effet que, par suite d'une convention secrète passée entre les administrateurs et quelques-uns des actionnaires, ceux-ci aient acquis à l'insu des autres un intérêt personnel à l'adoption des propositions du conseil. Dans un cas récent, l'assemblée avait autorisé le rachat d'un certain nombre de titres, et certains actionnaires, qui s'étaient arrangés par avance pour profiter seuls de cette résolution, avaient cependant pris part au vote. N'était-ce pas le cas d'appliquer la maxime d'après laquelle la fraude vicie tout? C'est ce qu'a pensé la Cour de Paris, et elle a prononcé pour cette raison la nullité de la dite résolution(V.n° 209). C'était justice.

87 *bis*. *Majorité. Partage.* — Les résolutions proposées à l'assemblée ne sont adoptées qu'autant qu'elles réunissent la majorité des voix appartenant aux actionnaires présents. Si 200 voix, par exemple, se prononcent pour et 200 voix contre, la résolution n'est pas adoptée, car elle n'a pas obtenu la majorité. Beaucoup de statuts stipulent qu'en cas de partage la voix du président de l'assemblée est prépondérante. En l'absence d'une semblable clause il faut décider que, s'il y a partage, la résolution proposée n'est pas adoptée.

La majorité relative ne suffit pas, les actionnaires qui s'abstiennent devant être considérés comme hostiles à la proposition en discussion. Toutefois cette question est controversée entre les auteurs, et le tribunal civil de la Seine s'est prononcé en sens contraire (24 juillet 1883, *Journ. Soc.*, 1884.110).

88. *Prorogation de l'assemblée.* — Une assemblée générale peut-elle proroger à une date ultérieure la suite de ses délibérations? L'affirmative semble certaine. De

même qu'il lui serait loisible de suspendre la séance pour permettre, par exemple, aux actionnaires de se consulter sur le choix des nouveaux administrateurs ou commissaires, de même on n'aperçoit aucune raison de lui interdire de se proroger, si telle est la volonté de la majorité.

La seule question est de savoir si une nouvelle convocation sera nécessaire pour la seconde réunion. Le tribunal de commerce de la Seine a eu l'occasion de la trancher récemment et il a décidé qu'une seconde convocation est indispensable en pareil cas, à moins que la nouvelle assemblée se trouve replacée dans des conditions identiques à celles de la première réunion en ce qui concerne les actionnaires présents. Comme on ne peut savoir à l'avance quelle sera la composition de la seconde assemblée, cela revient à dire qu'une convocation est toujours nécessaire :

« Attendu, dit le jugement, que les intervenants soutiennent que rien dans la loi n'interdisait de suspendre une assemblée générale et de la proroger à un moment quelconque sans nouvelle convocation et sans ordre du jour nouveau ; qu'une assemblée étant toujours maîtresse de ses délibérations, il pourrait se produire telle circonstance qui l'oblige à en reporter la suite à une date ultérieure, comme en l'espèce ; que les nullités étant de droit étroit et rien n'étant spécifié à cet égard dans les statuts ni dans la loi, la prorogation d'une assemblée à une date ultérieure ne saurait entraîner la nullité de ses délibérations ;

« Mais attendu qu'à supposer qu'une assemblée puisse valablement proroger à une date ultérieure la suite de ses délibérations, il faudrait évidemment, pour la validité de celle-ci, que, lors de cette seconde réunion, l'assemblée se trouvât replacée dans des conditions identiques à celles de la première réunion, c'est-à-dire qu'elle fût composée des mêmes personnes délibérant sur les mêmes questions... » (28 décembre 1904, *Journ. Soc.*, 1905.162).

SECTION V

Procès-verbal

89. *Rédaction.* — La loi n'a pas prescrit de dresser un procès-verbal des assemblées générales. Mais les statuts contiennent toujours une clause aux termes de laquelle « les délibérations de l'assemblée seront constatées par des procès-verbaux inscrits sur un registre « spécial et signés par les membres du bureau ».

L'utilité des procès-verbaux est indiscutable. Il importe de conserver une preuve régulière des résolutions adoptées par l'assemblée et d'être en mesure, le cas échéant, d'en justifier, voire même en justice. C'est dans ce but et à ce propos, du reste, que les statuts confèrent aux administrateurs le pouvoir de certifier les copies ou les extraits qui seraient nécessaires.

Au sujet de la rédaction de ce procès-verbal, il n'y a rien à dire de particulier, si ce n'est qu'il doit relater tout ce qui a été fait au cours de l'assemblée, constitution du bureau, lecture de l'ordre du jour, etc. En particulier il doit constater le départ des actionnaires qui quittent la salle avant la fin de la réunion, car le *quorum* pourrait cesser d'être atteint si un certain nombre d'entre eux partaient avant le vote et les résolutions ne seraient pas régulièrement prises dans ces conditions. D'ailleurs les actionnaires présents au début de la séance sont censés être restés jusqu'à la fin. Mais la preuve contraire pourrait être faite, même par témoins.

Une question s'est posée récemment au cours d'une assemblée générale dans un ordre d'idées tout voisin. Un actionnaire qui avait demandé la parole refusa de faire connaître son nom. Son refus était-il fondé en droit, ou bien le président pouvait-il pour ce motif l'empêcher de parler ? Théoriquement il n'est pas douteux que toutes les personnes qui assistent à l'assemblée, ayant nécessairement été reconnues actionnaires, ont le droit de prendre part à la discussion. Il appartient en effet aux administrateurs de veiller à ce qu'aucun intrus ne s'introduise à l'assemblée. Dès lors on ne saurait forcer les actionnaires présents à donner leur nom sous peine de se voir retirer la parole. Mais, en fait, on ne comprend guère que l'actionnaire sérieux qui entend défendre par la parole ses intérêts refuse de se faire connaître.

Il est d'usage de lire au début de chaque séance le procès-verbal de l'assemblée précédente et de le soumettre à l'approbation des actionnaires. Mais il a été jugé qu'il n'y a là aucune obligation légale.

90. *Force probante.* — D'après un jugement du tribunal de commerce de la Seine, les procès-verbaux de l'assemblée feraient foi de leur contenu jusqu'à inscription

de faux. La Cour de Paris a eu l'occasion de ramener cette décision dans ses limites exactes et de faire remarquer que cette force probante ne s'attache qu'au fait même du vote émis par l'assemblée et au texte des résolutions adoptées par elle : « Un procès-verbal d'assemblée générale, a-t-elle décidé, ne constitue que l'exposé « des discussions telles que les a entendues et comprises « le secrétaire, et n'a de caractère officiel, après avoir été « lu et approuvé à l'assemblée suivante, qu'en ce qui « touche le libellé des résolutions votées » (29 janvier 1894).

Est-il besoin de dire que le procès-verbal ne vaut qu'autant qu'il est régulier en la forme et compréhensible ? Si, par exemple, il était conçu de telle sorte qu'on ne puisse pas vérifier le nombre des votants ni savoir exactement ce qui a été voté, la délibération de l'assemblée ne saurait être considérée comme valable. C'est ce qui a été jugé par la Cour de cassation à propos d'une délibération d'ailleurs fort importante, puisqu'elle avait pour but d'imposer à certains associés commanditaires la qualité d'associés en nom collectif. Une telle résolution ne pouvait être d'ailleurs valable qu'autant qu'elle aurait réuni l'unanimité des actionnaires. Or il fut constaté, d'une part, que le procès-verbal contenait des additions et des ratures non approuvées ; d'autre part, tandis que, dans le corps de l'acte, il annonçait l'adhésion de tous les membres présents, une mention finale, signée par les membres du bureau, déclarait au contraire que plusieurs actionnaires n'avaient pas voulu voter.

En principe le procès-verbal doit être signé par tous les membres du bureau. Est-ce nécessaire pour la validité des délibérations de l'assemblée ? Oui, avait décidé la Cour de Lyon en 1863. Non, dit la Cour de cassation le 28 janvier 1878, par interprétation des statuts de la société intéressée.

En tous cas il n'est pas nécessaire que ces signatures soient données séance tenante (Alger, 30 décembre 1890). De même il a été jugé que le retard apporté à la rédaction du procès-verbal n'est pas une cause de nullité de l'assemblée.

La Cour de cassation a été plus loin : elle a décidé que les délibérations de l'assemblée ne sont pas nulles par cela seul que le procès-verbal inscrit sur le registre n'aurait été revêtu d'aucune signature si, concurremment avec ce procès-verbal, des actes contenant les mêmes énonciations avaient été dressés par le président de l'assemblée, certifiés par l'administrateur délégué à cet effet par l'assemblée et déposés chez un notaire (20 décembre 1882). Autrement dit les procès-verbaux peuvent être suppléés par un équivalent.

Les administrateurs feront bien de veiller à la parfaite régularité des procès-verbaux. C'est le moyen d'éviter à la société qu'ils dirigent nombre de difficultés. Chaque fois qu'une personne a intérêt à faire tomber une délibération, elle s'avisera naturellement de tous les moyens qui s'offriront à elle. Si le procès-verbal est défectueux, irrégulier, incomplet ou obscur, elle ne manquera pas de s'en prévaloir pour parvenir à son but. Il appartient aux administrateurs de prendre leurs précautions pour mettre les délibérations de l'assemblée à l'abri de toute contestation de ce chef.

CHAPITRE IV

OBJET DES DÉLIBÉRATIONS DE L'ASSEMBLÉE

SOMMAIRE

SECTION I

Examen des comptes et fixation des bénéfices

91. *Mission de l'assemblée.* — La loi de 1867 n'a pas pris le soin de déterminer expressément les attributions de l'assemblée générale au sujet des comptes annuels ; elle indique seulement qu'elle doit approuver — ou re-

jeter — le bilan et les comptes. En effet l'article 32 se borne à dire que les commissaires lui font un rapport sur la situation de la société, sur le bilan et sur les comptes présentés par les administrateurs, et ajoute que « la délibération contenant approbation du bilan et des comptes serait nulle si elle n'avait été précédée du rapport des commissaires ». Il importe de préciser ces attributions si l'on veut connaître exactement son rôle et l'étendue de ses pouvoirs. En réalité la mission de l'assemblée dans cet ordre d'idées est double : 1° elle statue sur les comptes qui lui sont présentés par les administrateurs ; 2° elle règle l'emploi des bénéfices et fixe le dividende à distribuer aux actionnaires. C'est au surplus ce que dit la formule ordinairement employée dans les statuts à cet égard : « elle discute et, s'il y a lieu, approuve les comptes ; elle fixe le dividende ».

92. *Approbation des comptes.* — L'approbation des comptes fait l'objet de la première des résolutions soumises à l'assemblée ordinaire. Ainsi qu'on l'a dit déjà, elle ne saurait être donnée sérieusement qu'autant que les actionnaires ont eu le soin au préalable de prendre communication de ces comptes et de les examiner.

Une fois approuvés, les comptes deviennent définitifs. Aussitôt on les transcrit sur les livres et ils servent de point de départ aux comptes de l'exercice suivant.

A ce propos il n'est pas inutile de faire une observation qui facilitera l'intelligence du bilan et des comptes. Lorsque le bilan est présenté aux actionnaires réunis à l'assemblée, il contient le compte de profits et pertes, lequel indique le total des bénéfices de l'année, et il est accompagné d'un projet de répartition des bénéfices sur lequel les actionnaires seront appelés à se prononcer. Dès que le bilan et le projet ont reçu leur approbation, on passe les écritures en conséquence ; on porte les bénéfices aux différents comptes entre lesquels ils ont été répartis, dividende dû aux actionnaires, amortissements, réserves et fonds de prévoyance, etc. En d'autres termes le bilan qui est transcrit sur les livres ne contient plus de bénéfices. Il importe de connaître ce détail de comptabilité pour ne pas s'en étonner.

En vertu du principe général d'après lequel la fraude vicie tout, l'approbation des comptes et la ratification de la gestion du conseil qui en résulte seraient nulles et non avenues si les actionnaires n'avaient pas eu tous les renseignements nécessaires pour se prononcer en connaissance de cause, ou à plus forte raison s'ils avaient été induits en erreur par la présentation d'un bilan inexact, incomplet, ou mensonger.

93. *Définition des bénéfices.* — Une fois les comptes arrêtés, il y a lieu de fixer le dividende. C'est la seconde des attributions de l'assemblée générale. Pour bien comprendre son rôle à cet égard, il faut savoir très exactement ce qu'on entend par bénéfices et quand il en existe. Or cette question est beaucoup plus difficile à résoudre qu'on ne le croit généralement.

On trouve dans la plupart des statuts une clause de style qui paraît la trancher d'une manière fort simple : « Les produits nets, déduction faite de toutes les charges, y est-il dit, constituent les bénéfices. » Si la société a vendu pendant l'exercice des marchandises à concurrence d'un million, que le prix de revient de ces marchandises soit de 50 %, les produits bruts s'élèveront à 500.000 francs. On en déduira les charges de toute nature, 300.000 francs, par exemple, et l'on dira que la société a réalisé pendant cet exercice 200.000 francs de bénéfices. Il ne reste plus qu'à les répartir entre les actionnaires.

Rien ne semble plus simple ni plus clair. En réalité cette notion n'est pas absolument satisfaisante. D'abord la rédaction de la formule est défectueuse : il faudrait dire produits *bruts*, et non pas produits *nets*, car les produits bruts, lorsqu'on en a déduit les frais généraux et toutes les charges quelconques de l'exercice, deviennent les produits nets. En outre cette notion est incomplète, et, si les administrateurs s'y tenaient rigoureusement, ils risqueraient fort d'engager leur responsabilité dans une large mesure.

La raison en est qu'en droit il ne suffit pas que l'assemblée générale ait constaté les heureux résultats d'un exercice pour qu'elle soit autorisée à voter la mise en paiement d'un dividende. Les bénéfices accusés par la différence entre les recettes et les dépenses ne sont pas toujours des bénéfices distribuables, ainsi qu'on va s'en rendre compte. Supposons que la société, constituée au capital d'un million, ait perdu 20.000 francs pendant chacun des cinq premiers exercices. Elle est donc au bout de la cinquième année en perte de 100.000 francs.

Voici que, l'année suivante, elle a gagné 50.000 francs. Peut-on dire alors qu'elle est en bénéfice de 50.000 francs ? Pourra-t-elle distribuer ces 50.000 francs à ses actionnaires ? Non, parce qu'en réalité elle est encore en perte d'une somme égale, ayant perdu le double dans le cours des années précédentes.

Il ne faut pas oublier que l'établissement du bilan annuel constitue une sorte de liquidation fictive et qu'il est censé présenter les résultats que donnerait une liquidation réelle. On cherche en effet à attribuer aux divers éléments de l'actif une évaluation aussi rapprochée que possible de la somme qu'on obtiendrait en les réalisant, si le moment était venu de liquider la société. Or, si la situation que nous supposions plus haut venait à se produire au terme de l'exploitation, si l'on constatait à ce moment-là un actif de 950.000 francs seulement, on serait bien forcé de dire que la société aurait perdu 50.000 francs. Eh bien ! il n'y a aucune raison pour apprécier autrement les choses pendant le cours de la société. Il suit de là qu'on ne saurait parler de bénéfices à distribuer tant que la société n'aura pas comblé au moyen de ses bénéfices ultérieurs le déficit produit par les exercices antérieurs. C'est seulement après cette reconstitution du capital que la société pourra distribuer des dividendes si les bilans accusent un excédent d'actif. Ce principe est universellement admis dans la pratique et aucun administrateur n'oserait le violer.

Si la loi ne s'est pas expressément prononcée à cet égard, il semble bien que telle ait été la pensée du législateur lorsqu'il a institué la *réserve légale*. Ce fonds de réserve est destiné à établir « une sage et prévoyante « compensation entre les résultats de la bonne et de la « mauvaise fortune », et à couvrir les pertes extraordinaires. Autrement dit la loi, prévoyant que la société pourrait voir son capital entamé par des pertes, l'oblige à faire sur ses bénéfices annuels des réserves qui serviront, le cas échéant, à combler ce déficit. On voit par là qu'elle s'est occupée de maintenir l'intégrité du capital social, en d'autres termes, qu'elle n'a pas entendu autoriser de répartitions de bénéfices tant que ce capital n'est pas intact.

La jurisprudence s'est implicitement prononcée sur la même question, n'ayant jamais eu l'occasion de la trancher expressément. Elle a adopté la définition suivante des bénéfices : *ils consistent dans l'excédent de l'actif sur le passif*. Ainsi, pour savoir si tel exercice a produit des bénéfices distribuables, il ne suffit pas d'en considérer exclusivement les résultats particuliers ; il faut examiner la situation de la société dans son ensemble, telle que le bilan la présente.

Ce qui précède permettra de mieux comprendre la portée exacte de la formule courante d'après laquelle les bénéfices consistent dans l'excédent des recettes sur les dépenses. Cette définition s'applique exclusivement aux bénéfices de l'exercice considérés isolément. Mais ces bénéfices ne sont pas nécessairement des bénéfices *distribuables*, et ceux-ci sont indiqués, non pas par la comparaison des recettes avec les dépenses de l'exercice, mais par l'examen de l'inventaire. C'est à ce document que la loi entend qu'on se réfère pour savoir s'il y a lieu à une répartition de bénéfices. La preuve en est qu'aux termes de l'article 45 de la loi de 1867 sont punis de peines correctionnelles « les administrateurs qui, en l'absence d'*inventaire*, ou au moyen d'*inventaire frauduleux*, auraient opéré des dividendes fictifs ».

Lorsqu'on s'inspire de la définition consacrée par la jurisprudence, on est amené nécessairement à se référer au bilan, résumé de l'inventaire, pour connaître les résultats d'un exercice. De la sorte, ainsi qu'on va le voir, il est impossible de procéder à une distribution de bénéfices tant que le capital social n'est pas intact, tandis qu'au contraire l'on n'aurait pas besoin d'observer cette condition si l'on s'en tenait à la définition que nous avons critiquée.

94. *Comptabilité.* — Le système de comptabilité usité dans les sociétés est l'application très exacte de ce principe juridique. Supposons que le capital soit d'un million et que le premier exercice se solde par une perte de 50.000 francs. Il sera impossible de balancer le bilan si l'on ne porte pas à l'actif le solde débiteur du compte *profits et pertes*, soit 50.000 francs. Le compte profits et pertes du second exercice s'ouvrira donc avec un débit de pareille somme. Ou bien (ce qui est une méthode préférable) il y aura lieu de créer un compte spécial : « Pertes de l'exercice X... ». A la fin de l'année suivante, on soldera ce compte, et les bénéfices nets réalisés durant le second exercice seront nécessairement diminués de

cette somme de 50.000 francs. Si, pendant cette année-là, la société a gagné 100.000 francs, les comptes définitifs résultant de ces passations d'écritures ne feront ressortir qu'un bénéfice distribuable de 50.000 francs. Autrement dit le capital social se sera reconstitué automatiquement par le jeu normal de ce système de comptabilité.

Supposons maintenant que les bénéfices du second exercice soient de 50,000 francs. On devra déduire les 50.000 francs perdus l'année précédente, de telle sorte qu'il n'y aura aucun bénéfice distribuable. C'est ainsi que la comptabilité usitée dans la société respecte la règle de droit dont on vient de démontrer l'exactitude.

Il convient d'ajouter que les sociétés ont à leur disposition deux autres moyens de combler le déficit creusé par les pertes résultant de l'exploitation antérieure. D'une part, ainsi qu'il a été dit plus haut, il leur est permis de prendre sur la réserve légale de quoi reconstituer le capital social (V. n° 101 *bis*). D'autre part, lorsque les pertes sont tellement importantes qu'elles entraîneraient pour longtemps la suppression de tout dividende, on peut réduire le capital social pour en ramener le chiffre nominal à la valeur actuelle de l'actif (V. n° 197). Mais ces deux moyens ne sont qu'assez rarement utilisés, le premier, parce qu'il importe au crédit de la société de conserver à son bilan tout au moins la réserve légale, le second, parce qu'il présente une gravité telle que les administrateurs ne se décideront à y recourir que dans le cas d'une absolue nécessité.

95. *Principe fondamental. Opérations terminées.* — En résumé, grâce à la méthode de comptabilité habituelle, on peut affirmer qu'il existe des bénéfices dès que l'actif accusé par le bilan dépasse le passif. Il ne reste plus à l'assemblée qu'à en déterminer l'emploi, après avoir vérifié les comptes qui ont fait apparaître cet excédent.

Mais cela n'est vrai qu'autant que les administrateurs se seront conformés à un principe essentiel de comptabilité dont il n'a pas encore été parlé. Ce principe est le suivant : on ne doit considérer comme bénéfices que ceux qui résultent d'opérations *terminées, accomplies*. En effet le bilan, résumé de l'inventaire annuel, a pour but de révéler le montant des bénéfices provenant des opérations qui ont été réalisées pendant l'exercice. Si donc une opération n'est pas terminée, c'est-à-dire réglée, au moment de la clôture de l'exercice, le bénéfice à en provenir figurera seulement dans les comptes de l'exercice suivant.

Cette règle a été formulée dans l'arrêt célèbre de la Cour de Paris en date du 22 avril 1870, qui a eu l'occasion en même temps de poser les principes quant à la responsabilité des administrateurs tant envers la société qu'envers les actionnaires et les tiers. Les administrateurs poursuivis étaient accusés d'avoir distribué des dividendes fictifs ; on prétendait notamment qu'ils avaient porté à tort au crédit du compte de profits et pertes une somme de 1.200.000 francs qui était censée représenter le bénéfice réalisé sur une vente de terrains, alors que le prix n'était payable qu'à terme et que l'acheteur était si peu solvable qu'on dut l'exproprier peu de temps après. La Cour de Paris constata que cette somme représentait bien la différence des prix de revient des terrains avec les prix de vente obtenus, mais que ces prix de vente, sauf un acompte de 50.000 francs, n'étaient pas encaissables pendant l'exercice, qu'ils étaient payables à des termes dont le plus prochain se reportait à deux ans et qu'ils devaient se toucher par un service d'annuités de la durée de 10, 20 ou 30 ans, établies avec un calcul d'intérêts composés et d'amortissements du capital ; que quelques-unes de ces aliénations n'étaient pas même réalisées ; qu'évidemment enfin la somme de douze millions ainsi entrée dans l'actif du compte de profits et pertes ne représentait pas un produit qui eût dû y prendre place et qui fût susceptible d'être mis en distribution comme dividende, ou d'être affecté à la réserve, ou de balancer d'une manière quelconque le chapitre de la dépense. En conséquence elle posa le principe « qu'il ne suffit pas que le bénéfice se fonde sur une convention qui l'assure, *qu'il faut qu'il soit réellement acquis et complètement réalisé*, et qu'il n'est acquis à la société, dans le sens de la loi, qui a voulu écarter les dividendes frauduleux et même ceux qui ne seraient que hasardés, *qu'autant qu'il est le résultat d'une opération accomplie.* »

En conformité de ce principe, il a été décidé que, dans les bénéfices d'une année déterminée, ne doivent pas être compris les résultats d'une opération réalisée au cours de cette année, mais dont le produit n'a pas été encore encaissé, et qu'en particulier la part de bénéfices allouée aux administrateurs ne doit être calculée que sur les bénéfices annuels résultant d'opérations actuellement liquidées et dont le résultat est acquis à la société (Paris, 9 janvier et 9 mars 1888).

Cette théorie, parfaitement fondée en fait et en droit, n'est du reste que l'application des principes extrêmement justes que proclamait déjà le rapporteur de la loi de 1863 :

« Par bénéfices acquis, disait-il, on doit entendre les bénéfices qui ne peuvent plus échapper à la société, qui ne sont plus à l'état de simple éventualité, dont aucun coup du sort, excepté une insolvabilité imprévue ou une destruction fortuite, ne peut plus priver la société. Sans doute il ne sera pas toujours nécessaire que le bénéfice ait été encaissé ; il pourra résulter d'une valeur, d'une traite, même d'une créance, pourvu qu'elle soit réputée bonne, non susceptible de discussion, et de nature, suivant les usages du commerce, à figurer à l'actif [1]. »

(1) Au sujet de l'établissement de l'inventaire, une question fort intéressante se pose, celle de savoir comment on doit passer les écritures pour les travaux en cours. Supposons qu'une société de constructions mécaniques ait reçu la commande d'un travail qui doit durer trois années. Doit-elle attendre, pour inscrire le bénéfice résultant de cette affaire, que le travail soit terminé et livré ? Ou bien pourra-t-elle porter chaque année dans le bilan une certaine somme représentant le bénéfice approximatif réalisé pendant l'exercice ? La question s'est présentée devant le tribunal civil de la Seine tout récemment ; elle est encore pendante. Le ministère public, s'appuyant sur des arrêts de la Cour de cassation, a soutenu la théorie d'après laquelle la société ne doit faire entrer dans le compte de profits et pertes les bénéfices réalisés sur les travaux et fournitures qu'après leur livraison et l'acceptation du client. Dans ce système, qui est le seul vraiment juridique, on porte, à la fin de l'exercice, à l'actif du

Il suit de là que les comptes ne seraient pas exacts et qu'ils feraient apparaître des bénéfices non réels si, par exemple, on portait dans l'inventaire les marchandises fabriquées pour leur prix de vente, sous prétexte qu'elles seront vendues incessamment, ou bien l'immeuble social pour une somme supérieure à l'évaluation du bilan précédent, sans qu'il fût certain qu'il a acquis dans l'inter-

bilan le montant des travaux actuellement en cours (pour leur prix coûtant), et au passif les avances reçues du client. Il en résulte que le bénéfice entier produit par une affaire de longue haleine devra figurer dans le compte de l'exercice pendant lequel les travaux seront acceptés et réglés, au lieu d'être réparti sur les diverses années pendant lesquelles se seront continués les travaux qu'elle a nécessités. Mais cette théorie a été vivement combattue par les économistes. Du moment, disent-ils, que la loi autorise une distribution annuelle de bénéfices, la société a le droit de ne pas attendre l'expiration du contrat pour distribuer les bénéfices qu'il doit lui procurer. Autrement on en arrive à cette conclusion qu'elle ne pourrait répartir aucun dividende à ses actionnaires si, par impossible, c'était la seule affaire qu'elle eût faite pendant cette période. Par contre les actionnaires à la fin de l'exercice pendant lequel ce marché aurait pris fin, recevraient un dividende très élevé, qui correspondrait en réalité au travail de plusieurs années. Une semblable pratique entraînerait à brève échéance la ruine et la disparition des sociétés industrielles, qui ne trouveraient plus d'actionnaires. Ou bien il leur faudrait renoncer systématiquement à tous les contrats de longue durée et elles se trouveraient placées de la sorte dans un état d'infériorité regrettable vis-à-vis des industries étrangères similaires. On remarquera que ces observations ne sauraient infirmer un principe de droit. Il est permis d'ailleurs de répondre, d'une part, que l'hypothèse qu'on imagine ainsi est de nature à se réaliser bien rarement, et, d'autre part, qu'il appartient à la société qui pourrait se trouver placée dans un cas de ce genre de prendre à l'avance ses précautions, notamment au moyen de la constitution d'une réserve spéciale, pour ne pas être obligée d'interrompre de temps à autre les répartitions de bénéfices.

valle cette plus-value. De même, lorsqu'une affaire n'est pas achevée, il serait prématuré de porter au crédit du compte profits et pertes le bénéfice qu'on en attend, car ce bénéfice n'est pas encore acquis. Si, par exemple, des marchandises n'ont pas encore été livrées, elles ne doivent figurer au bilan que pour leur valeur intrinsèque, car l'on ne sait si elles seront acceptées par le client.

Dans une espèce récente, la Cour de Riom a eu l'occasion de se prononcer sur des évaluations d'inventaire absolument *exagérées* et *injustifiables*. Peu soucieux des règles de sincérité et de modération préconisées plus haut (V. n° 38), les administrateurs qui étaient inculpés de distribution de dividendes fictifs avaient porté comme bonnes des pièces de machines détachées inutilisables et qui d'ailleurs avaient été plus tard mises au rebut, ainsi que des machines défectueuses qu'il avait fallu solder peu de temps après; on avait présenté comme vendues des machines remises en dépôt aux agents de la société ; on avait donné sans aucune raison plausible une plus-value aux marchandises en consignation dans les agences, etc. Il est certain qu'un pareil inventaire manquait absolument de sincérité, qu'il était frauduleux, et qu'il devait conduire à la distribution de dividendes fictifs. Si les divers éléments de l'actif avaient été portés pour leur valeur réelle, l'actif se fût trouvé inférieur au passif et la société n'aurait pas eu le droit, même en apparence, de faire aucune répartition. Aussi la Cour condamna-t-elle ces administrateurs, après avoir rappelé la règle fondamentale en termes très exacts :

« Attendu qu'on ne peut considérer comme bénéfices susceptibles d'être distribués que ceux qui se composent de l'excédent de l'actif sur le passif, provenant d'opérations accomplies au jour de la clôture de l'exercice et *comprenant des espèces en caisse ou des valeurs d'un encaissement prochain équivalant à des espèces en caisse ou encore des créances d'un recouvrement immédiat et non susceptible de discussion* ... » (27 avril 1898, Sir. 1901.1.537) (1).

96. *Faut-il des espèces en caisse ?* — L'exposé complet des principes à suivre pour l'établissement des comptes et la détermination des bénéfices permettra de comprendre la fausseté de certaines théories qui semblent avoir pénétré quelquefois jusque dans les décisions judiciaires.

(1) Après ce qui vient d'être dit concernant les plus-values et leur entrée dans le calcul des bénéfices, on se rendra compte de la prudence extrême que les administrateurs doivent apporter à l'évaluation du portefeuille des sociétés (V. n° 46). Supposons que les valeurs métallurgiques ou minières appartenant à une société aient monté sensiblement depuis le dernier inventaire. Convient-il de faire état de cette plus-value et de la comprendre dans les bénéfices de l'exercice ? Ou bien décidera-t-on que cette plus-value, pouvant disparaître le lendemain à la suite d'un fléchissement des cours, n'est pas encore acquise, qu'elle reste incertaine et qu'elle ne doit pas augmenter le chiffre des bénéfices ? La question se trouve déjà tranchée, puisqu'en principe l'estimation de ces valeurs peut légitimement être faite d'après le cours de la Bourse. Il importait cependant de signaler une fois de plus, en passant, combien de pareilles évaluations comportent d'incertitude, et de rappeler que la prudence recommande aux administrateurs, soit de rester plus ou moins en-dessous des cours cotés au moment de l'inventaire pour l'estimation des valeurs sujettes à des fluctuations, soit de constituer des réserves destinées à parer à une dépréciation toujours possible du portefeuille (V. n° 47).

Il importe d'autant plus de ne laisser subsister aucune obscurité, aucun malentendu autour d'une question aussi pratique que les administrateurs sont sans cesse préoccupés, et avec grande raison, de ne pas procéder à une distribution de dividendes fictifs. Or, si les théories inexactes auxquelles nous faisons allusion n'étaient pas réfutées, elles seraient de nature à apporter un trouble profond dans leur esprit.

C'est ainsi qu'on s'est demandé si les bénéfices constatés selon les règles qui précèdent peuvent être distribués même lorsqu'il n'y a pas d'espèces en caisse. Il semble au premier abord que les bénéfices réalisés pendant l'exercice devraient se trouver dans la caisse au moment où l'assemblée générale examine les comptes de cet exercice, et l'on est tenté de conclure de là qu'il ne saurait être effectué de répartition s'il n'eviste pas dans la caisse sociale une somme au moins égale aux bénéfices accusés par le bilan. Bien que cette hypothèse ne soit pas de nature à se présenter fréquemment, il est cependant utile de la prévoir.

La solution ne saurait être douteuse. Du moment que les comptes ont été établis avec sincérité et qu'en particulier l'on n'a pas porté au crédit du compte de profits et pertes des bénéfices non encore acquis, au sens qui vient d'être précisé, l'excédent de l'actif sur le passif représente incontestablement des bénéfices que l'on peut répartir aux actionnaires, sans crainte d'encourir le reproche d'avoir distribué des dividendes fictifs, à la condition, bien entendu, que le capital soit intact. *Il importe peu que la société ait en caisse, ou non, la somme à laquelle ils s'élèvent.* Si, par exemple, depuis la clôture de l'exercice, elle a profité d'une occasion favorable pour acheter à bon compte des matières premières et qu'elle y ait consacré toutes ses disponibilités, cet acte de sage administration ne saurait assurément avoir pour effet de faire disparaître des bénéfices qui existaient à la fin de l'exercice écoulé. La Cour de Bordeaux a rendu en ce sens un arrêt extrêmement sage :

« Attendu que les premiers juges ont apprécié avec raison que les bénéfices nets devaient être déterminés par un inventaire et que, cet inventaire ayant été dressé, il y avait lieu de s'y référer ;

« Qu'on prétend vainement que l'augmentation de valeur des marchandises en magasin, laquelle a été déterminée par l'inventaire, ne constitue pas un bénéfice réalisé ; qu'il n'y a pas à distinguer entre cet élément de bénéfice et les autres ; que la balance de l'inventaire est la seule base à donner à l'évaluation de ces bénéfices qui consistent nécessairement dans la différence entre l'actif et le passif ; qu'en ne considérant comme bénéfices réalisés que les espèces en caisse, on fausserait l'esprit des statuts ;

« Que, d'autre part, ces espèces ne constituent pas nécessairement un bénéfice puisqu'elles peuvent avoir pour contrepartie des dettes sociales et se trouver absorbées par elles et que, d'autre part, il est possible qu'elles ne représentent, au moment de l'apurement des comptes, qu'une partie minime des bénéfices... » (30 juillet 1901, *Journ. Soc.*, 1902.2.59).

97. *Caractère de périodicité des encaissements.* — On n'aurait pas moins tort de se préoccuper, lorsqu'on établit les comptes, du caractère de périodicité ou de non-périodicité des encaissements qui ont été effectués pendant le cours de l'exercice. Tout encaissement, quel

qu'il soit, doit être porté à l'actif du compte de profits et pertes, sauf à passer en même temps telles autres écritures qu'il conviendra. Peu importe qu'il ne représente pas un revenu normal et régulier et qu'il ne soit pas de nature à se renouveler fréquemment.

Nous faisons ici allusion à un débat récent qui s'est déroulé successivement devant le tribunal de commerce de la Seine, la Cour de Paris et la Cour de cassation. La société qui plaidait, et dont l'objet, mi-agricole, mi-industriel, était l'exploitation de forêts de pins, avait vendu pendant le cours de l'exercice une coupe de pins adultes. Estimant que le produit de cette vente représentait, non pas des fruits, mais bien une partie du fonds social, l'assemblée générale extraordinaire avait décidé qu'il ne serait pas confondu avec les bénéfices et qu'il serait porté à une réserve spéciale destinée, soit à l'amortissement du capital social, soit à l'accroissement ou à l'amélioration des produits de la compagnie. Un actionnaire ayant demandé la nullité de cette délibération comme portant atteinte aux droits qu'il tenait des statuts, le tribunal de commerce de la Seine pensa que ce produit rentrait dans les revenus annuels de l'exploitation et qu'il constituait en réalité des bénéfices parce que, à la différence des arbres de haute futaie, qui doivent être remplacés par de nouveaux arbres lorsqu'on les abat, les pins se ressèment naturellement, se développent graduellement et que ceux qui ont été abattus se remplacent ainsi d'eux-mêmes. Autrement dit c'est une sorte de produit périodique assimilable à ce qu'on appelle, en droit, des fruits.

La Cour de Paris décida au contraire qu'il est impossible de considérer comme un bénéfice net le produit de la vente des pins adultes, et que cette aliénation aurait pour conséquence une diminution du capital social si le prix était distribué aux actionnaires au lieu d'être employé soit à l'amortissement du capital, soit à l'accroissement ou à l'amélioration des propriétés formant le fonds social (31 octobre 1901, *Dalloz*, 1904,1. 145).

Quant à la Cour de cassation, elle n'a pas cru utile de se prononcer sur cette question, qu'elle a réservée.

Ces deux décisions procèdent l'une et l'autre d'une conception fausse. Toute recette provenant de l'exploitation qui fait l'objet de la société est un produit de l'exploitation. A ce titre elle doit nécessairement entrer dans le compte de profits et pertes. C'est la masse de tous les produits quelconques de l'exercice, déduction faite des charges et frais généraux, qui constitue les bénéfices nets. Si la société gagne un lot avec une des obligations comprises dans son portefeuille, ce lot devra figurer dans les bénéfices de l'exercice (V. n° 30), bien qu'assurément un pareil encaissement ne soit pas de nature à se renouveler périodiquement. Aucune distinction ne doit être faite à cet égard entre les différents produits de l'exploitation. Il n'y a donc pas lieu de se préoccuper de la nature ou de la source des encaissements effectués pendant le cours de l'année.

Dira-t-on qu'un tel produit correspond à une opération qui entraîne une diminution de l'actif social ? Supposons, pour la clarté du raisonnement, qu'il s'agisse du prix d'un immeuble vendu pendant l'année. Il est certain que cette opération a diminué d'autant, non pas le capital, mais l'actif social. Néanmoins on ne peut se dispenser de porter le prix de vente au crédit du compte de profits et pertes ; toute autre passation d'écritures serait inexacte. Par contre l'évaluation des immeubles sociaux, lors du prochain inventaire, sera, bien entendu, réduite dans la proportion de la valeur de l'immeuble aliéné. Il n'apparaîtra dès lors de bénéfice en fin de compte que si le prix de vente était supérieur au montant de cette estimation et seulement dans la mesure de la différence entre les deux sommes.

Dans l'espèce dont nous parlons, il est vraisemblable que les administrateurs avaient, lors du premier inventaire postérieur à la vente, fait subir une réduction à l'estimation de la forêt s'ils avaient considéré que cette vente était de nature à en diminuer la valeur. C'est donc à bon droit qu'ils avaient porté le prix de la coupe au crédit du compte de profits et pertes, et cette manière de procéder ne devait faire ressortir strictement que le bénéfice résultant de l'opération.

C'est à tort également qu'on a parlé à ce propos de diminution de capital. La réalisation d'un bien social quelconque n'entraîne nullement une semblable conséquence Il est en effet remplacé par le prix qui est entré en caisse. La valeur totale de la masse active est donc restée la même, bien que certains éléments aient été remplacés par d'autres. Quant à une diminution du capital, c'est-à-dire du gage des créanciers, il n'y en a eu aucune. On pourrait même dire que ce gage s'est augmenté, si l'un des éléments de l'actif a été réalisé d'une manière avantageuse.

La Cour d'Aix a fait récemment l'application de ces principes à propos d'une affaire curieuse. Une société de navigation avait vendu sa flotte préalablement à toute liquidation, et sans que cette vente entraînât nécessairement la dissolution. Peu de temps après, l'assemblée générale, consultée à raison de l'importance exceptionnelle de l'opération, crut devoir, en même temps qu'elle la ratifiait, prononcer la dissolution anticipée de la société. Le produit de cette vente devait-il être considéré comme un bénéfice de l'exercice ? En particulier les administrateurs avaient-ils le droit de prélever leur tantième sur ce prix ? Ou bien le produit était-il tombé dans la caisse de la liquidation ? La Cour d'Aix admit le premier système. Aucune clause des statuts, dit-elle, ne permettait de traiter exceptionnellement cet encaissement, quelqu'important qu'il fût ; il dépendait de l'exercice pendant lequel il avait été effectué. Or à ce moment la société n'était pas encore dissoute. Il n'y avait donc pas de raison pour priver les administrateurs de leur tantième sur le montant de cette vente d'ailleurs très avantageuse pour la société (18 déc. 1905, *Journ. Soc.*, 1906.175). Il faut convenir que cette décision est subtile, car la réalisation de la flotte d'une société de navigation, quelle que soit l'époque à laquelle elle est effectuée, apparaît bien plutôt en réalité comme une opération de la liquidation que comme un acte d'exploitation. Mais elle était intéressante à citer, à raison précisément de l'application rigoureuse que la Cour y a faite des principes qui viennent d'être rappelés.

98. *Pouvoir souverain de l'assemblée.* — La définition des bénéfices et les conditions de la légitimité d'une répartition étant ainsi bien précisées, l'on comprendra mieux le rôle de l'assemblée générale en ce qui concerne l'approbation des comptes annuels. Il lui appartient d'en vérifier l'exactitude, notamment celle des articles qui composent l'actif du bilan. Si elle trouve, par exemple, trop élevée l'évaluation de tel poste, elle décidera de la réduire en réservant une certaine fraction des bénéfices sous forme de provision pour contrebalancer éventuellement la perte qu'une diminution de valeur entraînerait. Il en sera ainsi pour les créances dont la rentrée lui semble devenue problématique, pour les matières premières et valeurs de Bourse dont les cours, au moment de la clôture de l'exercice, avaient subi une hausse passagère, etc. Les provisions constituées de la sorte permettront de faire face aux éventualités défavorables que l'on redoute.

D'autre part l'assemblée générale fixe le montant des amortissements qu'on a appelés irréguliers ou supplémentaires (V. n° 53). Les prélèvements qu'elle opère ainsi sur les bénéfices accusés par le bilan en vue de ces amortissements extraordinaires diminuent d'autant le montant des bénéfices nets à distribuer entre les actionnaires.

Les pouvoirs de l'assemblée à cet égard ont été proclamés notamment par un arrêt de la Cour de Paris en date du 9 mars 1888 (Dall. 1889.2.71) :

« Considérant qu'aux termes de l'article 33 des statuts, le prélèvement ne peut s'exercer que sur les bénéfices nets ; qu'aux termes de l'article 30, l'assemblée générale des actionnaires a seule pouvoir pour contrôler, approuver, rejeter ou rectifier les comptes annuels, fixer le montant et l'époque de paiement du dividende et statuer souverainement sur tous les intérêts sociaux ; *qu'il lui appartient donc d'apprécier le caractère des bénéfices ressortant des écritures et de décider s'ils constituent ou non des bénéfices nets, c'est-à-dire définitivement acquis et distribuables* ;

« Considérant, en fait, que c'est sur la proposition du conseil dont H··· faisait partie que l'assemblée générale a porté à la réserve facultative la somme de 182.601 francs ; que cette réserve lui était, ainsi que cela résulte des termes mêmes du rapport, dictée par la prudence ; que H··· considérait si peu le bénéfice de 1.857.662 francs comme constituant un bénéfice net qu'il avait proposé de ne point opérer sur lui, mais seulement sur les sommes à distribuer, le prélèvement de la réserve statutaire... ;

« Qu'il suit de là que le caractère éventuel des bénéfices réservés était reconnu de tous les intéressés... »

99. *Jurisprudence.* — La jurisprudence a eu assez souvent l'occasion d'appliquer ce principe, ainsi qu'on le verra en parcourant les espèces suivantes :

1° L'assemblée générale a le droit de décider que le produit des coupes de pins adultes, lorsqu'elles sont faites sur une partie importante de la propriété et sans aménagements prévus à l'avance, ne doit pas être considéré comme bénéfices, car il représente un démembrement du domaine et une fraction du capital ; il y a lieu de le porter à une réserve spéciale destinée soit à l'amortissement du capital, soit à l'amélioration et à l'accroissement des propriétés (Paris, 31 oct. 1901 et Cass., 6 janvier 1903, déjà cités au n° 97).

2°.... de modifier même les évaluations contenues dans les statuts. Dans une affaire qui était soumise au tribunal de commerce de la Seine, l'assemblée générale avait fait porter au bilan pour 1.900.000 francs le fonds de commerce que les statuts évaluaient à 1.600.000 francs. Le tribunal a décidé qu'il n'y avait pas de majoration frauduleuse (9 avril 1888).

3°... de rectifier les inexactitudes graves qu'elle découvrirait même dans les bilans antérieurs. « Le souci du bon ordre et de la bonne tenue de sa comptabilité peut même, dans certaines circonstances, lui en faire un devoir rigoureux. » (Paris, 20 janv. 1888.)

4° Dans une autre espèce, il s'agissait d'une société constituée en France, mais dont le capital avait dû être converti en piastres mexicaines, c'est-à-dire en la monnaie du pays où avaient lieu ses opérations commerciales. A la suite d'une baisse du change, l'assemblée générale décida d'affecter, sur les bénéfices accusés par le bilan, une somme de 320.000 francs à une « réserve pour change ». Cette décision ayant été critiquée, elle fut déclarée valable et légitime par le tribunal de commerce de la Seine (14 janv. 1893). Ce jugement est encore intéressant à un autre point de vue, car il formule le principe que les bénéfices n'existent, même après un exercice favorable, qu'autant que le capital social est intact.

5° L'assemblée générale peut également procéder à des amortissements quand elle ne trouve pas suffisants ceux que le conseil a fait subir aux divers postes de l'actif :

« Attendu que la doctrine et la jurisprudence prescrivent aux sociétés anonymes, dans l'établissement des inventaires et des bilans, de tenir compte des dépréciations qui ont pu se produire depuis le dernier inventaire, notamment en ce qui concerne le matériel industriel, et de n'y porter les divers éléments de l'actif que pour leur valeur réelle, et que l'assemblée a le droit et le devoir d'opérer ou d'approuver les amortissements nécessaires dans ce but ; que ces dépréciations et amortissements accidentels, restant en dehors de l'amortissement ordinaire et normal, n'ont pas besoin d'être prévus par les statuts et ne sauraient être critiqués que s'ils n'étaient pas justifiés et s'ils pouvaient être considérés comme un moyen d'empêcher la distribution de dividendes aux actionnaires.. » (Trib. com. Seine, 22 oct. 1902).

6° Elle agit dans la plénitude de ses droits lorsqu'elle fixe à 96.000 francs seulement les bénéfices de l'exercice alors que l'excédent de l'actif sur le passif était de 125.000 francs, et les actionnaires sont tenus d'accepter « un amortissement qui constitue une mesure de prudence ne diminuant en rien l'actif social ».

En résumé il appartient à l'assemblée générale de réviser les comptes qui lui sont présentés par les administrateurs et de déterminer souverainement quel est le montant des bénéfices de l'exercice. Soit qu'elle juge nécessaire de procéder à des amortissements plus larges que l'amortissement normal pratiqué par le conseil, soit qu'elle redoute que les évaluations des administrateurs amènent des déceptions, soit pour tout autre motif, elle a le droit de décider qu'une certaine partie des bénéfices accusés par le bilan sera mise de côté par mesure de précaution et ne figurera pas dans les bénéfices distribuables. La résolution qu'elle prend à cet égard s'impose à tous, actionnaires, administrateurs ou employés ayant droit à une quote-part des bénéfices, porteurs de parts de fondateur, etc. Si l'assemblée estimait que l'exercice n'a produit aucun bénéfice, ces diverses personnes n'auraient rien à recevoir cette année-là, de même qu'il n'y aurait aucun prélèvement à opérer pour la réserve légale.

SECTION II

Emploi et répartition des bénéfices

100. *Règle des statuts.* — Lorsque l'assemblée générale a fixé le chiffre des bénéfices distribuables, il reste à en déterminer l'emploi et l'affectation. Les statuts ne manquent jamais de réglementer la répartition des bénéfices, mais les clauses qu'on y trouve sont loin d'être uniformes. La plus usitée porte que l'on doit en premier lieu effectuer le prélèvement du vingtième *exigé par la loi* pour la « réserve légale » ; puis on prélève somme suffisante pour servir au capital versé un « intérêt » ou premier dividende de 5 ou de 6 °/₀ ; le surplus, déduction faite du tantième alloué par les statuts aux administrateurs, est réparti entre les actionnaires.

101. *Réserve légale.*— Aux termes de l'article 36 de la

loi de 1867, « il est fait annuellement, sur les bénéfices nets un prélèvement d'un vingtième au moins, affecté à la formation d'un fonds de réserve. Ce prélèvement cesse d'être obligatoire lorsque le fonds de réserve a atteint le dixième du capital social ».

La société n'est pas obligée de garder, sans les utiliser, les fonds qu'elle met ainsi de côté chaque année. La loi n'impose à cet égard aucun emploi déterminé ni en particulier aucun dépôt dans un endroit quelconque, comme on le croit à tort quelquefois. La société garde la libre disposition de ces fonds et peut, soit les placer, soit les employer pour les besoins de son exploitation. Mais, comme elle est tenue de les conserver, sous quelque forme que ce soit, elle les fait figurer au passif de son bilan.

Comment calcule-t-on la réserve légale ? Doit-on déduire des bénéfices constatés par l'assemblée des actionnaires le montant de l'intérêt ou premier dividende ? Il convient de faire une distinction à ce sujet. En principe il faut répondre négativement, puisque cet intérêt n'est pas autre chose qu'une fraction des bénéfices (V. n° 102). Mais il en serait autrement si les statuts avaient prévu le service de cet intérêt à titre de charge sociale.

La loi n'ayant pas déterminé le but ni la destination de la réserve légale, des hésitations et des incertitudes se sont manifestées à cet égard dans la pratique. Les administrateurs sont souvent embarrassés au sujet de l'usage qu'ils peuvent faire des fonds et valeurs qui la représentent. Il importe, pour prendre parti sur la question, de rechercher la raison d'être de cette institution.

102. *Raison d'être.* — Deux systèmes ont été présentés sur ce point. D'après l'un, la réserve légale n'a d'autre but que d'entretenir et d'encourager chez les administrateurs de sociétés les habitudes de prévoyance et d'économie qui doivent présider à la gestion de toute entreprise industrielle. Elles offrent cet avantage de consolider et de fortifier la situation financière de la société tout en contribuant à inspirer confiance aux tiers puisque, à côté du capital nominal, il va se constituer lentement un capital plus modeste qui augmentera d'autant ses ressources et son crédit.

Le second système est beaucoup plus rigoureux. Il considère la réserve légale comme ayant été exclusivement établie dans l'intérêt des créanciers, auxquels elle donne comme un gage accessoire, qui participe de la nature du gage principal. C'est un prolongement du capital. Le fonds de réserve légale rend aux créanciers d'importants services : il couvre les pertes qui pourraient survenir et maintient l'intégralité du capital nominal ; en cas de faillite il leur assure un dividende meilleur ; au reste la faillite a d'autant plus de chance d'être conjurée que la société aura amassé une réserve plus forte ; enfin il atténue les mécomptes qui pourraient atteindre les créanciers, soit par suite de majorations d'apports, soit par suite de l'insuffisance des amortissements. D'où il suit que les sommes d'argent qui constituent cette réserve ne peuvent pas être employées dans l'intérêt exclusif des actionnaires. Ce système, qui a été défendu par M. Thaller, est combattu par MM. Houpin et Lyon-Caen et Renault.

Si l'on se réfère aux travaux préparatoires, on a l'impression que le dernier système est trop sévère et absolu. Il ne semble pas en effet que le législateur ait eu, en instituant la réserve légale, l'intention de donner par ce moyen un supplément de gage aux créanciers de la société ; il a obéi simplement à une pensée de prévoyance en empêchant les sociétés de distribuer chaque année la totalité de leurs bénéfices. En effet l'article 36 susénoncé n'est que la reproduction fidèle de l'article 19 de la loi de 1863. Or l'exposé des motifs de cette dernière loi s'exprimait ainsi :

« Le fonds de réserve établit une sage et prudente compensation entre les résultats de la bonne et de la mauvaise fortune ; il emprunte au présent au profit de l'avenir ; il est un motif de confiance pour les tiers, une ressource et un élément de crédit pour la société. »

De son côté la commission du Corps législatif s'exprimait dans des termes à peu près identiques :

« Encourager la prévoyance et l'épargne, en faire un devoir légal, amortir partiellement le capital si des sinistres n'obligent pas la société à toucher à sa réserve, constituer ainsi pour les tiers une garantie au moins relative en dehors du capital social, est-ce là une nouveauté ? Non... »

Ainsi c'est bien exclusivement un sentiment de prudence et de prévoyance qui a guidé en cette matière le législateur. Il a pensé qu'il était sage d'économiser, d'épargner dans le cours des années prospères afin de pouvoir traverser sans difficulté les périodes moins favorables et les crises de toute nature ; aussi a-t-il transformé en prescription légale une précaution qui est tellement conforme aux besoins de toute entreprise industrielle prudemment administrée que la plupart des sociétés autorisent dans les statuts la formation de réserves et fonds de prévoyance distincts de la réserve prescrite par la loi. Quant aux créanciers, ils y trouveront également leur avantage, car une société administrée dans cet esprit de sage économie offrira d'autant plus de garantie et de sécurité à ceux-là qui traiteront avec elle. Par contre rien n'indique que le but de cette institution ait été d'augmenter le gage des créanciers par l'accroissement progressif du capital qui résultera de l'accumulation des économies annuelles. On peut conclure de là que la réserve légale, contrairement à ce qu'on a soutenu, n'appartient pas aux créanciers à titre de prolongement du capital ou de garantie supplémentaire, et qu'elle reste à la disposition des administrateurs, qui pourront en faire tel usage qu'ils jugeront utile, à la seule condition de ne pas se laisser guider par une pensée de fraude au regard des tiers.

102 *bis*. *Questions diverses.* — Dès lors il sera facile de résoudre successivement les questions qui se sont élevées à cet égard.

Au cas où un exercice se solde par une perte, peut-on prendre dans la réserve la somme nécessaire pour la combler ? Oui, sans aucun doute. C'est précisément en vue de la « mauvaise fortune » que les actionnaires ont fait des économies et se sont privés d'une partie des bénéfices qui auraient pu, dans le silence de la loi, leur être distribués. Il est logique de puiser dans la réserve pour réparer les pertes inattendues et l'on se demande à quoi ces économies serviraient si l'on admettait une autre solution.

Lorsqu'on a pris dans le fonds de réserve la somme nécessaire pour combler une perte, la société est-elle obligée de consacrer à due concurrence tous ses bénéfices ultérieurs à la reconstitution immédiate de cette réserve, comme elle serait obligée de les consacrer à la reconstitution du capital si celui-ci avait été entamé ? Ou bien a-t-elle le droit de reprendre dès l'année suivante le cours des distributions de dividendes, sous déduction seulement du vingtième fixé par l'article 36 ? Cette dernière solution doit être admise. La société peut distribuer un dividende dès que l'exercice écoulé a produit des bénéfices. Une seule exception est consacrée par la jurisprudence, pour le cas où le capital ne serait plus intact, car le bilan ne pourrait en pareil cas s'équilibrer. Que la réserve légale soit entamée ou non, il n'importe. Les créanciers n'ont pas le droit d'exiger autre chose que le prélèvement du vingtième.

La dernière question est de beaucoup la plus délicate. Lorsque l'exercice se solde par un bénéfice minime, la société peut-elle prélever sur la réserve légale de quoi compléter le dividende ? Si l'on repousse la théorie qui représente la réserve légale comme un prolongement du capital social, on est tenté de résoudre la question affirmativement, comme le font MM. Lyon-Caen et Renault. Les actionnaires, dira-t-on, ne se sont privés d'une portion des bénéfices réalisés pendant les bonnes années qu'en prévision d'un changement de fortune. Or voici justement que les bénéfices ont baissé par suite de la stagnation des affaires ou du développement de la concurrence. N'est-il pas logique en pareil cas d'autoriser les actionnaires à faire « la compensation entre les résultats de la bonne et de la mauvaise fortune » pour parer à l'insuffisance des bénéfices? Sans doute il est de règle qu'on ne peut distribuer de dividendes que dans la mesure des bénéfices réalisés, mais ce sont justement des bénéfices réalisés pendant les années précédentes qu'il s'agit de mettre en distribution. Les créanciers ne pouvant prétendre que ces bénéfices réservés constituent leur gage, il est légitime de permettre aux actionnaires de puiser dans le fonds de réserve une partie des bénéfices ainsi économisés pour élever le dividende des années mauvaises. D'autant plus qu'il est très généralement admis que la société peut racheter les actions entièrement libérées au moyen du fonds de réserve (V. n° 208). Cependant la question ne laisse pas que d'être fort délicate et cette opinion est combattue par divers auteurs, entre autres par M. Houpin.

103. *Intérêt.* — Il importe de ne pas se méprendre sur la portée du mot *intérêt* par lequel on désigne ordinairement le premier dividende. Ce n'est pas un intérêt proprement dit, car les apports des actionnaires ne sont pas productifs d'intérêts comme le sont, par exem-

ple, les sommes versées par les obligataires. Les actionnaires n'ont droit qu'à une quote-part des bénéfices réalisés par la société. Mais on a pris l'habitude, depuis surtout que les parts de fondateur existent, d'assurer d'abord aux actionnaires le revenu à raison de 5 % de leurs mises sociales. On procède ensuite à la répartition dus urplus des bénéfices, soit entre les actionnaires seuls, soit entre les actionnaires et les porteurs de parts de fondateur. Quoi qu'il en soit, il est vrai de dire que le coupon d'intérêt ne représente pas autre chose qu'une fraction du dividende. D'où il résulte notamment que l'actionnaire n'y a pas droit en l'absence de bénéfices.

Cette règle comporte toutefois une exception. Lors de la constitution des compagnies de chemins de fer, les fondateurs, prévoyant que les actionnaires ne pourraient toucher aucun dividende pendant la période de construction des lignes et que cette situation était de nature à rendre difficile la réunion des capitaux nécessaires pour ces énormes entreprises, ont introduit dans les statuts une clause portant que les intérêts des apports seraient payables même en l'absence de tout bénéfice, c'est-à-dire sur le capital social. La validité de cette clause, qui avait été discutée à l'origine, est admise aujourd'hui par une jurisprudence constante.

103 *bis*. *Tantième des administrateurs*. — La portion des bénéfices attribuée aux administrateurs n'est pas toujours déterminée de la même manière. Dans l'exemple qui a été indiqué plus haut, le tantième n'est calculé que sur les bénéfices qui restent après le prélèvement de la

réserve légale et du premier dividende. Quelquefois au contraire le prélèvement de ce tantième est établi en même temps que ces deux derniers prélèvements ; autrement dit le tantième est calculé sur la totalité des bénéfices. Ce dernier mode de calcul est plus avantageux pour les administrateurs. Supposons que la société, au capital de deux millions, ait réalisé 500.000 francs de bénéfices et que les administrateurs aient droit à 10 °/₀. Dans un système, il leur reviendrait 37.500 francs ; dans l'autre, ils recevraient 50.000 francs. Il appartient aux rédacteurs des statuts de choisir le mode de calcul qu'ils jugeront préférable.

Dans tous les cas les statuts font la loi des parties en cette matière comme en toute autre et doivent être appliqués littéralement. Cependant les actionnaires, dans les assemblées générales, contestent quelquefois le droit des administrateurs au tantième qui leur est alloué par le pacte social, mais ce sont là des discussions oiseuses du moment que la question est tranchée *nettement* par la clause spéciale des statuts. Tout récemment la justice a eu l'occasion de rappeler ce principe. Les administrateurs d'une société avaient pendant plusieurs années laissé calculer leur part de bénéfices d'une manière préjudiciable à leurs intérêts. Ayant été révoqués, ils prétendirent la faire établir pour le dernier exercice dans les termes mêmes des statuts, c'est-à-dire selon une méthode qui les favorisait davantage. La Cour de Paris leur donna raison en disant que l'on ne pouvait admettre, à défaut d'une preuve certaine, qu'ils eussent renoncé au droit et aux avantages qu'ils tenaient des statuts :

« Considérant, en ce qui touche le calcul de l'émolument des administrateurs, que cette question est réglée de la façon la plus précise par l'article 41 des statuts ; qu'aux termes de cet article la part de bénéfices revenant aux administrateurs doit être calculée sur les bénéfices nets constatés par l'inventaire et le bilan, après prélèvement de 5 0/0 pour la réserve légale et de 5 0/0 pour l'intérêt des actions, *et avant tout autre prélèvement pour quelque cause que ce soit, notamment pour réserves extraordinaires* ;

« Que les délibérations qui ont admis un mode de répartition différente, en faisant participer les administrateurs à la constitution de réserves supplémentaires, ne sont opposables à ceux-ci que pour les exercices à la suite desquels ils ont renoncé à se prévaloir de leurs droits, en adhérant aux modes de répartition proposés ; qu'ils ne sauraient être présumés avoir tacitement renoncé, de façon définitive et pour l'avenir, à se prévaloir des dispositions de l'article qui fixe leur rétribution ;

« Que les résolutions prises dans la réunion du...relativement aux comptes ne peuvent avoir pour effet d'entraîner une déchéance contre des droits expressément revendiqués dès le début de la séance... » (Paris, 7 janv. 1904).

Les administrateurs ont-ils droit à leur tantième sur le bénéfice de liquidation ? Cela dépend de la rédaction des statuts. Le plus souvent cet avantage ne leur est pas accordé, et le produit de la liquidation, après le règlement du passif et le remboursement des actions non encore amorties, est exclusivement et sans réserve réparti entre les actionnaires. En tous cas, dans le silence des statuts, les administrateurs n'y ont pas droit. On s'explique d'ailleurs à merveille que tel soit l'usage comme aussi la volonté des fondateurs. Les changements qui se produisent dans le personnel des administrateurs conduiraient en effet à ce résultat peu équitable que le tantième sur les réserves ne pourrait être restitué à ceux-là mêmes qui seraient censés y avoir provisoirement renoncé et conférerait à certains d'entre eux un bénéfice sans cause (*Sic* Aix, 18 déc. 1905, *Journ. Soc.*, 1906.175).

104. *Réserves.* — La question la plus importante qui se pose dans cet ordre d'idées est relative aux réserves. Il s'agit de savoir si, lorsque les statuts ont omis d'en parler, l'assemblée générale peut néanmoins y consacrer une partie des bénéfices constatés par elle. On sait que les sociétés prudemment administrées ne distribuent jamais la totalité de leurs bénéfices. Au moyen de la constitution des réserves, comme aussi du « report à nouveau », elles en mettent toujours de côté une portion plus ou moins importante, du moins dans les années prospères, afin de faire face aux difficultés imprévues de toute sorte qui pourraient survenir. Elles constituent de la sorte des fonds de prévoyance ou de réserve extraordinaires qui augmentent leurs ressources, partant leur puissance industrielle.

105. *Utilité.* — La constitution de semblables réserves est de nature à servir d'une manière très précieuse les intérêts bien compris de la société. On peut affirmer que, dans l'état économique actuel, toute entreprise industrielle périclite si elle marque le pas, si elle ne progresse pas constamment, car ses concurrents plus actifs l'auront bien vite dépassée. Il lui faut, pour lutter contre cette concurrence acharnée et inlassable, songer sans cesse à augmenter ses moyens de production et le chiffre de ses affaires ainsi qu'à diminuer le prix de revient de

ses produits, soit en améliorant et en renouvelant son matériel et son outillage, soit en multipliant les dépôts, agences ou succursales, soit par tout autre moyen approprié aux besoins spéciaux de chaque industrie. L'entreprise de métallurgie augmentera le nombre de ses fours, la société de charbonnages le nombre de ses puits, etc. Il suffit d'ailleurs de lire les comptes-rendus des assemblées des sociétés industrielles pour constater à quel point les conseils d'administration prévoyants se préoccupent d'augmenter toujours leur puissance de production ; si, grâce à une gestion avisée et prudente, la société a réussi à se constituer de larges réserves, ces ressources supplémentaires lui permettront de réaliser tous les perfectionnements reconnus indispensables, et ce sans être obligée de supprimer ni même de réduire le dividende. Bientôt même le développement de ses moyens de production amènera une augmentation de ses bénéfices. Lors au contraire que la société a distribué chaque année la totalité de ses bénéfices, elle ne pourra faire face à ces dépenses nécessaires qu'au moyen d'une augmentation de capital ou d'un emprunt, autrement dit en contractant de lourdes charges qui entraîneront inévitablement dans l'avenir une diminution du dividende, et peut-être aussi, par voie de conséquence, une atteinte à son crédit. Ou bien il lui faudrait prendre les bénéfices de l'exercice courant et des suivants pour payer ces dépenses, mais la suppression totale du dividende produirait un effet encore plus désastreux (1).

(1) On peut se rendre compte de cette nécessité du renouvelle-

D'autres raisons recommandent la politique prudente des réserves et des prélèvements annuels sur les bénéfices. Il est utile d'augmenter sans cesse les disponibilités de la société ; sinon la trésorerie pourrait rencontrer des difficultés. Qu'il se produise un renchérissement des

ment fréquent du matériel dans la grande industrie par l'extrait suivant du rapport des commissaires aux comptes d'une grande société industrielle : « La sidérurgie, disions-nous l'an dernier, « est un perpétuel *devenir*. Chaque procédé nouveau l'atteste et « d'une façon fort coûteuse, lorsque les inventions constituent, « comme à l'heure actuelle, non point des perfectionnements « obtenables avec quelques centaines de mille francs, mais bien « des transformations nécessitant des millions. Telles, par exemple, l'intervention des moteurs à gaz appliqués aux machines « soufflantes et aux laminoirs, d'où, pour la société, plusieurs « millions de dépenses, la substitution de la mine de Landres « aux anciennes exploitations, qui exigera en totalité un nombre respectable de millions encore à gagner et à immobiliser, « et enfin la nécessité de pousser de plus en plus la dénaturation « par la création de nouveaux laminoirs. Dans cet ordre de dépenses, il reste beaucoup à faire, et sans que jamais on puisse « déclarer l'œuvre parachevée, car le progrès devance constamment dans sa marche les capitaux indispensables à ses applications. Il convient dès lors d'être fort réservé sur l'épithète à « donner à des résultats qu'il est impossible de distribuer et qui « ne pourraient sortir du patrimoine social comme dividendes « qu'à la condition d'y rentrer comme capitaux empruntés, des « résultats qui, en dernier ressort, profitent à la main-d'œuvre « sous toutes ses formes beaucoup plus qu'à l'actionnaire. L'incorporation sans cesse renouvelée de ces capitaux au patrimoine social n'arrive, en effet, qu'à en assurer le maintien. »

On retrouve la même note dans le rapport récent du conseil d'une société similaire : « La préoccupation dominante du conseil est d'améliorer et de perfectionner l'outillage afin de soutenir la concurrence toujours croissante. Le rapport prévoit « notamment la création d'un atelier de construction d'automobiles, dont le devis est évalué à 600.000 francs, ainsi que l'installation de presses à forger de 2.500 tonnes, dont le coût est « évalué à 900.000 francs. »

matières premières, un resserrement des affaires, une diminution des commandes, la société se trouvera gravement compromise, peut-être même acculée à la liquidation, si elle ne possède pas les ressources pécuniaires qui lui permettront de traverser la crise et d'attendre, avec la reprise des affaires, les rentrées de fonds qu'elle sollicite, sans cependant suspendre la répartition des dividendes. En outre ces réserves serviront à assurer la stabilité des dividendes qui recommande les titres d'une société au choix des capitalistes. Elles permettent en effet de maintenir le dividende habituel même dans les années mauvaises, de telle sorte que les actionnaires ne sont pas exposés à perdre leur revenu de temps à autre. C'est pour cette raison d'ailleurs que les conseils d'administration ont le devoir de se montrer extrêmement modérés quant à la fixation du dividende pour les premières années. Leur principale préoccupation doit être, au moins pendant cette période, après avoir assuré une rémunération convenable du capital, de constituer au plus vite les réserves. Puis, quand les affaires auront pris un large développement, que la situation commerciale sera bien affermie, que la société se sera attaché une clientèle nombreuse et que l'avenir sera assuré, autant qu'il est possible, notamment par des marchés importants, alors, mais alors seulement, ils se décideront à proposer une augmentation de dividende. Si cette augmentation venait trop tôt et qu'elle ne pût être maintenue, on assisterait à d'énormes fluctuations de cours, comme on en a vu dans ces dernières années, et dont le moindre inconvénient est de nuire au bon renom de la société et de ses titres. Au surplus il convient de continuer toujours à faire des réserves, quel que soit le chiffre de celles qui existent déjà. Le jour où l'on reconnaîtra qu'elles sont excessives, il sera facile de les employer au remboursement du capital social ou de les répartir entre les actionnaires.

106. *Usage.* — Dans la plupart des sociétés, on a compris la nécessité de constituer des réserves et l'on pratique cette politique prudente. La lecture des bilans montre que les grandes entreprises possèdent toutes des réserves considérables. On peut citer telle société métallurgique qui, ayant réalisé en vingt-cinq ans 72 millions de bénéfices environ, n'en a distribué que 28 pour consacrer le surplus aux amortissements et aux réserves. Plusieurs fois la répartition annuelle fut supprimée pendant que les amortissements et les réserves continuaient d'être dotés en proportion des résultats obtenus Il est même des sociétés qui possèdent des réserves supérieures au montant de leur capital. La situation de pareilles entreprises est assurée contre les crises les plus redoutables et les actionnaires recueilleront largement dans l'avenir le fruit des sacrifices qu'ils ont su s'imposer provisoirement. Quelquefois il en est qui protestent timidement à l'assemblée contre ce qu'ils appellent la « parcimonie » du conseil et demandent une augmentation du dividende, trouvant que les réserves sont désormais suffisantes. Il serait à souhaiter que de semblables propositions pussent être faites dans toutes les sociétés.

Les conseils d'administration qui ne s'inspirent pas de ces principes compromettent gravement l'avenir des entreprises qu'ils dirigent, et les actionnaires doivent avoir l'énergie de les rappeler à la modération et à la prévoyance, qui sont les conditions de la prospérité. Combien de sociétés se sont trouvées embarrassées pendant une longue période de temps pour avoir distribué dès les premières années la presque totalité de leurs bénéfices au lieu de se préoccuper de la constitution immédiate des réserves ! Ces imprudences ont quelquefois pour raison que les administrateurs cherchent, au moyen de la distribution de forts dividendes, à produire une hausse des cours qui leur permettra de se débarrasser avantageusement de leurs titres. Ce sont là des pratiques blâmables que les actionnaires sérieux ne sauraient tolérer.

107. *Quid dans le silence des statuts ?* — Les statuts rédigés avec soin n'oublient jamais d'autoriser l'assemblée générale à faire des réserves extraordinaires. Toutefois les clauses relatives à cet objet varient beaucoup d'une société à l'autre. Tantôt le prélèvement qu'elles prévoient est fixe ; ce sera, par exemple, le dixième ou le vingtième des bénéfices restant à distribuer après le prélèvement de la réserve légale et du premier dividende. Tantôt les statuts se bornent simplement à autoriser le prélèvement destiné aux réserves, tout en laissant à l'assemblée le soin d'en déterminer l'importance selon les besoins du moment et les résultats de l'exercice. Quelquefois les statuts assignent seulement un maximum aux

prélèvements annuels ; cette clause présente surtout de l'intérêt dans les sociétés où l'on a créé des parts de fondateur. Les statuts diffèrent également quant au mode de calculer ce prélèvement : tantôt il est effectué avant le prélèvement du tantième alloué aux administrateurs, qui en subissent ainsi le poids ; tantôt le prélèvement destiné aux administrateurs a la priorité, ce qui constitue pour eux un avantage.

En l'absence d'une clause formelle des statuts, l'assemblée générale a-t-elle le droit de constituer des réserves au moyen de prélèvements sur les bénéfices annuels? Il convient, pour résoudre cette question, de distinguer selon qu'il existe, ou non, des parts de fondateur.

108. 1er *cas : Absence de parts de fondateur.* — Le premier cas est celui où, en l'absence de parts de fondateur, les bénéfices doivent être répartis exclusivement entre les actionnaires. La plupart des auteurs, raisonnant au point de vue du droit théorique, estiment que les bénéfices appartiennent aux actionnaires en vertu du pacte social, lequel confère à chacun d'eux un droit sur la quote-part qui lui en revient, et que l'assemblée ne peut leur en enlever la moindre fraction, à moins d'événements imprévus qui rendent indispensable la constitution d'une réserve pour un objet déterminé. De tels prélèvements, disent-ils, ne peuvent être autorisés qu'à titre accidentel et temporaire (1). Au contraire la juris-

(1) On trouvera un exposé beaucoup plus détaillé de cette opinion dans une étude que nous avons publiée au *Journal des sociétés* (1902.289) sur la répartition des bénéfices aux actionnaires et aux porteurs de parts de fondateur.

prudence reconnaît sur ce point aux assemblées générales un pouvoir très large. Notamment la Cour de Paris a rendu dernièrement en ce sens un arrêt d'autant plus significatif qu'elle a infirmé la décision contraire du tribunal de commerce de la Seine :

« Attendu que, si les statuts n'ont pas expressément prévu la création du fonds de réserve, rien n'autorise à en conclure qu'il fût interdit à l'assemblée générale d'y recourir ;

« Que l'article 44, après avoir prescrit de prélever d'abord sur les bénéfices nets les 5 °/₀ destinés à la formation de la réserve légale et la somme suffisante pour servir aux actions un intérêt de 5 °/₀, ajoute, il est vrai, que le surplus des bénéfices sera réparti entre le conseil d'administration, le comité de direction et les actionnaires, mais qu'il ne s'ensuit pas que la part de ces bénéfices revenant à ces derniers, dont le capital est déjà rémunéré par l'intérêt de 5 °/₀, dût nécessairement leur être versée ;

« Qu'en effet l'assemblée générale, qui tenait des statuts le droit de fixer les dividendes à répartir, avait par là même la faculté de ne pas comprendre dans ces dividendes telle ou telle portion des bénéfices, si les actionnaires, qui sont les meilleurs juges de leurs intérêts, estimaient avoir avantage à leur donner une autre affectation ;

« Qu'il en a été ainsi dans l'espèce et que les prélèvements critiqués tardivement par L··· ont été, par des délibérations successives qui, sans exception, ont réuni le vote unanime de tous les actionnaires présents, affectés soit au paiement des immeubles acquis par la société, soit à l'augmentation de son matériel et de sa flotte ;

« Que la réserve spéciale à laquelle ils figurent et dont les bilans constatent l'absorption par les immobilisations ne se confond donc pas avec la réserve légale alimentée par des prélèvements distincts et qui est destinée à garantir contre les chances de perte inhérentes à toute entreprise et résultant d'événements imprévus les intérêts des tiers qui traitent avec la société et à compléter au besoin l'intérêt de 5 °/₀ qui doit, dans tous les cas, être assuré aux actions ;

« Que la réserve spéciale au contraire a eu pour objet de pourvoir à des prévisions de dépenses ;

« Que sa constitution dans le silence des statuts a été légitime par cela seul qu'elle a été chaque année motivée par des nécessités particulières, et qu'en fait les fonds prélevés sur les bénéfices ont été affectés au paiement d'acquisitions reconnues indispensables au développement des affaires sociales, doublées sans emprunts en quinze ans grâce aux sacrifices momentanés que se sont volontairement imposés les actionnaires... » (13 juin 1900, *Journ. Soc.*, 1901.351).

En somme le libéralisme de la Cour paraît s'inspirer surtout de cette considération que, si la majorité des actionnaires a jugé nécessaire de s'imposer un sacrifice momentané pour le bien général, les actionnaires dissidents doivent s'incliner devant cette volonté, d'autant plus qu'ils profitent du développement des affaires sociales qui résultera de la constitution de ces réserves.

On peut citer dans le même sens un arrêt de la Cour d'Aix du 18 août 1878. Une fois, dit-il, que les actionnaires ont porté à la réserve légale la portion des bénéfices qu'il convient, leur liberté d'action reste entière, même dans le silence des statuts. Sans doute ils pourraient s'en tenir là et distribuer le surplus, mais, en agissant autrement, ils ne violent pas les règles statutaires, puisqu'elles ne contiennent aucune prohibition de cette nature.

109. 2ème *cas : Existence de parts de fondateur.* — La question est plus délicate lorsqu'il existe des parts de fondateur, car les porteurs ne sont pas obligés, comme les actionnaires, de se soumettre aux décisions de l'assemblée générale dans le cas où elles porteraient atteinte à leurs droits. La société leur ayant promis une quote

part déterminée de ses bénéfices, tels qu'ils sont définis par les statuts, ils peuvent soutenir avec raison que, en dehors des cas de force majeure, cette quote-part ne saurait être diminuée au moyen de prélèvements non prévus au contrat et fixés arbitrairement par les actionnaires. Si les statuts leur ont réservé leur part du *boni* de liquidation, c'est-à-dire de ce qui restera disponible, à l'expiration de la société, après le paiement des créanciers et le remboursement des mises sociales, la société serait fondée à leur répondre que les sommes ainsi mises de côté ne sont pas perdues pour eux. Mais quelquefois les statuts leur refusent ce droit, expressément ou non, auquel cas la résistance des porteurs de parts de fondateur semble très justifiée. Nous avons au surplus exposé plus complètement dans notre *Traité des parts de fondateur* (n°s 226 et suiv.) la controverse très délicate à laquelle donne lieu cette question. La jurisprudence n'a pas eu l'occasion de la trancher nettement et nous ne connaissons sur ce point qu'un jugement rendu par le tribunal de commerce de la Seine le 12 avril 1882, favorable à la constitution des réserves dans tous les cas. On cite quelquefois à ce propos l'arrêt de la Cour de Paris du 8 juin 1901, mais c'est à tort, car le point en discussion était de savoir si, lorsque l'assemblée a été autorisée par les statuts à constituer des réserves spéciales, elle peut les employer au rachat des parts de fondateur. La Cour a donné raison aux porteurs de ces titres qui contestaient l'existence d'un semblable droit ; elle a décidé que les réserves spéciales doivent être consacrées aux affaires sociales, dans l'intérêt de tous, et non pas à un rachat qui n'était profitable qu'aux actionnaires (V. n° 139).

110. *Pouvoir de l'assemblée.* — Le conseil d'administration propose à l'assemblée de prélever telle ou telle somme déterminée sur les bénéfices annuels pour la porter aux réserves ; celle-ci décide souverainement. Le plus souvent, sinon toujours, elle se conforme sur ce point à l'avis de ses administrateurs, qui connaissent mieux que les actionnaires les besoins de la société. Il n'en est pas moins indispensable de rappeler qu'elle jouit à cet égard d'un pouvoir souverain, à moins que les statuts y aient apporté certaines restrictions, ce qui arrive surtout lorsqu'on crée des parts de fondateur.

Il y a des sociétés où le conseil constitue en réalité des réserves à l'insu des actionnaires. Il s'en dissimule notamment dans les bilans où les divers éléments de l'actif sont portés pour une somme inférieure à leur valeur réelle. De pareils faits ne sont pas de nature à entraîner des difficultés judiciaires, bien que le procédé ne soit pas strictement légal. Lorsque les actionnaires de ces heureuses sociétés s'en aperçoivent et que ces réserves occultes, ajoutées aux réserves connues, semblent excessives, ils ont la faculté d'augmenter le dividende s'ils le jugent convenable. Le fait s'est produit récemment dans une société particulièrement prospère dont le capital est de 37.500.000 francs, et dont l'ensemble des diverses réserves, réserves spéciales, amortissements, fonds de renouvellement et fonds pour stabilisation du dividende, s'élevait à près de 62 millions !

110 *bis*. *L'assemblée dispose des réserves*. — Il s'est présenté récemment devant la même Cour de Paris une autre question relativement à l'affectation et à l'emploi des réserves. L'assemblée générale a-t-elle le droit de disposer à son gré des réserves constituées en vertu des statuts et notamment de les affecter à des immobilisations ? Le tribunal de commerce de la Seine avait tranché la question négativement, mais la Cour s'est sur ce point, comme sur le précédent, ralliée à l'opinion la plus libérale :

« Considérant qu'il reste à statuer sur la validité de l'affectation faite par l'assemblée générale d'une somme de 207.390 fr. à des constructions et agrandissements, c'est-à-dire à des immobilisations ; que les intimés ont contesté la régularité de cette affectation comme contraire à l'article 41 des statuts, aux termes duquel les réserves supplémentaires doivent toujours demeurer disponibles en tant que propriété des actionnaires ;

« Considérant que l'article 41 n'a pas attribué aux actionnaires des droits différents tant sur les réserves supplémentaires que sur les autres éléments de l'actif social ; qu'il n'a point interdit des emplois immobiliers, mais signalé seulement que ces réserves demeureraient toujours disponibles jusqu'à ce que l'assemblée en ait ordonné, soit l'emploi, soit la distribution ; que cette interprétation a été celle constamment donnée aux statuts depuis 1885 et même le 21 juin 1902, au cours de l'assemblée qui, à l'unanimité des actionnaires, en y comprenant les intimés, a décidé l'emploi, en amortissement du compte construction et matériel nouveau, d'une somme de 285.050 francs précédemment réservée ;

« Qu'il n'échet de distinguer, au point de vue des réserves supplémentaires, entre l'affectation à des emplois ou immobilisations déjà réalisés, ou d'autres reconnus nécessaires et autorisés par voie de prévision... » (7 janvier 1904, *Dall.* 1905. 2.319).

Une question analogue s'est posée il y a peu de temps dans une grande société industrielle. Avec les primes recueillies au moment d'une augmentation de capital, on avait constitué une réserve. Etait-il permis aux actionnaires réunis en assemblée générale ordinaire de décider que cette réserve serait affectée désormais à la garantie des fluctuations du portefeuille ? Des jurisconsultes consultés sur ce point furent d'avis qu'une semblable résolution n'excédait nullement les pouvoirs de l'assemblée ordinaire. C'est aussi notre opinion ; les fonds ne faisaient que passer d'une réserve dans une autre et restaient à la disposition des actionnaires. Néanmoins, par un excès de prudence, le conseil fit approuver la mesure par l'assemblée extraordinaire.

Par contre il a été décidé par le tribunal de commerce de la Seine, *à la demande de porteurs de parts de fondateur*, que les sommes portées au bilan sous la rubrique « amortissement » ne peuvent être affectées au paiement de dépenses telles qu'acquisition d'usines, amélioration du matériel, ou remboursement de sommes dues à des tiers (16 janvier 1890). Les porteurs de parts n'étant pas actionnaires, on conçoit qu'ils soient fondés à s'opposer à ce que les sommes mises en réserve au moment des répartitions de bénéfices dans un but déterminé soient affectées à un emploi différent sans leur assentiment unanime.

111. *Report à nouveau.* — Tous les ans les sociétés « reportent à nouveau » une partie de leurs bénéfices. Ce n'est pas là autre chose qu'une réserve déguisée. Elle a pour but ordinairement d'égaliser les dividendes successifs et d'éviter les fluctuations de cours si redoutées des administrateurs prudents. Les bénéfices reportés restent à la disposition de l'assemblée, qui en fera l'année suivante tel emploi qu'elle jugera bon.

SECTION III

Distribution d'un acompte sur le dividende

112. *Question.* — Aussitôt que l'assemblée a fixé le montant du dividende, il appartient aux actionnaires. Ceux-ci n'ont qu'à se présenter au siège social à partir de la date qui aura été indiquée et l'encaissent contre la remise du coupon correspondant.

Certains titres d'actions sont munis de deux coupons pour le même exercice, le coupon d'*intérêt* et le coupon de *dividende.* En réalité ces deux coupons réunis représentent simplement le dividende total de l'exercice. Mais, pour la commodité des actionnaires, certaines sociétés distribuent pendant le cours de l'exercice un acompte qui est généralement égal au montant de l'intérêt, calculé à raison de 5 ou 6 % des mises sociales.

Comment concevoir qu'il soit permis de procéder à une distribution de bénéfices avant la clôture de l'exercice et sans qu'on en connaisse les résultats ? N'est-ce pas contraire au principe indiqué plus haut et d'après lequel il appartient exclusivement à l'assemblée générale de constater le montant des bénéfices réalisés pendant l'exercice et de fixer l'importance du dividende à répartir aux actionnaires ? Cet usage, en apparence irrégulier, est facile à expliquer. Dans une société dont l'exercice finit au 31 décembre, l'assemblée générale ne se tient guère avant le mois de mai et le dividende est payé à la fin du même mois. Si le conseil décide de distribuer un acompte, il fera généralement cette distribution entre deux paiements de dividendes annuels, c'est-à-dire vers le mois de décembre, à une époque voisine de la clôture de l'exercice. A ce moment il n'en ignore plus les résultats et peut s'engager sans aucun risque. Il est vrai que la distribution de l'acompte n'est pas toujours effectuée dans les mêmes conditions et que parfois elle intervient au milieu même de l'exercice, mais les administrateurs connaissent au moins les résultats des premiers mois par l'établissement de l'état semestriel dont parle l'article 34 de la loi de 1867 et savent ainsi s'ils peuvent sans inconvénient mettre un acompte en paiement.

113. *Responsabilité des administrateurs.*— Au surplus les administrateurs ne peuvent prendre une semblable initiative que s'ils y sont autorisés par les statuts ; ils ne le font d'ailleurs qu'à leurs risques et périls. C'est ce que décide la jurisprudence :

« Considérant, a jugé la Cour de Paris le 18 mars 1887 (affaire du Crédit général français), qu'il est d'un usage constant dans la plupart des compagnies financières ou industrielles de payer en cours d'exercice des acomptes sur le dividende ; que les statuts permettaient cette anticipation et que les administrateurs de cette société y avaient eu fréquemment recours dans les années antérieures ;

« Qu'une pareille répartition ne saurait, quels que soient les événements ultérieurs, donner lieu à une poursuite pénale, alors qu'elle a pour base l'état réel des affaires de la société, au moment où elle s'est opérée, *sauf la responsabilité civile qui pourrait résulter des imprudences commises* ;

« Que la distribution dont s'agit a été ordonnée (le 21 octobre 1881) au vu d'un état de situation à la date du 15 octobre 1881, révélant 5.333.850 francs de bénéfices et permettant par conséquent la répartition de 4.125.000 francs qui a eu lieu ;

« Considérant que, depuis, un inventaire a été dressé pour rétablir l'actif et le passif au 15 octobre 1881 ;

« Que cet inventaire porte les bénéfices nets encaissés à cette date à 8.871.385 francs, chiffre supérieur de plus de 3.500.000 francs à celui qu'accusait l'état de la situation ;...

« Que la remise de 4.125.000 francs aux actionnaires est donc suffisamment justifiée... » (*Dall.* 1888.2.131).

114. *Abus possibles.* — Comme toujours cette pratique peut donner lieu à des abus. On voit parfois des sociétés qui, dès les premiers mois du premier exercice, sans avoir encore commencé l'exploitation ni à plus forte raison réalisé aucun bénéfice, distribuent un acompte afin d'exploiter auprès du public cette marque illusoire de prospérité. Les administrateurs qui agissent avec si peu de scrupule seront condamnés solidairement à rapporter le montant des sommes ainsi distribuées et seront même exposés aux peines correctionnelles portées contre le délit de distribution de dividendes fictifs :

« Attendu, décide un arrêt de la Cour de cassation du 19 novembre 1887, qu'il résulte des constatations de l'arrêt attaqué qu'à la date du... il a été distribué aux actionnaires un premier acompte de 15 francs sur l'exercice en cours ; qu'appréciant ensuite le caractère de cette distribution au regard de L··· l'arrêt ajoute que « si, aux termes des statuts, les administrateurs étaient autorisés à distribuer des dividendes sous forme d'intérêts du capital versé, c'était à la charge de dresser un état semestriel et lorsque cet état révèlerait que la situation active de la société autorisait cette distribution ; que L···, en dressant cet état, s'est forcément reporté au dernier inventaire, dont il a connu nécessairement les exagérations, et s'est ainsi associé sciemment à la distribution d'un dividende fictif, à l'aide d'inventaire, bilan ou état frauduleux ; que ces motifs de l'arrêt attaqué justifient légalement l'application qui a été faite à L··· des articles 15 et 45 de la loi du 24 juillet 1867 » (*Dall.* 1888.1.191).

En résumé les administrateurs doivent agir avec loyauté lorsqu'ils décident la distribution d'un acompte de même que lorsqu'ils procèdent à l'établissement des comptes. Les indications qui leur permettent de prendre une décision sont naturellement plus incertaines et plus arbitraires encore que celles qu'ils trouvent dans l'inventaire et le bilan à la fin de l'exercice ; il suffit qu'elles soient sincères. La jurisprudence absout la distribution d'un acompte, même si elle était téméraire, du moment qu'elle a été faite sans mauvaise foi et conformément aux statuts.

SECTION IV

Dividendes fictifs

115. *Définition.* — Il est bien difficile de traiter la

question de la répartition des bénéfices sans dire un mot du délit de distribution de dividendes fictifs, qui inspire à certains administrateurs une frayeur excessive. Les administrateurs honnêtes peuvent se rassurer ; le délit n'existe qu'autant qu'une *intention frauduleuse* aurait présidé à la confection du bilan qui a entraîné le vote de la répartition critiquée.

Aux termes des articles 15 et 45 de la loi de 1867, il y a distribution de dividendes fictifs, soit lorsqu'on n'a fait aucun inventaire, soit lorsque l'assemblée a voté sur la présentation d'un *inventaire frauduleux*, et ce délit est puni des peines qui sont portées par le Code pénal contre l'escroquerie. Le premier cas, celui de l'absence d'inventaire, bien que très rare, n'est pas cependant sans exemple. Il s'est présenté notamment dans une affaire célèbre assez récente, où les administrateurs avaient distribué des dividendes sur le vu d'un simple état de situation, état d'ailleurs incomplet et faux, puisqu'on avait omis d'y faire figurer les frais généraux (Lyon, 12 mars 1885).

Quant au deuxième cas, celui de l'inventaire frauduleux, il est beaucoup moins rare ; même il s'est produit assez fréquemment dans l'histoire financière de ces dernières années. La jurisprudence décide unanimement que le délit n'existe qu'autant que l'intention frauduleuse des administrateurs a été démontrée *d'une manière certaine* ; elle accueille volontiers les explications qui seraient de nature à établir leur bonne foi. Cette interprétation est conforme au texte même de la loi et au rapport qui a précédé le vote de la loi de 1867 :

« Il ne s'agit pas pour le législateur, disait le rapporteur, de punir la simple ignorance, la simple négligence, mais bien l'intention coupable et le dol en cas d'omission grave dans l'inventaire. »

Ainsi d'ailleurs l'exige le bon sens. L'administrateur le plus honnête peut en effet se tromper dans ses estimations. S'il était permis de critiquer les bilans et les inventaires sous prétexte que les événements ultérieurs en ont démontré l'inexactitude, personne n'accepterait la mission d'administrer aucune société. Il n'est pas en effet exagéré d'affirmer que l'exactitude de presque tous les bilans pourrait être contestée, surtout si on les examinait au bout de quelques mois. Aussi la loi se contente-t-elle d'exiger des administrateurs qu'ils procèdent en toute loyauté à l'estimation de l'actif et du passif, *d'après les données qu'ils possèdent au moment même où ils établissent les comptes* (V. n° 50). Du moment qu'ils se sont conformés à cette règle, il est juste qu'ils n'aient à redouter aucune inculpation quelconque à raison des distributions de bénéfices décidées sur la présentation des comptes établis par eux.

116. *Jurisprudence.* — Il a été jugé en conséquence que la distribution de dividendes fictifs ne saurait faire l'objet d'une poursuite correctionnelle si les majorations reprochées aux administrateurs peuvent s'expliquer autrement que par la mauvaise foi. Elles proviennent, par exemple, d'erreurs matérielles ou de fausses apprécia-

tions (Paris, 18 mars et 28 juillet 1887); ou bien elles se justifient par la confiance que les administrateurs avaient dans le succès de l'entreprise (Paris, 5 août 1890); ou bien encore il apparaît qu'ils n'ont dissimulé les pertes que pour éviter une dissolution désastreuse et permettre à la société de revenir à meilleure fortune (Agen, 10 juillet 1895, *Sir.* 1896.2.95).

On trouve notamment l'application de cette idée dans l'arrêt précité du *Crédit général français*, qui contient un exposé des principes applicables à l'établissement des bilans et inventaires :

« Attendu qu'en résumé, dit la Cour, si l'on peut trouver dans les évaluations de quelques-uns des éléments d'actif du bilan de 1880 des majorations formant un total de 300.000 francs environ, il y a lieu de reconnaître qu'on aurait pu, d'autre part, porter à l'actif certaines sommes qui y ont été versées ; *que les majorations ci-dessus visées ne se présentent pas comme impossibles à expliquer autrement que par la mauvaise foi ; qu'il semble certain au contraire qu'elles ont pu provenir d'erreurs matérielles ou de fausses appréciations* ;

« Qu'enfin si l'on rapproche le total du chiffre de quatre millions, montant de la somme répartie, elles apparaissent comme n'ayant qu'un intérêt tout à fait secondaire ; que la différence entre la somme qu'elles ont permis de distribuer par chaque action et celle qui aurait dû être répartie si l'évaluation avait été faite régulièrement n'est que de 7 francs environ :

« Qu'on ne saurait dire qu'il y a eu distribution de dividende fictif de nature à motiver l'application d'une loi pénale lorsque, sur 77 francs qui ont été distribués à chaque action, 70 francs sont justifiés, et que le surplus est explicable par des inexactitudes involontaires ; qu'on ne saurait dire non plus que la situation de la société se serait révélée sensiblement moins bonne si le dividende de l'année avait été diminué d'une aussi faible somme.. » (Paris, 18 mars 1887, *Dall.* 1888.2.131).

117. *Jurisprudence* (*suite*).— Par contre il a été jugé que le délit de distribution de dividendes fictifs existe, en outre des espèces déjà citées :

1° Lorsqu'il est constaté que l'évaluation des bénéfices ne reposait pas sur des éléments sérieux et que la somme distribuée à titre de dividende n'était à aucun point de vue un bénéfice acquis à la société et susceptible d'être réparti dans une mesure quelconque. Il en est ainsi spécialement si le chiffre des bénéfices accusé dans l'inventaire n'a pu être obtenu qu'en évaluant à un taux exagéré des cuivres détenus par la société, et peu importe à cet égard que l'évaluation ait été faite en conformité des cours cotés à la Bourse, si ces cours, forcés par une spéculation ardente et prolongée que dirigeait le prévenu lui-même, étaient manifestement destinés à un effondrement prochain. Quant à l'intention criminelle, elle résulte suffisamment de cette constatation que le prévenu, qui imprimait la direction à toute l'affaire, connaissait toutes les difficultés de la situation, était au courant des embarras de la société et n'a pu supposer de bonne foi que des bénéfices fussent acquis et susceptibles de distribution (Cass., 24 avril 1891, *Journ. Pal.*, 1892.1.476, aff. Société des métaux).

2° Lorsque les administrateurs, afin de pallier une situation inquiétante pour l'avenir prochain et pour le crédit de la société, ont cherché un expédient propre à faire apparaître un bénéfice qui ne pouvait qu'être imaginaire et qu'ils ont à cet effet augmenté d'un trait de plume, en bloc et d'un tant pour cent, la valeur des marchandises en chantier, en magasin ou même en voyage, et que d'ailleurs l'irrégularité flagrante des actes des administrateurs ne peut se concilier avec l'idée de bonne foi (Cass., 18 janv. 1894, *Journ. Pal.*, 1894.1.256).

3° Lorsque, bien que les actions de la société eussent été évaluées d'après les cours même de la Bourse, ces cours élevés n'avaient été atteints que grâce aux opérations de report et aux achats faits par la société et qui avaient donné à ces titres une plus-value éphémère et fictive, et quand au bilan figurent comme certaines et disponibles des valeurs purement éventuelles et aléatoires (Paris, 19 mars 1883, aff. de l'Union générale).

4° Si l'on a porté au bilan comme bonnes des pièces de machines détachées inutilisables et qui d'ailleurs ont été plus tard mises au rebut, et des machines défectueuses qu'il a fallu plus tard vendre à un prix infime ;

Si des machines remises en dépôt aux agences de la société ont été présentées comme vendues, alors que les agents n'étaient que des consignataires ;

Si la société a donné sans aucune raison plausible une plus-value aux marchandises en consignation dans ses agences, marchandises qui doivent être évaluées à leur prix de revient ;

S'il n'a pas été tenu compte de l'amortissement sur le mobilier ;

Si la valeur de certaines machines-outils a été portée à l'inventaire alors que le prix encore dû de ces machines n'était pas porté au passif ;

Si l'on a fait figurer à l'inventaire des machines pour

leur prix de revient, alors qu'elles sont moins bonnes que d'autres machines fabriquées ultérieurement et dont le prix de revient était moindre ;

Si l'on a fait figurer comme bénéfices réalisés une économie sur la construction d'outils non destinés à être vendus (Lyon, 16 mars 1899, *Journ. Pal.*, 1901.2.237).

118. *Responsabilité civile des administrateurs*. — En établissant les comptes d'une manière déloyale et « frauduleuse », les administrateurs n'encourent pas seulement une répression pénale ; leur conduite constitue en outre au point de vue civil une faute qui les expose à des poursuites de la part de ceux à qui elle aura causé préjudice : nous voulons parler de la société, dont l'actif se sera trouvé réduit par le fait même de la distribution de dividendes fictifs, et des tiers qui auront acheté des titres de la société sur la foi de comptes inexacts et de dividendes mensongers. Cette double responsabilité, qui résulte des principes généraux du droit, a été rappelée expressément par l'article 44 de la loi sur les sociétés :

« Les administrateurs sont responsables, conformément aux règles du droit commun, individuellement ou solidairement, suivant les cas, envers la société ou envers les tiers, soit des infractions aux dispositions de la présente loi, soit des fautes qu'ils auraient commises dans leur gestion, *notamment en distribuant ou en laissant distribuer sans opposition des dividendes fictifs.* »

Envers la société, les administrateurs sont coupables d'avoir pris ou laissé prendre sur le fonds social les sommes nécessaires pour la distribution des dividendes fictifs. Envers les tiers, ils sont coupables de les avoir engagés à entrer dans la société en leur présentant comme étant en pleine et croissante prospérité une entreprise qui se trouvait dans un état plus ou moins désastreux, en tous cas fort précaire.

Au surplus tous les administrateurs en fonctions au moment de la présentation du bilan faux sont associés dans la même responsabilité civile. Peu importe que certains d'entre eux n'aient pris aucune part à l'établissement des comptes ou à la rédaction du rapport. Ces documents étant présentés à l'assemblée au nom du conseil tout entier, il est logique d'en faire retomber la responsabilité sur tous ses membres, sauf à répartir entre eux la charge des condamnations pécuniaires dans la mesure de la participation effective de chacun.

119. *Restitution.* — Les actionnaires peuvent-ils craindre d'être tenus de restituer les dividendes qu'ils ont encaissés lorsqu'il est reconnu que ces dividendes étaient fictifs ? Non, parce que ce sont des fruits, des revenus, qu'ils ont dépensés ou pu dépenser, de telle sorte que, pour les rembourser, il leur faudrait prendre sur le capital. Toutefois cette règle recevrait exception en cas de fraude de leur part :

« Aucune répétition de dividendes, dit l'article 10, § 3 de la loi de 1867, ne peut être exercée contre les actionnaires, si ce n'est dans le cas où la distribution en aura été faite en l'absence de tout inventaire ou en dehors des résultats constatés par l'inventaire. »

Ainsi les actionnaires ne sont exposés à aucune répétition du moment qu'ils n'ont fait qu'ordonner la distribution de tout ou partie des bénéfices que le bilan faisait apparaître. Dans la pratique, les hypothèses prévues par le législateur ne peuvent guère se réaliser. Les administrateurs malintentionnés n'auront jamais la naïveté de faire voter un dividende par l'assemblée générale sans lui présenter tout au moins un rudiment d'inventaire, ni de lui demander un tel vote en lui mettant en mains un bilan qui n'accuserait aucun bénéfice ou même qui révèlerait des pertes.

Ces administrateurs peu scrupuleux seront-ils protégés, eux aussi, par la disposition de l'article 10 ? Oui, a décidé la Cour de Paris le 20 janvier 1888. L'article 10 est absolu et ne prévoit que deux cas dans lesquels la répétition soit autorisée ; il ne fait aucune distinction entre les diverses catégories d'actionnaires. Mais cette décision a été l'objet d'une vive critique de la part d'un professeur éminent, M. Boistel, qui est d'avis que toutes les règles doivent recevoir exception en cas de fraude. Au fond il importe peu, puisque les administrateurs peuvent être tenus d'indemniser la société du dommage résultant pour elle de l'amoindrissement du capital social.

Par contre les prélèvements statutaires échappent en pareil cas à la protection de l'article 10. Ainsi l'ont décidé la Cour de Paris, le 3 janvier 1889, et, après elle, la Cour de cassation, le 16 juin 1891, en vertu du principe que l'erreur dûment constatée est une cause de révision de tous les comptes. Or l'article 10 ne s'applique qu'aux dividendes payés aux actionnaires, et il y a d'autant plus lieu d'autoriser la répétition de ces sommes que l'initiative des paiements faits ainsi sans cause par la société émane précisément des administrateurs eux-mêmes, qui voudraient tirer un profit illégitime de leur défaut de sincérité et de loyauté.

SECTION V

Nomination et révocation des administrateurs

120. *Nomination.* — Une autre fonction de l'assemblée générale consiste à nommer les nouveaux administrateurs, s'il y a lieu, et les commissaires pour le prochain exercice. Le choix des commissaires a fait précédemment l'objet de quelques observations (V. n° 59). En ce qui concerne les administrateurs, son rôle se borne d'ordinaire à une ratification des choix antérieurement faits par le conseil, celui-ci ayant généralement reçu des statuts le droit de se compléter lui-même en cours d'exercice, sous réserve de la nomination officielle par la prochaine assemblée.

Il n'est pas inutile de faire observer à ce propos que la prudence recommande de laisser toujours quelques places disponibles dans le conseil, en profitant de la latitude que les statuts accordent à cet égard. Il peut en effet se présenter telle combinaison avantageuse pour la société dont la réalisation sera subordonnée à l'attribution d'une ou deux places d'administrateur et qui échouerait si cette condition était impossible à remplir.

Ce n'est pas ici le lieu de rechercher comment les administrateurs doivent être recrutés. Il importe à l'intérêt social que tous apportent à l'entreprise un concours utile, soit une compétence professionnelle particulière, soit une compétence générale en affaires, soit enfin des relations avantageuses. Ces qualités différentes des divers administrateurs assignent à chacun d'eux un rôle spécial dans l'administration de la société. Dans les grandes entreprises notamment, il est bon qu'ils soient assez nombreux, afin de multiplier par ce moyen les sources d'affaires au profit de la société. Cela ne veut pas dire que les membres du conseil doivent s'en tenir là et abandonner, les yeux fermés, la direction de l'entreprise à l'un d'entre eux. Celui qui est chargé de la partie technique ne saurait, malgré sa compétence spéciale, se soustraire au contrôle de ses collègues. Autrement ceux-ci risqueraient, comme on l'a vu trop souvent, d'être entraînés avec lui dans des responsabilités pécuniaires extrêmement redoutables.

121. Révocation. — Il est de principe essentiel que les administrateurs de la société anonyme peuvent toujours être révoqués, *même ceux qui ont été désignés par les statuts*. Pour employer l'expression scolastique, ils sont révocables *ad nutum*. Cette règle est d'ordre public, ce qui veut dire que les conventions particulières ne sauraient valablement la méconnaître (art. 22, L. 1867).

L'exercice par les actionnaires de leur droit de révocation des administrateurs rencontre en pratique une difficulté résultant de ce que l'assemblée ne peut valablement statuer que sur les questions qui ont été portées à l'ordre du jour. Or ce sont les administrateurs qui établissent l'ordre du jour, et l'on ne saurait attendre d'eux qu'ils proposent spontanément aux actionnaires leur propre révocation. Comment ceux-ci pourront-ils surmonter cet obstacle s'ils ne tiennent pas des statuts le droit d'exiger que cette question soit portée à l'ordre du jour ?

Un premier moyen, efficace quoique indirect, s'offre à eux : il consiste à refuser l'approbation des comptes. C'est là un blâme adressé au conseil, qui ne pourrait que bien difficilement rester plus longtemps à la tête de la société. Toutefois ce moyen peut être insuffisant. Heureusement pour les actionnaires, la jurisprudence, comprenant que la règle rappelée plus haut comporte des tempéraments nécessaires (V. n° 22), leur en fournit un autre plus direct.

Il peut en effet se présenter certaines éventualités où il importe que les actionnaires prennent d'urgence des mesures que l'ordre du jour n'avait pas prévues. Si, par exemple, il se produisait au cours de l'assemblée sur le compte d'un administrateur des révélations inattendues d'une gravité telle qu'il soit impossible aux actionnaires de lui conserver leur confiance, il est inadmissible qu'ils soient empêchés par le silence de l'ordre du jour de procéder à une révocation immédiate et obligés de laisser en fonctions jusqu'à la réunion d'une nouvelle assemblée, c'est-à-dire pendant une année encore peut-être, un administrateur dont le maintien à la tête de la société pourrait compromettre profondément l'avenir de l'entreprise. Aussi la jurisprudence décide-t-elle qu'ils peuvent révoquer les administrateurs, même si l'ordre du jour était muet sur ce point, *lorsque la révocation est justifiée par des incidents imprévus nés en cours de séance.* Elle se préoccupe avant tout et fort justement de la « nécessité de pourvoir à la défense des intérêts sociaux ».

« Attendu, dit un arrêt de la Cour de Pau du 10 avril 1900, que, sur le premier moyen, qui se base sur ce que la révocation et le remplacement des administrateurs auraient été faits en violation de la règle qui ne permet de délibérer que sur les questions portées à l'ordre du jour de la séance, la décision du tribunal n'est pas justifiée ; que cette prescription n'est pas absolue et la règle qu'elle établit doit céder à des nécessités nées d'incidents imprévus ; qu'un de ces incidents s'est incontestablement produit à l'assemblée, puisque c'est à la suite des discussions violentes qui s'y sont produites que la révocation de deux administrateurs a paru nécessaire à l'assemblée qui a en cette matière des pouvoirs souverains.. »

122. *Incidents imprévus.* — Que faut-il entendre par ces mots : incidents imprévus ? Ils sont tellement larges qu'on peut y faire rentrer tous les cas graves, toutes les circonstances exceptionnelles survenues au cours de l'assemblée ou même depuis la convocation et rendant nécessaire le remplacement immédiat des administrateurs. Il faut se rendre compte en effet que les actionnaires ne peuvent prendre connaissance des comptes qu'après la convocation de l'assemblée et la rédaction de l'ordre du jour. Or c'est en les examinant qu'ils sauront ce que les administrateurs ont fait et s'ils sont restés dignes, ou non, de leur confiance. Aussi comprend-on facilement que les

tribunaux montrent une tendance marquée à consacrer les décisions prises par les assemblées, du moment que les incidents imprévus n'auront pas été préparés malicieusement par des ennemis des administrateurs. On s'en rendra compte par l'énumération de quelques espèces où ils ont maintenu des délibérations révoquant les administrateurs de la société dans le silence de l'ordre du jour.

1° Les actionnaires s'étaient aperçus que le rapport du commissaire-censeur manquait de tout caractère sérieux et qu'il avait été dressé en dehors de toutes les conditions exigées par la loi ; l'ordre du jour s'était trouvé ainsi fatalement bouleversé par une irrégularité qui résultait du fait des administrateurs, et cette situation avait provoqué chez les actionnaires présents une colère violente à leur endroit (Cass., 5 juillet 1893, *Sir*. 1893. 1.377).

2° Le désaccord entre les administrateurs et la majorité sur la gestion de la société et la direction des affaires justifiera également une révocation immédiate :

« Si, à la vérité, le remplacement des demandeurs au procès n'était pas porté à l'ordre du jour, il est constant que la discussion des questions à élucider a démontré qu'ils n'étaient plus en communion d'idées avec la majorité des actionnaires ; il devenait dès lors manifeste que les dissentiments qui les séparaient n'auraient pu aller qu'en s'accentuant et auraient été de nature à nuire à la bonne marche de la société ; la majorité des actionnaires étant souveraine maîtresse de ses décisions, les actionnaires ont donc agi dans la plénitude de leurs droits... » (Trib. comm. Seine, 10 sept. 1904).

3° Le président du conseil qui a levé l'assemblée, sans

consulter le bureau, avant que l'ordre du jour soit épuisé, ainsi que les autres membres du conseil qui se sont retirés avec lui, encourent une révocation immédiate. car les actionnaires ne sauraient être tenus de maintenir leur confiance à des administrateurs qui, simples mandataires, ne craignaient pas de se mettre en lutte ouverte avec leurs mandants (*id.*, 29 mai 1896).

4° Les administrateurs révoqués avaient pris des délibérations d'une manière irrégulière, se réunissant en dehors et à l'insu du président, lui adressant des lettres de protestation contre sa gestion ; en outre ils avaient fait venir à l'assemblée des sténographes et un huissier. Le conflit ainsi préparé, à l'insu du président et des autres actionnaires, par des usurpations de pouvoirs et des infractions aux statuts, n'avait pas tardé à éclater, et, malgré la modération du président, les propos les plus violents avaient été échangés, rendant impossible toute collaboration ultérieure entre les administrateurs. La Cour de Paris, cassant la décision du tribunal de commerce de la Seine, confirma la délibération des actionnaires (7 janv. 1904, *Dall.* 1905.2.319).

123. *Règle commune à tous les administrateurs.* — L'assemblée générale ordinaire a le droit de révoquer tous les administrateurs, qu'ils aient été désignés par les statuts ou par l'assemblée constitutive ou par une assemblée ordinaire. On avait soutenu qu'il fallait un vote de l'assemblée extraordinaire pour révoquer ceux nommés par l'assemblée constitutive, parce que, disait-on, leurs fonctions, d'après la loi elle-même, devaient durer six

ans. Mais la Cour de Paris décida que le législateur avait réservé tacitement le cas de révocation en vertu de l'article 22 (6 mars 1890). On aurait également tort de soulever la même contestation pour les administrateurs statutaires sous prétexte que leur révocation constituerait une modification aux statuts.

124. *Rémunération de l'administrateur révoqué.* — L'administrateur révoqué au cours d'un exercice a-t-il droit à une quote-part proportionnelle des bénéfices pour le temps pendant lequel il a administré la société ? Non, a dit le tribunal de commerce de la Seine, parce que les bénéfices ne sont acquis qu'après le vote de l'assemblée qui en a fixé le montant et ordonné la répartition (5 déc. 1892). Cet argument semble défectueux, car il reste acquis que l'administrateur a consacré son temps à la société, et il serait injuste de lui refuser toute rémunération lorsqu'on connaîtra le montant des bénéfices de l'exercice et qu'on pourra calculer la quote-part proportionnelle qui lui revient légitimement.

SECTION VI

Du quitus

125. *Responsabilité des administrateurs.* — Au moment où les administrateurs abandonnent leurs fonctions, ils sollicitent de l'assemblée générale un *quitus*, c'est-à-dire une décharge à raison de leur gestion. Lors-

qu'ils l'ont obtenu, ils sont à l'abri de toute action quelconque à ce sujet de la part des représentants de la société ; autrement dit l'action sociale est éteinte. On touche ainsi à la question si grave de la responsabilité des administrateurs, dont il convient de résumer ici les principes essentiels, ne fût-ce que pour rappeler aux actionnaires l'importance du vote qu'ils sont appelés à émettre sur ce point. Il est indispensable en effet qu'ils sachent quelles sont les responsabilités que les administrateurs ont pu encourir envers la société et qui seront effacées par le vote du *quitus*.

Les administrateurs de sociétés anonymes peuvent encourir des responsabilités distinctes, soit quant à la source d'où elles découlent, soit quant aux personnes envers qui ils seront engagés. D'une part les premiers administrateurs, c'est-à-dire ceux qui sont nommés par l'assemblée constitutive ou par les statuts, ont le devoir de veiller à la régularité de la constitution même de la société et sont responsables des conséquences des irrégularités qui peuvent s'y rencontrer. D'autre part tous les administrateurs qui se succéderont à la tête de l'entreprise doivent compte à la société de leurs fautes de gestion. Enfin ils répondent envers les tiers du dommage qu'ils leur auraient causé par les actes répréhensibles auxquels ils se livreraient pendant la durée de leurs fonctions.

Il n'y a pas lieu de se préoccuper ici de la première ni de la dernière de ces diverses sources de responsabilité. On sait, d'une part, que les fondateurs et les premiers administrateurs sont tenus de veiller à l'observation des règles impérativement prescrites pour la constitution de la société (souscription intégrale du capital, libération immédiate à concurrence d'un quart au moins, déclaration notariée, vérification des apports et avantages particuliers, etc.), et qu'ils sont responsables envers les tiers et les actionnaires du dommage qui serait résulté pour eux de l'annulation de la société. La loi de 1893 a d'ailleurs atténué les rigueurs de la loi de 1867 sur ce point. D'autre part *l'action individuelle* permet à tous ceux qui auraient souffert un préjudice personnel du fait et par la faute des administrateurs de leur en demander réparation, en vertu du principe général d'après lequel quiconque cause à autrui un dommage par sa faute est tenu de le réparer.

Par suite de la nature même des sociétés par actions, il arrive quelquefois que le même acte engage la responsabilité des administrateurs non seulement envers la société, mais encore envers d'autres personnes. Un exemple fera plus clairement comprendre cette observation. Supposons que des administrateurs se soient livrés à des opérations très imprudentes, qui étaient interdites par les statuts, et qu'ils aient de la sorte englouti l'actif social et acculé la société à la liquidation judiciaire ou à la faillite. Voulant dissimuler cette ruine jusqu'au moment où ils espéraient en avoir effacé les traces, ils ont présenté à l'assemblée des rapports mensongers, des bilans faux, qui ont amené la distribution de dividendes fictifs et la hausse continue des cours. Sur la foi de cette prospérité apparente, la société a trouvé du crédit et, d'autre part, certaines personnes se sont empressées d'acheter des titres qui semblaient constituer un placement excellent. Puis la vérité éclate subitement, les cours s'effondrent et la faillite est déclarée. Ces administrateurs vont se trouver engagés dans les liens d'une triple responsabilité : 1° responsabilité envers la société, c'est-à-dire envers la masse des actionnaires, dont la mise est irremédiablement perdue ; 2° responsabilité envers les créanciers, dont ils ont dilapidé le gage, à savoir l'actif social ; 3° responsabilité envers les acheteurs d'actions, qu'ils ont amenés, sur la foi de bilans faux et de dividendes en réalité fictifs, à entrer dans la société et qui ont ainsi, par leur faute, perdu les sommes consacrées à l'achat de ces titres.

126. *Responsabilité envers la société.* — La seule responsabilité qui rentre dans notre sujet est la responsabilité que les administrateurs encourent envers la société à raison des faits de gestion. Aux termes de l'article 1992 du Code civil, le mandataire répond, non seulement de son dol, mais encore des fautes qu'il commet dans sa gestion. En tant que mandataires de la société, les administrateurs sont soumis à cette règle. Au surplus l'article 32 du Code de commerce a pris soin de la leur appliquer expressément ; il décide que « les administrateurs ne sont responsables que de l'exécution du mandat qu'ils ont reçu et qu'ils ne contractent aucune obligation personnelle ni solidaire relativement aux engagements de la société ». Ce texte, qu'on

trouve reproduit dans la plupart des statuts, signifie que, si les administrateurs ne sont pas tenus personnellement des engagements qu'ils prennent au nom de la société, du moins ils répondent envers elle des fautes de gestion qu'ils auront commises. En d'autres termes, c'est l'application pure et simple des principes du mandat aux rapports des administrateurs avec la société.

Au surplus la loi de 1867 a pris soin de proclamer expressément cette responsabilité. Aux termes de l'article 44, « les administrateurs sont responsables, conformément aux règles du droit commun, individuellement ou solidairement, suivant les cas, envers la société ou envers les tiers, soit des infractions aux dispositions de la présente loi, soit des fautes qu'ils auraient commises dans leur gestion, notamment en distribuant ou en laissant distribuer sans opposition des dividendes fictifs ».

127. *Obligations diverses.* — Les prescriptions dont il est question ici sont disséminées dans les divers chapitres de la loi de 1867. Si nous laissons de côté celles qui visent la constitution même de la société, on en trouve quatre qui sont les suivantes :

1° Les administrateurs doivent réunir l'assemblée générale au moins une fois chaque année et lui soumettre les comptes de l'exercice dans les conditions qui ont été précisées précédemment (art. 27) ;

2° Ils doivent effectuer sur les bénéfices nets un prélèvement d'un vingtième au moins pour la formation de la réserve légale (art. 36) ;

3° En cas de perte des trois quarts du capital social,

ils sont tenus de provoquer la réunion de l'assemblée générale de tous les actionnaires à l'effet de statuer sur la question de savoir s'il y a lieu de prononcer la dissolution de la société (art. 37) ;

4° Ils ne peuvent « prendre ou conserver un intérêt direct ou indirect dans une entreprise ou dans un marché fait avec la société ou pour son compte, à moins qu'ils n'y soient autorisés par l'assemblée générale » (art. 40) (V. n° 138).

Les violations de ces diverses prescriptions sont assez rares. Elles entraînent contre les administrateurs qui les ont commises l'obligation de réparer le préjudice subi de ce chef, soit par la société, soit par les actionnaires.

128. *Fautes de gestion.* — Quant aux fautes de gestion, la loi n'en a pas donné de définition. Au surplus c'eût été inutile, car le mot se comprend de lui-même. Elle s'est bornée à mentionner expressément celle qu'elle considère comme la plus grave, à savoir la distribution de dividendes fictifs. Il appartient aux tribunaux de décider dans chaque cas particulier s'il a été commis une faute de gestion. On ne saurait assurément considérer comme telle toute opération dont l'issue aurait été funeste à la société ; sinon les sociétés ne trouveraient personne qui consentirait à les administrer. La faute de gestion implique un manquement grave aux devoirs qui incombent aux administrateurs et dont l'un des plus stricts est l'observation des statuts, c'est-à-dire l'abstention de toute opération antistatutaire. Dans tous les cas il ne peut être question de responsabilité lorsqu'ils

se sont bornés à exécuter les décisions de l'assemblée générale. Il importe d'ailleurs d'apporter à l'examen d'une aussi délicate question une prudence et une réserve toutes particulières, car il faut convenir que la tâche assumée par les administrateurs est souvent bien difficile. Les juges se souviendront du sage conseil que leur donnait la Cour de Paris dans un arrêt du 28 juin 1870 :

« S'il importe au développement de l'esprit de grande entreprise que les intérêts des associés ou des tiers soient protégés contre les atteintes possibles résultant de l'infidélité des administrateurs aux devoirs de leur mandat, *il n'importe pas moins que ces graves responsabilités ne soient pas légèrement mises en jeu, sur des indications sans base suffisante, de manière à blesser l'équité naturelle et à donner, en quelque sorte, aux actionnaires des assureurs dans la personne des administrateurs leurs mandataires.* » (V. note de M. Labbé sous Cass., 11 nov. 1873, *Journ. Pal.*, 1874.241.)

Au surplus la faute de gestion n'implique nullement le dol ni la fraude ; elle peut être commise avec une parfaite bonne foi. Ce principe a été posé par la Cour de cassation dans une affaire où la Cour de Paris avait repoussé une demande en responsabilité par le motif qu'il n'avait été relevé contre les administrateurs aucun fait de dol ou de fraude qui fût de nature à engager leur responsabilité. La Cour suprême cassa cet arrêt : « Attendu qu'aux termes de l'article 44 de la loi de 1867 les administrateurs sont responsables de leurs simples fautes, comme de leurs délits, dans les termes du droit commun » (23 mars 1887).

128 *bis*. *Devoirs des administrateurs.* — On peut ré-

sumer de la manière suivante les devoirs des administrateurs dont la violation sera considérée comme une faute de gestion. Si on laisse de côté le devoir qui consiste à ne présenter à l'assemblée que des comptes exacts et sincères, ne faisant pas apparaître de bénéfices purement fictifs (ce devoir a été déjà exposé ainsi que les sanctions qu'il comporte), les devoirs des administrateurs concernant la gestion proprement dite sont au nombre de deux. En premier lieu ils ont l'obligation de n'engager la société que dans des opérations permises par les statuts ou ne présentant pas manifestement de trop grands risques. Ensuite ils sont tenus de veiller à ce que des actes antistatutaires, imprudents ou illicites ne soient pas accomplis en dehors d'eux, soit par leurs collègues, soit par les employés de la société.

Le premier de ces devoirs sera facilement accompli par eux du moment qu'ils assisteront régulièrement aux séances du conseil, car ils pourront s'opposer à l'adoption des mesures qu'ils considéreraient comme dangereuses. Quant au second, il exige une surveillance et un contrôle presque incessants tant sur les livres que sur la caisse de la société. En effet, lorsqu'une opération dangereuse ou antistatutaire est effectuée, c'est toujours par l'administrateur principal et à l'insu de ses collègues. De là pour ceux-ci l'obligation étroite de s'assurer soigneusement que tout se passe d'une manière correcte et que rien ne leur a été dissimulé. A plus forte raison en est-il de même pour les dilapidations qui pourraient être commises par des employés malhonnêtes. Si les administrateurs négligent ce devoir de surveillance attentive et constante et que la société soit victime d'opérations inconsidérées ou antistatutaires ou bien encore de détournements, ils seront justement accusés d'avoir commis des fautes de gestion, sauf à eux à prouver qu'ils ont apporté à la défense des intérêts des actionnaires tous les soins qu'on pouvait attendre d'un bon « père de famille ».

129. *Exemples de fautes de gestion.* — On trouve des exemples de fautes de gestion dans l'histoire de toutes les sociétés dont la chute retentissante a marqué le cours de ces dernières années : l'Union générale, la Banque de Lyon et de la Loire, la Société des Dépôts et Comptes courants, etc. Il n'est pas besoin de réveiller des souvenirs qui sont restés très précis dans la mémoire de ceux qui s'intéressent aux événements financiers, ni de rappeler les nombreuses instances, tant civiles que correctionnelles, qui ont suivi ces catastrophes. Tout récemment encore des fautes de même nature ont failli entraîner la ruine de plusieurs grandes entreprises industrielles dont la situation financière paraissait assurée et dont le crédit était considérable. En résumé, opérations défendues par les statuts, dangereuses ou inconsidérées, spéculations téméraires, acceptation de traites de complaisance, ouvertures de crédit imprudemment consenties sans garantie, dilapidations, tels sont les principaux actes auxquels les administrateurs doivent s'opposer dans la mesure du possible, sous peine

d'être à bon droit pris à partie par les représentants de la société.

130. *Jurisprudence.* — Si au contraire les administrateurs n'ont à se reprocher aucune violation de statuts, aucune imprudence grave, aucun défaut de surveillance vis-à-vis du personnel social, leur responsabilité se trouve à couvert. A titre d'exemple, voici quelques espèces dans lesquelles il a été reconnu qu'aucune faute de gestion n'avait été commise :

1° Les directeurs et administrateurs d'une société ne commettent pas de faute en se livrant à des opérations de Bourse qui se sont soldées en perte lorsqu'ils ont agi dans les limites du mandat qu'ils tenaient des statuts et se sont inspirés des nécessités des circonstances ainsi que de l'intérêt social (Cass., 21 janv. 1891, *Dall.* 1892. 1.237).

2° Les administrateurs d'une société anonyme qui, dans un projet de traité négocié avec une autre société, se sont mépris sur l'efficacité des garanties offertes par celle-ci ne sauraient être réputés coupables d'une faute de nature à engager leur responsabilité, alors qu'ils se sont bornés à préparer ce projet et que l'erreur par eux commise, portant d'ailleurs sur une question susceptible de controverse, a été partagée par l'assemblée générale des actionnaires qui, appelée à statuer sur le dit projet, l'a approuvé à l'unanimité (Cass., 8 juill. 1895, *Dall.* 1896.1.294).

3° Les administrateurs délégués d'une société anonyme ayant pour objet principal l'achat et la vente du cuivre brut ou fabriqué et toutes les opérations industrielles, commerciales ou financières s'y rattachant ne peuvent être actionnés en responsabilité par la société à raison des pertes subies sur les ventes à terme de quantités de cuivre brut faisant partie du stock, et ce sous réserve de rachat dans des conditions prévues, alors que ces ventes à terme sont d'un usage constant dans les établissements similaires et qu'elles ne constituent pas des opérations fictives ni des actes de spéculation ou de jeu (Paris, 19 juin 1901, *Journ. Soc.*, 1901.413).

131. *Responsabilité collective.* — Lorsqu'une faute de gestion a été commise, tous les administrateurs en sont-ils de plein droit responsables, ou bien doit-on s'en prendre seulement à ceux qui en sont personnellement les auteurs ? Cette question est importante et de nature à se présenter fréquemment, car il arrive le plus souvent que tous les administrateurs n'ont pas pris part au fait qui est relevé par les représentants de la société, ou du moins qu'ils n'y ont pas pris une part égale. Si, par exemple, la gestion des affaires sociales a été plus spécialement confiée à un administrateur délégué ou encore à un comité de direction, on conçoit que les autres administrateurs n'y participeront que d'une manière lointaine. Doit-on cependant considérer d'une façon absolue tous les administrateurs en exercice comme responsables des fautes commises, sans exception ni distinction ? Ou bien la responsabilité sera-t-elle limitée à ceux qui sont en réalité les auteurs des faits de gestion critiqués ?

La Cour de Paris a admis la théorie la plus rigoureuse et l'a appliquée notamment dans l'affaire de la Société des Dépôts et Comptes courants :

« ... Considérant que ces violations répétées des statuts n'ont pu se produire et se généraliser que grâce à la connivence des administrateurs et censeurs de la société, qui, tous, sans exception, ont méconnu les obligations que leur imposait le mandat qu'ils tenaient de la confiance des actionnaires ;

« Que si D··· a pris l'initiative des opérations antistatutaires, quelques-uns se sont associés, par une collaboration active et directe, à ces opérations ainsi qu'aux manœuvres frauduleuses relevées dans les affaires de la Grande Compagnie et du Crédit Viager, tandis que les autres ont ratifié tacitement les violations les plus évidentes des statuts en acceptant sans observation l'exécution et toutes les conséquences des actes repréhensifs de D···, en présentant aux actionnaires des rapports dont la fausseté n'aurait pu leur échapper s'ils s'étaient livrés à un examen tant soit peu attentif de la comptabilité et du portefeuille, comme ils en avaient le devoir ;

« Considérant que, bien à tort, les premiers juges ont exonéré de toute responsabilité les administrateurs X···, Y··· ;

« Qu'il est impossible en effet d'admettre, comme l'ont fait les premiers juges, que les administrateurs et censeurs n'ont pu s'opposer aux opérations antistatutaires et n'ont pu connaître la véritable situation de la société avant le mois d'octobre 1884, date à laquelle D···, en présence des poursuites judiciaires dont il était l'objet en même temps que la société, a fait connaître au conseil d'administration toute l'étendue du désastre et a déclaré prendre à sa charge exclusive toutes les responsabilités encourues ;

« *Que le mandat accepté par les administrateurs et censeurs ne leur permettait pas de s'en rapporter avec une confiance aussi aveugle qu'ininterrompue pendant plusieurs années, soit à D··· seul, soit à un comité de direction, pour la surveillance à donner aux affaires sociales en abdiquant tous les droits d'administration et de contrôle qu'ils devaient exercer dans l'intérêt des actionnaires* ;

« Qu'en usant de la faculté qui leur appartenait de déléguer leurs pouvoirs, à leurs risques et périls, soit à D··· soit à un comité de direction, ils n'avaient pas moins conservé leur mandat d'administrateurs et n'en sont pas moins restés soumis aux devoirs inhérents à ce mandat, alors surtout qu'il s'agissait d'un mandat salarié... » (Paris, 18 janv. 1895).

Cette décision présente une importance doctrinale d'autant plus grande que le tribunal de commerce de la Seine n'avait pas cru devoir frapper les administrateurs qui ne faisaient pas partie du comité de direction. Il en résulte que la responsabilité des fautes de gestion est partagée entre tous les administrateurs en fonctions. Ils ne sauraient, pour se disculper, arguer de leur ignorance, car leur devoir est précisément de surveiller la marche des affaires et de contrôler les diverses opérations sociales de telle façon que rien ne leur échappe. Si donc ils abandonnent la direction de la société à l'un d'eux, c'est à leurs risques et périls ; ils répondent de leur délégué et leur abdication entre ses mains ne saurait leur servir d'excuse.

Pour la même raison les administrateurs seraient mal fondés à se retrancher derrière ce fait qu'ils n'auraient pas assisté à toutes les séances du conseil, car il démontrerait simplement leur négligence à remplir leurs devoirs et ne saurait constituer une excuse, ou bien qu'ils n'auraient pas donné leur approbation à la mesure critiquée, ou bien encore qu'ils se seraient abstenus, ou même qu'ils auraient voté contre. C'est seulement en pareil cas une démission et une retraite immédiate qui peuvent mettre à l'abri la responsabilité des membres dissidents (Douai, 9 juin 1896, *Journ. Soc.*, 1896.409).

Dans tous les cas, si tous les administrateurs sont, en principe, également responsables envers la société des fautes de gestion, il y aura lieu, pour la répartition entre eux des dommages-intérêts, de tenir compte du degré de faute imputable à chacun.

132. *Cas de non-responsabilité.* — Bien entendu une exception devra être admise dans les cas où certains administrateurs n'auront pas pris part, pour une raison valable, aux délibérations du conseil. C'est ainsi que ceux qui étaient absents du lieu de ses réunions parce qu'ils remplissaient une mission pour le compte de la société ne sauraient être rendus responsables des décisions prises pendant ce temps. De même l'état de maladie justifie l'absence des administrateurs et les soustrait à toute responsabilité pour tout ce qui se sera passé pendant son cours.

D'autre part on ne saurait exiger des administrateurs des soins plus vigilants que ceux qu'ils auraient pu donner à la surveillance de leurs intérêts personnels. S'il était établi que l'administrateur chargé de la direction de la société a trompé ses collègues et que, en dépit de leur zèle, il leur a été impossible de découvrir ce qui se passait réellement, on ne saurait en pareil cas retenir leur responsabilité. C'est ce qui a été décidé récemment à propos de l'action individuelle formée par un souscripteur d'actions ; il fut établi au cours des débats que les administrateurs avaient été abusés par des bilans frauduleux présentés par le président du conseil et que même un examen minutieux ne leur eût pas permis d'en découvrir les vices (Besançon, 17 mars 1897).

133. *Solidarité.* — En principe la responsabilité est individuelle, et chacun porte exclusivement celle de ses propres fautes. Par exception la jurisprudence prononce la solidarité entre les administrateurs lorsque la faute est commune à tous ou bien qu'il est impossible de distinguer la part de chacun. Il a été jugé en particulier dans l'affaire de la Société de Dépôts et Comptes courants que les différents administrateurs et censeurs peuvent être déclarés solidairement responsables des causes de la ruine de la société, lorsque ces causes consistent dans un ensemble indivisible de faits (dans l'espèce, des spéculations antistatutaires suivies ou approuvées par eux tous) ne permettant de déterminer ni la part que chacun a prise dans les actes dommageables, ni celle qui peut être attribuée à chacun dans les conséquences de ces actes (Paris, 18 juill. 1895).

134. *Enseignement.* — Telles sont, en résumé, les règles relatives à la responsabilité que les administrateurs peuvent encourir pour fautes de gestion. Cette digression, si longue qu'elle puisse paraître, n'était pas cependant inutile, ne fût-ce que pour rappeler ces notions sommaires aux administrateurs qui les auraient oubliées. Ils en tireront cet enseignement que les fonctions qu'ils ont ambitionnées parfois sans en connaître suffisamment bien les charges ne laissent pas que de comporter de graves dangers, lorsque, négligeant de se tenir par eux-mêmes au courant de tous les actes de la vie sociale et des principaux détails de la gestion financière, ils s'en rapportent aveuglément à un collègue trop peu respec-

tueux des statuts, trop peu prudent ou même malhonnête.

135. *Effet du quitus.* — En accordant à l'administrateur sortant de fonctions le *quitus* qu'il sollicite, l'assemblée générale se déclare satisfaite de sa gestion et renonce par conséquent à exercer contre lui aucune réclamation de ce chef. L'administrateur pourra dès lors rentrer en possession des actions de garantie qu'il avait déposées dans la caisse sociale conformément à la loi.

136. *Quitus implicite.* — Au surplus les administrateurs, en faisant approuver par l'assemblée générale les comptes de l'exercice écoulé, obtiennent de celle-ci un *quitus* implicite pour les faits de gestion compris dans cet exercice. Le vote émis par les actionnaires équivaut à une ratification, qui rend désormais impossible toute action en responsabilité de la part de la société. Ce principe a été proclamé par la Cour de cassation, notamment dans l'affaire de la Banque rouennaise : « Attendu que l'arrêt déclare que deux assemblées générales des actionnaires ont vérifié tous les comptes des exercices 1882 et 1883 ; que les bilans et inventaires auxquels se rattachent les comptes litigieux ont été soumis à ces asssemblées générales ; qu'elles ont approuvé sans réserve et en connaissance de cause l'administration de X··· ; qu'ainsi pour cette période toute action sociale a été éteinte... » (9 juill. 1888).

Il suit de là que le vote de l'assemblée n'emporte ratification et renonciation à l'exercice de l'action sociale qu'autant que les actionnaires ont entendu couvrir les faits de gestion des administrateurs. S'ils ne les connaissaient pas, leur vote ne saurait avoir une telle signification. C'est ce qu'a décidé la Cour de Bordeaux le 24 mai 1886 à propos d'un administrateur qui, actionné en responsabilité, soutenait que sa gestion avait été ratifiée par cela seul que les comptes avaient été approuvés et que les actionnaires avaient accepté sa démission et sa retraite. Ces circonstances, dit-elle, sont insuffisantes pour constituer une ratification, laquelle ne saurait être valable qu'autant qu'elle aurait été donnée avec connaissance du vice existant et dans le but de le couvrir. A plus forte raison en serait-il de même si l'ignorance des actionnaires résultait des manœuvres combinées par les administrateurs pour leur dissimuler la vérité.

Ceci permet de comprendre l'importance de la question qui s'est présentée plusieurs fois en justice : quelle est exactement la portée de l'approbation donnée par l'assemblée générale aux comptes des administrateurs ? Cette approbation rend-elle impossible pour l'avenir toute critique de la gestion qui correspond à ces comptes ? Constitue-t-elle un droit acquis pour les administrateurs ? En principe elle a une valeur absolue et définitive ; elle ferme la porte à toute discussion ultérieure sur les faits de la gestion ainsi approuvée. Il s'est formé entre la société, représentée par l'assemblée, et ses mandataires, les administrateurs, une véritable convention qui délie le mandataire des obligations nées du mandat. Mais ce contrat est soumis à toutes les causes de nullité des contrats. Notamment, en matière de reddition de comptes, l'article 541 du Code de procédure reconnaît que la constatation d'une erreur permet de revenir même sur la décision de justice qui aurait établi tous les éléments d'un compte. Cette disposition doit être appliquée par analogie aux comptes rendus à l'amiable.

137. *Transaction.* — Quelquefois les administrateurs n'obtiennent leur *quitus* que grâce à un sacrifice pécuniaire ; autrement dit une transaction intervient entre eux et la société au sujet de la responsabilité qu'ils ont pu encourir. Cette transaction est incontestablement valable du moment qu'elle a été approuvée par l'assemblée générale, qui seule peut disposer de l'action sociale.

SECTION VII

Autorisations sollicitées par les administrateurs en vue de marchés a passer avec la société

138. *Règle.* — Enfin l'assemblée statue sur les autorisations sollicitées par les administrateurs pour faire des affaires avec la société. La loi de 1867 dit en effet qu'il « est interdit aux administrateurs de prendre ou de con« server un intérêt direct ou indirect dans une entre« prise ou dans un marché fait avec la société ou pour « son compte, *à moins qu'ils n'y soient autorisés par « l'assemblée générale* » (art. 40).

Quel a été le but du législateur lorsqu'il a édicté cette prescription ? Il a voulu que les administrateurs ne se trouvent pas placés entre leur intérêt et leur devoir,

S'ils traitaient en leur nom personnel une affaire avec la société dont ils ont assumé la gestion, ils pourraient être tentés de sacrifier l'intérêt de celle-ci à leur intérêt propre. De là l'interdiction formulée par le législateur. Mais en pratique les administrateurs se font toujours donner par l'assemblée générale l'autorisation de passer des marchés avec la société ; autrement la présence au conseil d'un certain nombre d'entre eux n'offrirait aucune utilité.

Reste à déterminer exactement la portée de cette disposition. La loi de 1863 interdisait aux administrateurs de prendre ou conserver un intérêt dans aucune « opération quelconque » faite avec la société. Cette interdiction a paru beaucoup trop générale et absolue au législateur de 1867, qui ne vise que les « *entreprises ou marchés* ». Il n'a pas voulu comprendre dans le texte nouveau ces opérations instantanées et fréquentes pour lesquelles l'exigence d'une autorisation spéciale aurait été une gêne insupportable et souvent même un obstacle absolu. Il n'a entendu interdire que les opérations impliquant l'idée de rapports suivis et d'une certaine durée. En conséquence les auteurs admettent que les administrateurs n'ont pas besoin de solliciter d'autorisation pour faire avec la société des actes de commerce courants, achats ou ventes de marchandises, par exemple. « Un « administrateur, dit Paul Pont, peut faire avec la « société des actes isolés de commerce, des actes dis- « tincts, et même réitérés, par exemple, lui acheter ou « vendre des marchandises, se livrer avec elle à des « opérations d'escompte... »

Un arrêt de la Cour de Douai a nettement déterminé la portée de cet article 40 et l'a expliqué d'après les précédents :

« Attendu que si les mots : *entreprises ou marchés* ont été substitués dans la loi de 1867 aux mots : *opérations quelconques* de l'article 23 de la loi du 23 mai 1863, c'est que le législateur a considéré qu'il était de l'intérêt même des sociétés d'interdire seulement à l'administrateur toutes les opérations embrassant une série de travaux ou fournitures d'une durée assez longue pour que l'administrateur puisse facilement obtenir de l'assemblée générale l'autorisation spéciale qui lèvera la prohibition et qui était le plus souvent impossible pour les opérations distinctes et réitérées ;

« Que par suite les dispositions de l'article 40 ne sont pas applicables en l'espèce puisque les fournitures critiquées, faites d'ailleurs au vu et au su du président du conseil, consistent en gazomètres, pour lesquels la préférence avait été accordée à X··· à raison de ses bas prix, en gazogènes, en diverses fournitures urgentes et réparations et constituent des opérations distinctes et réitérées que X··· pouvait faire et régler en argent en sa qualité d'administrateur délégué... » (21 mars 1899, *Dall.* 1901.2.364).

139, *Applications.* — En conséquence il y a lieu de considérer comme un *marché*, dans les termes de l'article 40 de la loi de 1867, la convention par laquelle des administrateurs de la société sont chargés, moyennant l'abandon à forfait d'une somme considérable, de régler les commissions et frais de souscription afférents à une émission d'actions nouvelles, sans aucune obligation de justifier de l'emploi de la somme (Paris, 20 janv. 1888).

Il en sera de même si l'administrateur d'une société qui exploite des restaurants fonde pour son compte personnel une laiterie et veut passer avec cette société un traité relatif à la fourniture du lait qui est nécessaire pour ses restaurants. Le cas s'est produit récemment.

Le tribunal de commerce de la Seine a eu dernièrement à se prononcer sur la question suivante : le marché passé entre une société et l'un de ses administrateurs, architecte, en vue de la construction d'un hôtel et d'un casino tombe-t-il sous l'application de l'article 40 ? Le tribunal a décidé que non, mais cette solution nous paraît tout à-fait contestable.

Que faut-il décider pour le cas d'un banquier, administrateur d'une société, qui reçoit une commission à raison de l'émission des actions de la société ? Il n'y a pas lieu dans cette circonstance d'appliquer l'article 40, ne fût-ce que par la raison que le banquier n'a pu devenir administrateur qu'après la constitution de la société, c'est-à-dire après l'opération de placement dont il s'était chargé. Il n'avait donc pas cette qualité lorsqu'il avait traité avec la société.

Mais il en serait autrement si le banquier était chargé du placement des actions après la constitution de la société (Douai, 18 déc. 1899, *Journ. Soc.*, 1901.200).

139 *bis*. *L'autorisation doit être spéciale.* — L'assemblée générale doit donner son autorisation d'une manière spéciale, c'est-à-dire qu'il lui faudra examiner une par une les opérations que les administrateurs se proposent de réaliser avec la société, sinon l'autorisation ne serait pas donnée en connaissance de cause et ne répondrait pas à l'esprit de la loi.

La Cour de Rennes a proclamé récemment ce principe, dont il est inutile de signaler l'importance :

« Considérant qu'à bon droit les premiers juges ont reconnu que la convention litigieuse constituait une entreprise ou marché qui devait être autorisée par l'assemblée générale de la société aux termes de l'article 40 de la loi du 24 juillet 1867 ; qu'en effet cette convention, qui assurait à X··· la vente de phosphates pour toute la durée de la société, avec une commission sur les produits vendus en dehors de sa participation et les affrétements de navires chargés des transports, créait un conflit d'intérêts entre les contractants, non seulement au moment de la conclusion des contrats, mais encore au cours de son exécution ; que X··· a soutenu que ce marché avait obtenu l'assentiment de l'assemblée générale qui, dans sa réunion du tant, avait autorisé d'*une manière générale* ses administrateurs à prendre un intérêt direct ou indirect dans toutes les opérations ou entreprises où la société aura elle-même des intérêts ;

« Considérant que cette autorisation n'a pas été donnée en connaissance de cause, et ne répond ni à l'esprit de la loi, dont les dispositions tutélaires pourraient être trop aisément tournées si une pareille manière de procéder était admise, ni à son texte, qui édicte que chaque année il sera rendu à l'assemblée générale un compte spécial de l'exécution des marchés ou entreprises par elle autorisés ; que ce compte spécial implique nécessairement une autorisation spéciale ;

« Considérant que X··· a postérieurement donné sa démission d'administrateur, mais que cette démission ne peut l'autoriser à conserver les avantages d'un marché qu'il doit peut-être à la qualité d'administrateur dont il était investi au moment où il a été consenti... » (6 avril 1905, *Journ. Soc.*, 1906. 107).

L'étude de cet arrêt entraînera vraisemblablement une modification dans les habitudes des conseils d'administration. Au lieu de solliciter de l'assemblée une autorisation générale et vague pour toutes les opérations ou entreprises rentrant dans les prévisions de l'article 40 comme cela se passe souvent, ils doivent en effet, d'après la Cour de Rennes, lui soumettre l'indication détaillée et précise des affaires que certains d'entre eux sont sur le point de négocier avec la société. Il suit de là que, si l'une de ces opérations vient à être projetée en cours d'exercice, il faudra, ou bien attendre la prochaine assemblée, ou bien convoquer une assemblée spécialement à cet effet, ce qui paraîtra difficilement réalisable. Quoi qu'il en soit, c'est seulement à cette condition que l'assemblée peut donner une autorisation valable.

140. *Compte à rendre des marchés autorisés.* — L'article 40 ajoute que « il est, chaque année, rendu à l'as« semblée générale un compte spécial de l'exécution des « marchés ou entreprises par elle autorisés aux termes « du paragraphe précédent ». C'est là une disposition qui n'est que bien rarement observée, et le conseil d'administration néglige le plus souvent de rendre compte aux actionnaires de ces marchés dans lesquels les administrateurs se sont trouvés en opposition d'intérêts avec la société dont ils sont les mandataires.

141. *Sanction.* — On se trompe quelquefois sur la nature de la sanction de l'article 40. Ce n'est pas la nullité de la société, comme on l'a cru et même jugé. Les administrateurs qui ne s'y sont pas conformés encourent la révocation et une responsabilité pécuniaire envers la société, sans compter la nullité de la convention qui pourrait être poursuivie lorsque l'administrateur a traité sans autorisation préalable avec la société :

« Considérant, dit l'arrêt précité de la Cour de Rennes, que l'article 40 a été édicté dans le but de protéger la société contre les errements de ses administrateurs ; que la sanction nécessaire de ces prescriptions est la nullité des actes accomplis contrairement au vœu de la loi, tout au moins lorsqu'il s'agit d'entreprises ou de marchés dans lesquels l'administrateur a un intérêt direct comme c'est le cas dans l'affaire actuelle. »

DEUXIÈME PARTIE

DE L'ASSEMBLÉE GÉNÉRALE EXTRAORDINAIRE

CHAPITRE PREMIER

RÈGLES CONCERNANT LA TENUE DE L'ASSEMBLÉE EXTRAORDINAIRE

142. *Assemblée extraordinaire.* — En dehors des ssemblées dites « constitutives », c'est-à-dire de celles ui se tiennent au moment même de la naissance de la ociété, il existe deux sortes d'assemblées générales : assemblée ordinaire dont il vient d'être parlé, et l'asemblée extraordinaire. Cette dernière dénomination s'aplique d'une manière générale à toute assemblée autre ue l'assemblée ordinaire. Mais le langage courant désine plus spécialement sous ce vocable l'assemblée qui a our but de modifier les statuts ; tel est d'ailleurs le plus

souvent l'objet de la réunion de l'assemblée générale extraordinaire.

Avant de rechercher quels sont les pouvoirs de cette assemblée, il convient de dire quelques mots des règles qui président à son organisation. D'une manière générale, celles qui ont été précédemment indiquées pour l'assemblée ordinaire et qui sont relatives au mode de convocation, au dépôt des titres, à l'établissement de l'ordre du jour, à la composition du bureau, au mode de votation, etc., s'appliquent également à l'assemblée extraordinaire. Cependant il existe quelques différences, qui tiennent à la nature même des choses et qu'il y a lieu de signaler.

143. *Convocation. Ordre du jour.* — Les statuts prennent soin de dire comment et dans quels délais sera convoquée l'assemblée extraordinaire. Il n'est plus besoin ici d'un délai de quinze jours comme pour l'assemblée ordinaire, puisqu'il n'y a plus à se préoccuper de la communication préalable des documents énumérés par l'article 35.

Au sujet de l'ordre du jour, on sait déjà que c'est surtout pour la convocation des assemblées extraordinaires que la jurisprudence exige une rédaction claire et explicite (V. n° 22 *bis*). A titre documentaire, il n'est pas inutile de citer quelques décisions de la jurisprudence sur ce point.

Quand le conseil a pris l'initiative de modifier les statuts sur certains points déterminés, suffit-il d'inscrire dans l'ordre du jour la formule vague : « Modifications aux statuts », sans rien préciser davantage ? Oui, a répondu le tribunal de commerce de la Seine en se fondant, d'une part, sur ce que l'un des demandeurs en nullité de la délibération était très au courant de l'objet de la réunion, et sur ce que, d'autre part, les statuts se contentaient d'une « indication sommaire ». Mais cette décision, si elle se retrouve dans un arrêt récent de la Cour d'Aix, a été vivement critiquée par certains auteurs, et les administrateurs feront bien de ne pas s'y conformer trop fidèlement.

En sens inverse, la délibération d'une assemblée qui avait voté la fusion avec une autre société et accordé aux administrateurs leur *quitus* fut annulée parce que l'ordre du jour annonçait seulement « l'examen de la si-« tuation de la société et des mesures à prendre en con-« séquence ».

Le tribunal de commerce de la Seine a jugé à plusieurs reprises que, lorsque l'ordre du jour porte la mention : « Propositions diverses » ou « Mesures diverses », l'assemblée ne peut prendre valablement que des résolutions d'ordre secondaire, et que notamment elle ne peut pas, soit prononcer la dissolution de la société, soit nommer un coliquidateur et lui conférer des pouvoirs spéciaux en vue de l'apport à faire à une société nouvelle de la majeure partie de l'actif (24 mars 1902, *Journ. Soc.*, 1903.134).

La société qui veut augmenter son capital au moyen de l'émission d'actions privilégiées peut-elle se contenter de porter à l'ordre du jour la mention : augmentation du capital, sans spécifier qu'elle a l'intention de créer des actions de cette nature ? La question, qui n'a pas été soumise encore à la justice, mérite d'appeler l'attention des administrateurs, d'autant plus que la sanction de cette catégorie de prescriptions est la nullité de l'assemblée (V. n° 19). Elle semble particulièrement délicate, car on peut soutenir avec la même force les deux thèses opposées. D'une part, on fera valoir que les actionnaires savent qu'il est au pouvoir de l'assemblée de réaliser l'augmentation projetée par l'émission soit d'actions ordinaires, soit d'actions privilégiées, et que dès lors ils doivent s'attendre à ce que l'assemblée soit appelée à choisir entre ces deux formes d'actions. On remarquera en sens inverse qu'ils n'ont pas été suffisamment informés de l'objet de la convocation lorsque l'ordre du jour ne précise pas la nature des actions qu'il s'agit d'émettre.

144. *Composition.* — En ce qui concerne la composition de l'assemblée, la clause des statuts qui exige la possession d'un nombre déterminé d'actions s'étend aux assemblées extraordinaires. Toutefois le doute s'est élevé à ce propos. On s'est demandé si *tous* les actionnaires, quel que fût le nombre de leurs titres, ne devaient pas être admis à celle-ci, comme cela se pratique pour les assemblées constitutives, ou bien s'il convient de s'en référer aux conditions d'admission établies par les statuts tout comme pour l'assemblée ordinaire. La Cour de cassation a consacré cette dernière opinion :

« Attendu, en droit, que le paragraphe 1er de l'article 27 de la loi du 24 juillet 1867 laisse aux sociétés le soin de déterminer dans leurs statuts le nombre d'actions qu'il est nécessaire de détenir, soit comme propriétaire, soit comme mandataire, pour être admis dans les assemblées d'actionnaires ; que, si le paragraphe 2 du même article donne le droit de prendre part aux délibérations de ces assemblées à tous les actionnaires, quel que soit le nombre d'actions dont ils sont porteurs, lorsqu'il s'agit de vérifier les apports, ce droit conféré à l'universalité des actionnaires doit être strictement limité aux cas spécifiés ; qu'on ne saurait assimiler à ces cas ceux où les assemblées ont à délibérer sur des modifications aux statuts ; que l'article 31 se borne à déclarer que les assemblées ne seront régulièrement constituées et ne délibèreront valablement qu'autant qu'elles seront composées d'un nombre d'actionnaires représentant la moitié au moins du capital social ; d'où l'on doit conclure que, dans la limite du chiffre prescrit par la loi pour la représentation de ce capital, la composition des assemblées doit avoir lieu conformément aux statuts... » (30 avril 1894).

Le même article 26 donne lieu à une autre difficulté. A la fin du second paragraphe, il fixe à dix le nombre maximum de voix que peut posséder un actionnaire dans les assemblées *constitutives*. Cette limitation s'applique-t-elle aux assemblées extraordinaires ? La raison invoquée par la décision qui précède devait également empêcher qu'on étendît cette limitation aux assemblées autres que les assemblées constitutives. C'est en ce sens que s'est prononcé récemment le tribunal de commerce de la Seine (5 nov. 1900, *Journ. Soc.*, 1901.316).

144 *bis*. *Quorum*. — Le quorum est déterminé nettement par l'article 31 de la loi de 1867 : les assemblées appelées à modifier les statuts doivent comprendre un nombre d'actionnaires représentant *la moitié* au moins du capital social. C'est là une règle absolue, de telle sorte

que les modifications projetées ne pourront pas être réalisées tant que cette condition ne sera pas remplie. Pour l'assemblée ordinaire, le *quorum* n'est pas rigoureusement exigé, en ce sens que, d'après l'article 29, si, à la première réunion, il ne se trouve pas un nombre d'actionnaires représentant le quart au moins du capital social, on pourra en convoquer une nouvelle, qui délibérera valablement quelle que soit la portion du capital représentée par les actionnaires présents. Autrement dit il existe pour ces assemblées un *quorum* abaissé, qui facilite leur tenue. Cette disposition de faveur n'a pas son pendant en ce qui concerne l'assemblée générale extraordinaire, laquelle ne peut délibérer valablement qu'autant que les actionnaires présents ou représentés représentent la moitié au moins du capital social.

S'il est parfaitement légitime de n'autoriser les modifications aux statuts qu'autant que la moitié des actions est présente ou représentée à l'assemblée, il n'en est pas moins vrai que, par suite des habitudes de négligence des titulaires d'actions au porteur, ce *quorum* est souvent bien difficile à réunir. Il n'est pas rare que des sociétés soient obligées pour cette raison de renoncer à des mesures qui eussent servi très utilement l'intérêt commun et se voient acculées à une dissolution plus ou moins désastreuse. Les conseils d'administration essaient parfois de secouer la torpeur des actionnaires en leur promettant des jetons de présence à la condition que l'assemblée convoquée pourra se tenir valablement. Ceux-ci devraient cependant comprendre d'eux-mêmes que leur devoir et leur intérêt leur commandent de ne pas se désintéresser des assemblées où sont discutées les questions relatives à l'avenir et à la prospérité de la société.

CHAPITRE II

POUVOIRS DE L'ASSEMBLÉE EXTRAORDINAIRE QUANT A LA MODIFICATION DES STATUTS

SOMMAIRE

SECTION I

THÉORIE GÉNÉRALE DE LA JURISPRUDENCE

145. *Question.* — Si les diverses questions qui précèdent ne sont guère malaisées à résoudre, il n'en est plus de même lorsqu'il s'agit de déterminer les pouvoirs de l'assemblée extraordinaire quant à la modification des statuts. Cette difficulté provient de la rédaction insuffisamment précise de l'article 31 de la loi de 1867, aux termes duquel « les assemblées qui ont à délibérer sur « des modifications aux statuts ou sur des propositions de « continuation de la société au-delà du terme fixé pour « sa durée, ou de dissolution avant ce terme, ne sont « régulièrement constituées et ne délibèrent valable-

« ment qu'autant qu'elles sont composées d'un nombre « d'actions représentant la moitié au moins du capital « social ».

Quelle est exactement la portée de cette disposition ? Confère-t-elle implicitement à l'assemblée extraordinaire le pouvoir de modifier les statuts, et, si oui, dans quelle mesure ? Ou bien signifie-t-elle simplement que, lorsque ce pouvoir lui a été attribué par une clause expresse du pacte social, elle ne pourra en user qu'à la condition d'être composée d'un nombre d'actionnaires représentant la moitié du capital social ? La jurisprudence a adopté la première de ces deux interprétations, mais elle n'a pas délimité sans beaucoup de peine les pouvoirs de l'assemblée à cet égard.

Naturellement l'incertitude ne se manifeste que lorsque les statuts sont muets ou insuffisamment explicites sur les pouvoirs de l'assemblée extraordinaire. La question se pose en particulier lorsqu'ils se bornent à cette formule qui, dans d'autres statuts, est suivie d'une énumération « non limitative » : « L'assemblée générale « extraordinaire peut, sur la proposition du conseil, « apporter aux présents statuts les modifications dont « l'utilité sera reconnue par elle ».Les partisans de l'interprétation restrictive de l'article 31 considèrent en effet qu'une telle clause ne confère à l'assemblée que le droit de modifier les statuts sur les points secondaires de l'organisation intérieure.

146. *Exposé de la controverse.* — Les auteurs ne s'accordent pas sur la solution qu'il convient d'adopter.

Les uns soutiennent, conformément aux principes généraux du droit, qu'un contrat ne pouvant être changé qu'avec l'assentiment de tous ceux qui y sont parties (art. 1134, C. civ.), les modifications aux statuts exigent nécessairement l'adhésion unanime de tous les actionnaires. Les autres font observer que le contrat de société, à raison de sa nature particulière et du grand nombre de ses membres, échappe par la force même des choses à ce principe. Un semblable organisme ne peut fonctionner utilement et prospérer qu'autant qu'il sera permis à la majorité des actionnaires de prendre, selon les circonstances, toutes les mesures commandées par l'intérêt commun. Cette règle de la domination de la majorité a été expressément consacrée pour les diverses décisions qui sont du ressort de l'assemblée ordinaire, et il n'y a aucune raison pour ne pas l'étendre à l'assemblée extraordinaire appelée à voter sur les modifications des statuts. Autrement il suffirait du refus ou même de la simple abstention d'un seul actionnaire pour empêcher la réalisation d'une amélioration qui serait de nature, de l'avis unanime des autres, à sauver la société compromise ou à consolider sa prospérité. Une conséquence aussi manifestement inadmissible au point de vue pratique condamne cette théorie, et l'intérêt bien compris de la société amène nécessairement à reconnaître à l'assemblée extraordinaire le pouvoir de modifier les statuts si elle le juge utile pour la bonne marche de l'entreprise (1).

(1) Cette idée paraît bien être celle des auteurs mêmes de la

147. *Résumé du système de la jurisprudence.* — Quel que soit l'intérêt de cette controverse juridique, c'est la solution donnée par la jurisprudence que les actionnaires et les administrateurs désirent avant tout connaître. Or les tribunaux, après avoir montré au début une tendance restrictive, ont fini par adopter, sous la pression d'impérieuses nécessités pratiques, une interprétation extrêmement libérale. *Ils accordent à l'assemblée extraordinaire régulièrement constituée le pouvoir d'introduire dans les statuts toutes les modifications qu'elle jugera utiles à l'intérêt social, mais à la condition de respecter les bases essentielles et fondamentales de la société.*

Que doit-on entendre par ces mots : les bases essentielles et fondamentales de la société ? D'après quel critérium décidera-t-on que telle clause des statuts doit être, ou non, considérée comme présentant ce caractère ? Veut-on parler des clauses qui renferment les stipulations les plus importantes, les conditions essentielles du contrat qui s'est formé entre les actionnaires, de celles que vraisemblablement les souscripteurs ont

loi de 1867. Expliquant la disposition de l'article 27, le rapporteur, M. Mathieu, s'exprimait en effet dans les termes suivants sur le dernier paragraphe : « Quand les actionnaires sont appelés « à délibérer... sur des modifications aux statuts..., il s'agit de « modifier et de créer, et, *si l'on appliquait rigoureusement les « principes, il faudrait exiger le consentement unanime des action- « naires. Mais cette rigueur conduirait à une impossibilité et elle « doit fléchir sous la nécessité...»* N'est-ce pas la meilleure preuve que les auteurs de la loi n'ont pas entendu subordonner la validité des modifications statutaires à l'assentiment unanime des porteurs d'actions ?

eues en vue lorsqu'ils sont entrés dans la société ? Ou bien s'agit-il des clauses qui donnent à la société sa personnalité, son individualité ? Ou bien encore fait-on allusion aux stipulations du contrat qui traitent des droits propres des actionnaires ? A vrai dire,la jurisprudence ne s'est attachée exclusivement à aucun de ces critériums.Avec un éclectisme très sage elle s'est inspirée plus ou moins de chacun d'eux.

Cela explique que ses décisions semblent parfois divergentes et aussi que l'exposé de son système n'est pas sans présenter une grande difficulté. Toutefois, si l'on veut bien faire une distinction indispensable entre les différentes modifications sur lesquelles l'assemblée peut être appelée à statuer, on trouvera dans ses arrêts de la logique et même de l'unité.

Certaines modifications portent sur la charte même de la société, sur les éléments constitutifs de sa personnalité, c'est-à-dire sa forme, son objet, le montant de son capital, sa durée, etc. D'autres au contraire concernent les droits qui ont été reconnus aux actionnaires par le pacte social quant à la répartition des bénéfices, au partage de l'actif social, à la forme et à la cessibilité des titres, au mode de libération des actions, etc. Pour les modifications de la première catégorie, la solution de la jurisprudence est très nette : elle les permet toutes, sauf deux, à savoir celles qui intéressent l'*objet* et la *nature* de la société, parce qu'elle voit là ses deux bases essentielles et qu'on ne peut les changer sans altérer l'essence même de la société. Quant aux modifications relatives aux droits que les actionnaires tiennent des statuts, la jurisprudence les interdit chaque fois qu'il s'agit de l'un de ces droits qu'on peut considérer comme des droits acquis, consacrés par les clauses essentielles du pacte social. Malheureusement son système sur ce point n'est pas encore complet ; elle n'a guère pris la peine de réserver expressément jusqu'ici qu'un seul point, la répartition des bénéfices. Du moins elle n'a pas eu l'occasion de se prononcer fréquemment sur les autres droits des actionnaires. Elle ajoute d'ailleurs que, quelle que soit la clause qu'il s'agit de modifier, l'assemblée est toujours soumise à une condition générale, à savoir qu'elle doit respecter l'égalité entre les actionnaires comme aussi les droits acquis des tiers.

Telle est l'idée générale la plus exacte et aussi la plus claire qu'on puisse donner de la jurisprudence sur cette question si importante. Ce qui augmente une difficulté déjà grande en soi, c'est qu'une modification relative aux éléments constitutifs de la société produit presque toujours une répercussion plus ou moins grave sur les droits des actionnaires. Par exemple la réduction du capital social influe indirectement sur la répartition des bénéfices, c'est-à-dire sur le plus essentiel de leurs avantages. Mais la jurisprudence ne se préoccupe pas de ces répercussions et elle applique, quoi qu'il arrive, les règles que nous venons de dégager et de mettre en lumière.

148. *Historique. Arrêts de 1892 et de 1894.* — Au début la jurisprudence n'a guère été appelée à se prononcer que sur des modifications qui rentraient dans la pre-

mière catégorie, c'est-à-dire qui concernaient les éléments constitutifs de la personnalité de la société. Dès 1881, on trouve l'indication très nette de cette idée que de tels éléments sont intangibles parce qu'une modification les concernant entraînerait en réalité la substitution d'une société nouvelle à la société originaire. « En principe, « dit l'arrêt du 21 juin 1881 (*Journ. Pal.*, 1885.242), les « assemblées, même extraordinaires, ne peuvent pas « imposer aux actionnaires l'obligation de se soumettre « à des dispositions qui, en modifiant les conditions « fondamentales d'une société, en *changent l'espèce et « créent en quelque sorte, une société nouvelle.* » Par contre les modifications qui n'altèrent pas l'identité de la société sont permises. Mais, dans le cours des années suivantes, la jurisprudence revint vite à l'interprétation restrictive de l'article 31, et continua de se montrer hostile à l'extension des pouvoirs de l'assemblée extraordinaire.

Peu de temps après, la tendance change tout d'un coup. Le 30 mai 1892 la Cour de cassation cassait un arrêt de la Cour de Paris qui avait refusé à l'assemblée extraordinaire le pouvoir de réduire le capital social pour le mettre d'accord avec la valeur réelle de l'actif, et adoptait définitivement le système qui confère à l'assemblée générale le pouvoir d'apporter aux statuts toutes les modifications utiles, sous la seule condition de respecter ce qu'elle appelait ses bases essentielles et fondamentales (V. le texte, n° 198).

L'arrêt du 30 mars 1892 parut dans le Recueil Dalloz

(1893.1.105) accompagné d'une dissertation de M. Thaller tellement remarquable par la netteté des idées nouvelles qu'elle préconisait et par la puissance du raisonnement qui les appuyait qu'elle a exercé sur la jurisprudence ultérieure une influence décisive. L'éminent professeur montrait d'abord que la société par actions, représentée par l'assemblée générale, possède une personnalité corporative distincte de celle de chacun des associés et que cette assemblée constitue l'instrument de la volonté supérieure de la compagnie, de telle sorte que ce serait « presque un non-sens » d'exiger l'unanimité des adhésions des membres de la société pour que l'assemblée pût valablement régler ses intérêts. Puis il déterminait dans quelles limites ce pouvoir de modifier les statuts est restreint par la force même des choses. « La modification est le fait par la société d'apporter, « *tout en restant elle-même*, tel amendement qu'elle « voudra à ses conditions de marche. Outillée à l'instar « d'un individu, la compagnie fait dans son autonomie « ce que l'individu pourrait accomplir à sa place. Tout « établissement de commerce ou d'industrie fonctionne « d'après certains facteurs d'exploitation : capital, per- « sonnel de direction, périodicité réglée de comptabilité « avec sortie des bénéfices de caisse ou mise en réserve, « durée d'entreprise, que les circonstances peuvent « amener à changer sans que l'établissement perde pour « autant son identité. Tous ces éléments forment les « auxiliaires de la personne qui domine l'entreprise, « qu'elle soit individuelle ou collective, et les remanie-

« ments qu'on leur fait subir au milieu de l'exploitation « altéreront seulement le mode d'action d'une masse « restée d'ailleurs semblable à elle-même et continuant « son cours non brisé, non interrompu ou déformé... ».

En 1894, la même question se présentait à nouveau devant la Cour de cassation, qui persista dans sa jurisprudence de 1892. En donnant ses conclusions, M. l'avocat général Desjardins se rallia à la thèse juridique de M. Thaller. Il repoussa non moins énergiquement que celui-ci le système qui exigerait l'unanimité des associés pour le vote de toute modification des statuts et développa cette idée que l'assemblée générale peut valablement apporter à la constitution de la société, telle qu'elle est établie par les statuts, toutes les modifications utiles, du moment qu'elle n'altère pas son identité, qu'elle la laisse « elle-même » : « Il suffit, pour que l'assemblée « générale ne franchisse pas sa sphère d'action, que la « société par actions reste *elle-même*. A ce point de vue « la personne collective ne diffère pas de la personne « individuelle. Laissons-lui la faculté de chercher et « de trouver les amendements qui pourront améliorer « ses conditions de marche sans détruire son identité... » (*Journ. Pal.*, 1894.1.169).

L'arrêt du 29 janvier 1894 a été rendu conformément à ces conclusions et depuis lors la jurisprudence s'est maintenue invariablement en ce sens. A plusieurs reprises d'ailleurs les magistrats de la Cour suprême se sont expressément référés dans leurs rapports à la doctrine exposée par M. Thaller, dont l'un d'eux, M. Cotelle, disait récemment : « M. Thaller semble avoir trouvé la « formule définitive de la théorie vers laquelle tendait la « jurisprudence, en professant qu'à moins de défenses « expresses, les assemblées peuvent faire subir à la so- « ciété toutes les évolutions qui n'en altèrent pas la « personnalité, qui lui laissent son identité, laquelle tient « uniquement à la persistance de son objet et de son « caractère légal, résidant dans sa nationalité et dans sa « forme de commandite ou d'anonymat (1) ».

148 *bis*. *Droits acquis des actionnaires*. — Si le système de la jurisprudence se trouvait ainsi très nettement précisé quant aux modifications qui intéressent les éléments constitutifs de la personnalité de la société, la question était loin d'être complètement résolue. Fallait-il conclure de ce premier principe qu'en dehors des clauses statutaires qui déterminent ces éléments l'assemblée extraordinaire pourrait modifier à son gré le pacte social ? En résultait-il notamment qu'elle aurait la capacité de changer les stipulations qui fixent les droits des actionnaires, par exemple, de modifier la répartition des bénéfices arrêtée d'un commun accord à l'origine ou bien les conditions de l'admission à l'assemblée générale, ou

(1) Il est curieux de constater que l'on retrouve la même idée dans le savant ouvrage de M. P. Pont, bien que cet auteur n'accorde pas à l'assemblée extraordinaire des pouvoirs aussi étendus que le fait la jurisprudence. L'article 31, disait-il, doit s'entendre seulement des modifications de détail portant sur l'objet de la société, de celles qui restreignent ou étendent l'effet des clauses du pacte social, *et nullement de celles qui toucheraient aux conditions fondamentales de la société et en changeraient l'essence.*

encore de restreindre et même de supprimer le droit des actionnaires de céder leurs actions ?

Une semblable théorie était évidemment inacceptable, bien que de semblables modifications ne fussent pas de nature à altérer l'essence de la société. On ne saurait admettre que les actionnaires soient exposés à se voir frustrés après coup, par le caprice d'une majorité plus ou moins intéressée, des avantages sur la foi desquels ils sont entrés dans la société, pas plus d'ailleurs que des droits qu'ils tiennent de la loi elle-même. Il existe en effet à leur profit des prérogatives qui sont attachées à l'essence même de la société par actions, telle que la faculté de céder ses titres sans aucune restriction, de telle sorte qu'en les supprimant ou même seulement en les restreignant l'assemblée porterait atteinte à la nature de la société. En outre il est certaines stipulations statutaires, en particulier celle qui fixe le mode de répartition des bénéfices à distribuer annuellement entre les porteurs d'actions, qui ont été vraisemblablement la cause déterminante des souscriptions ou achats d'actions, si bien que l'actionnaire serait victime d'un véritable abus de force si elles étaient modifiées sans son assentiment. Aussi la jurisprudence reconnaît-elle que, en ce qui concerne tout au moins certains droits et prérogatives des actionnaires, il est indispensable de limiter le droit de l'assemblée extraordinaire comme pour les éléments constitutifs de la personnalité de la société.

En d'autres termes elle admet que les actionnaires possèdent certains droits acquis, pour reprendre l'expression de son guide, M. Thaller, certains droits intangibles, imprescriptibles, que cette assemblée ne peut pas leur enlever. Quels sont au juste ces droits ? D'après quel critérium doit-on les déterminer ? Malheureusement le système de la jurisprudence n'est pas aussi précis sur ce point que sur le précédent (V. n° 150).

En résumé l'assemblée extraordinaire peut modifier les statuts à la majorité des voix , sauf les deux exceptions suivantes. Il leur est interdit, d'une part, de porter atteinte à l'objet, à la forme et à la nationalité de la société. D'autre part elle doit respecter ceux des droits des actionnaires qu'il y a lieu de considérer comme des droits acquis et essentiels. Il reste à étudier dans le détail chacune de ces deux restrictions.

SECTION II

Eléments constitutifs de la personnalité de la société

149. *Objet. Nature.* — Quels sont les éléments constitutifs de la personnalité de la société ? A ce propos la jurisprudence a établi une distinction entre les modifications essentielles, c'est-à-dire celles qui portent sur les bases essentielles de la société, et les modifications secondaires, qui ne les atteignent pas. Cette distinction a été vivement critiquée par les auteurs. A les en croire, elle ne procéderait pas d'un *criterium* scientifique et

précis, et, par son arbitraire même, elle conduirait aux plus graves incertitudes, même à de choquantes contradictions. L'un d'eux a été jusqu'à la qualifier de « langue de Babel ». En réalité ces critiques sont singulièrement exagérées, et, dans son ensemble, la détermination des bases essentielles de la personnalité de la société, telle que la jurisprudence l'a établie, est très nette.

Aux yeux de la Cour de cassation, deux éléments contribuent à donner à la société son identité, sa personnalité : c'est son *objet* et sa *nature*. Une société est caractérisée parce qu'elle a entrepris telle exploitation déterminée et qu'elle a adopté telle forme de préférence à telle autre. Ceux qui sont entrés dans cette société ont pris en considération ces deux points et n'y seraient peut-être pas entrés si la forme ou l'objet eussent été différents. Quant aux autres éléments de sa charte, importance du capital, durée, siège social, etc., ils s'en soucient beaucoup moins. On peut donc les modifier sans que l'identité de la société soit altérée le moins du monde.

Un arrêt du 14 mai 1895 s'exprime ainsi : « Lorsque l'assemblée générale extraordinaire a été habilitée par les statuts eux-mêmes à les modifier suivant les besoins, ce mandat n'a d'autre limite *que l'obligation de respecter l'objet et la nature de la société, ainsi que l'égalité de traitement entre tous les actionnaires.* »

Dans un autre arrêt la même Cour, après avoir constaté que la combinaison litigieuse maintenait l'égalité parfaite entre tous les actionnaires, ajoutait qu'elle n'excédait pas les attributions de l'assemblée, « laquelle doit respecter l'*objet* assigné à l'exploitation de la société et le *régime légal* auquel celle-ci s'était soumise par la forme donnée à sa constitution » (9 février 1903).

Quant aux Cours d'appel, leur langage est plus abstrait. La Cour d'Angers et la Cour d'Aix ne considèrent comme clauses essentielles que celles qui concernent « la cause, la nature et l'objet de la société ». La Cour de Lyon défend à l'assemblée générale de porter atteinte « au but, à la nature, et aux conditions essentielles du « contrat en vue duquel les actionnaires ont traité » (30 déc. 1892). La Cour de Besançon interdit les « modi- « fications qui concerneraient la nature et l'objet même « de l'association, les parties essentielles du contrat... » (29 juill. 1889, *Dall.* 1890.2.331).

Ainsi qu'on peut s'en rendre compte, l'idée de ces différents arrêts est la même, et, bien qu'ils ne s'expriment pas absolument dans des termes identiques, ils réservent tous les mêmes stipulations du pacte social, à savoir celles qui déterminent l'objet et la nature de la société.

SECTION III

Droits acquis des actionnaires

150. *Principe.* — En ce qui concerne les stipulations statutaires qui déterminent les droits et prérogatives des actionnaires, la jurisprudence est beaucoup plus incertaine et ne saurait être résumée dans une formule géné-

rale nette et précise. Si elle reconnaît implicitement que les actionnaires ont de certains droits qu'on ne saurait leur enlever, auxquels même il est interdit de porter la moindre atteinte, fût-ce avec l'assentiment de la majorité d'entre eux, elle n'a pas pris la peine de construire à ce propos un système complet ni même de poser un ou plusieurs principes fondamentaux qui serviraient de fil conducteur pour la solution des questions qui se présentent dans cet ordre d'idées. Cette lacune s'explique par la raison qu'elle n'a guère eu à se préoccuper que de modifications intéressant, directement ou indirectement, une seule de ces clauses, à savoir celle qui réglemente la répartition des bénéfices.

Dans la dissertation citée plus haut, M. Thaller a présenté une théorie des « droits acquis » des actionnaires de l'assemblée extraordinaire est tenue de respecter. Cette théorie, qui vient d'Allemagne, considère que, si les actionnaires ont accepté d'avance toutes les décisions qui seront prises relativement à la marche des affaires par l'assemblée générale, organe de la volonté collective, il est impossible cependant de supposer qu'ils lui aient fait par avance le sacrifice éventuel de leurs prérogatives les plus essentielles. Il y a des droits qu'ils ont entendu se réserver en propre, et dont ils n'ont jamais admis qu'une décision de l'assemblée générale pourrait les dépouiller. En voici l'énumération : *a*) droit acquis à traiter avec une société régulière (d'où le droit de demander la nullité de la société constituée contrairement aux prescriptions de la loi) ; *b*) droit acquis à ne pas être exclu de la société sans compensation et à se faire attribuer un dividende si l'exercice se solde en bénéfices ; *c*) droit acquis de limiter son risque au montant nominal de son action ; *d*) droit acquis à garder ou à négocier son titre.

La jurisprudence reconnaît-elle l'existence de ces droits acquis ? On peut répondre affirmativement, en dépit de quelques variantes, comme on pourra s'en rendre compte par les explications qui vont suivre. Mais il importe tout d'abord de dégager avec précision les raisons sur lesquelles ses diverses décisions sont fondées. Se réfère-t-elle, comme M. Thaller, à la volonté présumée des parties ? En réalité son idée est la même que celle de l'éminent professeur, bien qu'elle ne la formule pas dans des termes identiques. Tantôt elle parle des stipulations qui ont été la cause déterminante de l'entrée des actionnaires dans la société ; tantôt elle envisage les conditions qu'on peut considérer, à son avis, comme « les conditions essentielles du pacte social ». Somme toute, elle estime que l'assemblée extraordinaire n'a pas le droit de modifier celles des clauses des statuts qui consacrent les droits essentiels, les prérogatives capitales des actionnaires. Il en résulte que cette interdiction s'appliquera à toutes les stipulations des statuts qu'il sera juste de considérer comme ayant paru essentielles aux actionnaires ou comme ayant pu les décider à acquérir des actions.

On objectera sans doute qu'un tel système contient une grande part d'arbitraire, qu'il est vague et imprécis et qu'il laisse place aux interprétations de fait les plus divergentes. Cela n'est pas douteux, mais on pourrait adresser le même reproche aux systèmes que proposent certains auteurs. Au surplus l'application de toutes les règles de droit comporte nécessairement l'interprétation préalable d'un contrat, laquelle est essentiellement variable, et le même flottement se retrouvera dans bien d'autres cas. Quoi qu'il en soit, tel est à l'heure actuelle le système de la jurisprudence sur ce point spécial.

En ce qui concerne le premier des droits acquis cités par M. Thaller, le droit de traiter avec une société régulière, elle est d'accord avec lui. Elle décide même que l'action en nullité qui appartient aux actionnaires de ce chef ne saurait être paralysée par les clauses des statuts qui obligent tout porteur d'actions à prendre l'avis de l'assemblée générale avant de former une demande en justice contre la société.

Le droit de limiter son risque au montant nominal de son action ne saurait non plus être contesté aux actionnaires, car il résulte des principes fondamentaux de la société par actions, laquelle exclut tout engagement de l'actionnaire au-delà du montant nominal de son titre. La jurisprudence a eu l'occasion une fois d'appliquer cette règle (V. n° 173).

Les deux autres droits acquis, à savoir le partage des bénéfices et le droit de négocier les titres, comportent de plus longues explications.

150 *bis*. *Droit à la répartition des bénéfices.* — La jurisprudence considère que les actionnaires ont un droit

acquis à la répartition des bénéfices, telle qu'elle a été établie par les statuts, et que l'assemblée extraordinaire ne saurait la modifier sans leur assentiment unanime. La formule, comme on le voit, diffère quelque peu de celle de M. Thaller.

Il semble bien inutile de justifier le principe d'après lequel l'assemblée extraordinaire n'a pas le droit de modifier la répartition des bénéfices. La clause qui règle cette répartition est manifestement une des bases essentielles du pacte qui unit les actionnaires entre eux, puisque la loi elle-même définit la société « un contrat par lequel deux ou plusieurs personnes conviennent de mettre quelque chose en commun *dans la vue de partager le bénéfice qui pourra en résulter* ». Les avantages accordés par les statuts aux actionnaires constituent l'essence même du contrat de souscription qui les a liés à la société. Ils n'ont apporté leur argent qu'en considération et en échange de la rémunération que leur promettait formellement le pacte social. Peut-être n'auraient-ils pas consenti à entrer dans la société si la fraction réservée aux actionnaires avait été moins élevée. Comme le disait la Cour de Paris en son arrêt du 19 avril 1875, dans le contrat de société, la stipulation faite par un associé relativement aux droits que conférera l'action dont il verse le montant est une condition substantielle et absolue du lien de droit qui se forme entre la société et lui. Pour tout dire en un mot, les avantages attribués par les statuts aux actionnaires sont la cause déterminante de leur entrée dans la société. Il est donc rigoureusement logique de conclure de là qu'ils ne sauraient être modifiés sans que chacun d'eux ait adhéré à cette modification. En d'autres termes l'assemblée générale extraordinaire ne peut pas modifier la clause des statuts qui règle la répartition des bénéfices.

Toutefois cette règle comporte certains tempéraments, car, si on la poussait à l'extrême, on interdirait les modifications statutaires permises en soi qui entraînent par contrecoup un changement plus ou moins important dans la réglementation établie par les statuts. Ces réserves seront étudiées plus loin (V. n°s 172 et suiv.).

151. *Droit de garder et de négocier ses titres.* — Quant au droit de garder ou de négocier ses titres, la jurisprudence ne pouvait se dispenser de le reconnaître en principe, car il est, lui aussi, de l'essence de la société par actions. Toutefois elle subordonne à une réserve le droit acquis pour l'actionnaire de garder ses titres. Contrairement à M. Thaller, elle ne pense pas qu'il soit interdit à l'assemblée qui a voté la réduction du capital d'ordonner les mesures nécessaires pour la réaliser, notamment l'échange de titres anciens contre un nombre inférieur de titres nouveaux, au risque de contraindre certains actionnaires qui n'ont pas le nombre nécessaire d'actions à le compléter ou à vendre celles qui resteraient entre leurs mains (V. n° 207).

De même le droit de négocier ses titres est assurément un droit fondamental attaché à l'action. Il constitue même, dans une théorie très accréditée, la caractéristique de la société par actions. Aussi est-il incontestable que l'assemblée générale ne saurait y porter atteinte.

En particulier elle n'aurait pas le droit d'ajouter aux statuts une clause portant que les actions ne pourront être cédées dans l'avenir qu'autant que les concessionnaires seraient agréés par le conseil d'administration. Comme l'a décidé le tribunal de commerce de Lyon (20 oct. 1902, *Journ. Soc.*, 1903.67) ce vote porterait atteinte à une clause essentielle du pacte social. Une semblable modification intéresse en effet le droit même des actionnaires ; elle tendrait à transformer en une société fermée une société de capitaux ouverte à tous et dont tous peuvent sortir à leur gré. Sans doute il n'est pas de l'essence de la société anonyme que la personnalité de ses membres ne puisse être soumise à l'agrément du conseil, mais une telle transformation ne peut être apportée à la société déjà constituée que du consentement de tous.

Toutefois, lorsqu'il résulte de l'esprit des statuts que nul ne peut faire partie de la société sans avoir été agréé par le conseil d'administration, si ce n'est à titre de donataire ou d'adjudicataire d'actions vendues par suite de saisie, l'assemblée générale ne fait que déduire une conséquence logique de cette règle, d'ailleurs licite, en précisant, dans une nouvelle rédaction, que les personnes devenues acquéreurs d'actions en l'une des susdites qualités ne pourraient en augmenter le nombre par achat sans l'autorisation du conseil, cette disposition ne détruisant pas l'égalité entre les actionnaires. On remarquera qu'une telle décision ne constitue pas autre chose qu'une interprétation des statuts. Au surplus elle est intervenue à propos d'un cercle, c'est-à-dire d'une société qui, par essence, ne peut accueillir parmi ses membres le premier venu à qui il plairait d'acheter une action (Cass., 29 oct. 1902, *Journ. Pal.*, 1905.1.89).

151 *bis*. *Droit de préemption.* — L'assemblée extraordinaire peut-elle introduire dans les statuts un droit de préemption au profit des personnes agréées par le conseil d'administration ? On fera valoir en faveur de l'opinion négative que ce serait là restreindre un droit que les actionnaires tiennent des statuts et de la loi et que ce droit mérite d'être considéré comme un droit essentiel. Cependant la Cour de cassation a décidé que oui, parce qu'une telle résolution ne porte atteinte ni à l'objet ni à la nature de la société, et que, d'autre part, comme il n'existait pas dans la société d'actions au porteur, aucune inégalité de traitement entre les actionnaires ne pouvait en résulter. D'ailleurs elle ne s'est pas inquiétée de savoir si cette délibération n'entamait pas le droit acquis de l'actionnaire de céder ses titres en toute liberté comme le permettaient les statuts originaires :

« Attendu que, bien qu'il soit de l'essence même des actions d'une société anonyme de pouvoir être cédées, il est cependant permis aux sociétés, quand leurs actions sont nominatives, d'en restreindre le commerce par des dispositions statutaires tendant à ce que les personnes agréées par les administrateurs les acquièrent par préférence sur tous autres que des associés dans des conditions de prix déterminées à l'avance ;

« Attendu qu'alors même qu'une pareille clause n'a pas été inscrite dans les statuts originaires, elle est susceptible d'y être ajoutée par une assemblée extraordinaire lorsque, par les statuts eux-mêmes, cette assemblée a été habilitée à les modifier suivant les besoins ; que ce mandat n'a d'autre limite que l'obligation de respecter l'objet et la nature de la société, ainsi que l'égalité de traitement entre tous les actionnaires, et que les bases essentielles de l'affaire commune ne reçoivent aucune atteinte de ce qu'un droit de préemption sur les titres cédés à des étrangers aura été conféré aux acheteurs désignés par le conseil pour un prix à fixer d'après la capitalisation du dernier dividende distribué ;

« Attendu que d'après les statuts les actions doivent être nominatives ; que, si elles peuvent être rendues au porteur en vertu d'une décision de l'assemblée générale, il n'est même pas allégué que cette conversion ait été votée par la dite assemblée ; qu'à la vérité les statuts permettaient implicitement d'aliéner les actions dont il s'agit dans la forme établie par l'article 36 du Code de commerce (le transfert) ; mais que l'assemblée extraordinaire était investie par les dits statuts du pouvoir d'apporter à ceux-ci les modifications dont elle reconnaîtrait l'utilité ;

« Attendu que c'est en vertu de cette délégation et pour satisfaire à des convenances dont elle était juge que l'assemblée extraordinaire a décidé qu'aucune action ne serait cédée à d'autres qu'à des actionnaires sans que le conseil eût été mis, pendant deux mois, en mesure de placer ces titres à des personnes de son choix pour un prix égal à 20 fois le chiffre du dernier dividende distribué, le vendeur devant, après ce délai, reprendre son entière liberté de traiter avec qui il voudrait ;

« Attendu que cette mesure n'a pas eu pour effet d'enlever aux parts dont elle réglemente la transmission leur caractère légal d'actions qui formait un élément nécessaire de la nature anonyme de la société ; qu'elle ne change en rien l'objet de celle-ci ;

« Attendu que, s'il existait des actions au porteur, comme le nouvel article ajouté aux statuts ne pourrait les atteindre, il en résulterait une inégalité de traitement entre les deux espèces de titres ; mais que ce fait n'a pas été articulé... » (14 mai 1895, *Sir.* 1899.1.397).

Toutefois certains tribunaux de commerce n'admettent

pas cette doctrine, estimant qu'une semblable résolution porte sur les droits mêmes des actionnaires et qu'elle a pour effet de transformer en une société fermée une société créée sous la forme et avec le caractère d'une société de capitaux exclusivement.

151 *ter*. *Autres applications du principe.* — En dehors des droits acquis dont il vient d'être parlé, il peut se trouver dans les statuts de telle société une clause qui apparaîtra comme ayant non moins d'importance et d'intérêt aux yeux des actionnaires et qui dès lors devra être également considérée comme intangible. Il est impossible d'essayer ici une énumération qui serait nécessairement incomplète, car les formules des statuts diffèrent d'une société à l'autre. Citons seulement, à titre d'exemple, un récent arrêt qui a fait l'application de cette idée dans des circonstances intéressantes.

L'article 26 des statuts d'une société en commandite par actions portait que le conseil de surveillance serait élu par l'assemblée générale des actionnaires, à la simple majorité des voix des membres présents votant par tête. Quant aux assemblées générales réunies pour tout autre objet, elles se composaient exclusivement des actionnaires porteurs de dix actions au moins et chacun d'eux avait autant de voix qu'il possédait de fois dix actions (art. 37). Une assemblée extraordinaire vota le remplacement du premier de ces articles par l'article suivant : « ... La nomination du conseil aura lieu à la majorité des voix et des membres présents, conformément aux dispositions de l'article 37 ci-après. » Mais la Cour de Lyon a déclaré cette modification nulle :

« Attendu, dit-elle, qu'en pareille matière le point à élucider consiste à rechercher, quand une résolution d'une assemblée générale blesse les intérêts de la minorité des actionnaires, si cette résolution est de la catégorie de celles qui touchent à *l'essence de la société* ; qu'il est de toute évidence que, si la modification incriminée s'applique à l'objet ou aux forces constitutives de l'entreprise, *ou si le fait modifié est de ceux sans lesquels l'actionnaire n'aurait pas contracté*, la modification ainsi apportée aux statuts sur lesquels repose le pacte social est d'une nullité radicale... »

En fait, la Cour estima que la disposition de l'article 26 constituait la sauvegarde des intérêts des petits actionnaires ainsi que leur protection contre tout arbitraire possible, et qu'il n'était pas téméraire de penser qu'ils n'auraient pas engagé leurs capitaux dans une société où il leur eût été impossible de surveiller et de protéger leurs intérêts en participant par leur vote à la nomination du conseil de surveillance. Cette disposition apparaissait dès lors comme une clause essentielle du pacte social, à laquelle l'assemblée extraordinaire n'avait le pouvoir d'apporter aucune modification sans l'assentiment de tous les actionnaires (Lyon, 8 déc. 1905, *Journ. Soc.*, 1906.254).

SECTION IV

Autres restrictions des pouvoirs de l'assemblée

152. *Autres réserves.* — La jurisprudence ne se con-

tente pas de placer en dehors du pouvoir de l'assemblée extraordinaire les clauses relatives à l'objet de la société, à sa nature et à la répartition des bénéfices. Tout en admettant qu'elle a le droit de modifier les statuts sur tous les autres points, elle soumet cependant à une double condition les pouvoirs qu'elle lui reconnaît aussi. En premier lieu elle ne doit pas violer l'égalité de traitement entre les actionnaires, qui constitue encore un des principes fondamentaux de la société par actions. En outre elle doit s'abstenir de porter atteinte aux droits des tiers. Cette seconde réserve va de soi ; il était cependant nécessaire de la formuler expressément.

153. *Clause expresse des statuts.* — Les statuts pourraient-ils valablement autoriser l'assemblée extraordinaire à modifier même les clauses essentielles et fondamentales du pacte social ? Oui. Du moment que cette clause figure dans les statuts, elle a été acceptée par tous ceux qui ont souscrit ou acheté des actions. On ne la trouve que très rarement dans la pratique (V. Nancy, 10 mars 1900, *Journ. Soc.*, 1900.405).

En sens contraire serait-il licite de subordonner le pouvoir de l'assemblée extraordinaire à l'avis d'un comité de garantie, qui serait composé, par exemple, des quinze plus forts actionnaires ? Oui, a décidé la Cour de cassation le 16 juillet 1901 (*Dall.* 1902.1.265). Si, dit-elle, les assemblées extraordinaires ont le pouvoir de modifier les statuts dans celles de leurs dispositions qui ne sont pas de l'essence même des sociétés, c'est seulement à défaut d'une clause contraire du pacte social, duquel il dépend d'interdire tout changement au régime statutaire primitivement adopté ou d'y mettre telles conditions que paraît réclamer la sécurité des intérêts engagés dans l'entreprise.

CHAPITRE III

MODIFICATIONS DE L'OBJET SOCIAL

SOMMAIRE

SECTION I

Limitation du principe d'après lequel elles sont interdites

154. *Principe.* — L'objet social est la première des stipulations du contrat de société que la jurisprudence déclare intangibles. Il n'est pas douteux en effet que ce soit là l'un des éléments constitutifs de l'individualité de l'entreprise. Telle société se constitue pour exploiter un charbonnage, telle autre pour exploiter une entreprise métallurgique, une autre pour fabriquer des plaques photographiques, etc. L'objet auquel elles se consacrent

sert à les différencier les unes des autres, et l'on peut dire qu'une modification radicale de l'objet social entraînerait en réalité la création d'une société nouvelle et distincte de celle dans laquelle les actionnaires avaient consenti à mettre leur argent. Or, si la jurisprudence autorise l'assemblée générale à apporter aux statuts toutes modifications utiles, elle entend précisément que ces modifications ne compromettent pas l'identité de la société. La logique lui commandait donc de refuser à l'assemblée le droit de changer l'objet social.

155. *Importance de la question.* — La question de savoir si telle modification de l'objet social est valable ou non présente une importance considérable, car elle met en cause la validité même des actes qui seraient faits en exécution de la délibération qui l'aurait adoptée. S'il était décidé que la modification votée dépassait en réalité la limite des pouvoirs de l'assemblée, ces actes pourraient être annulés sur la demande de tout intéressé, ce qui ne manquerait pas de jeter une perturbation profonde dans les affaires sociales. En effet du moment que l'objet social ne peut être changé que par un vote unanime des actionnaires, la nullité d'une opération faite en dehors de l'objet social ne saurait être couverte même par la ratification de l'assemblée générale extraordinaire (Cass., 5 avril 1892).

Pour éviter aux sociétés de telles difficultés, il est essentiel que le rédacteur des statuts fixe en termes aussi larges que possible l'objet social. En même temps il aura soin de conférer à cet égard au conseil d'administration des pouvoirs très étendus. Une société aussi prudemment et habilement constituée n'éprouvera aucun embarras pour modifier son objet et pour améliorer les conditions de son exploitation selon les circonstances et au mieux de ses intérêts.

155 *bis*. *Limitation de l'interdiction.* — Aussi bien la difficulté ne porte pas sur le principe même d'après lequel l'assemblée générale ne peut modifier l'objet social, car il est admis par tout le monde. Ce qui est beaucoup plus délicat, c'est de déterminer avec précision les limites de l'interdiction. Tout en respectant l'objet de la société, l'assemblée générale ne peut-elle pas le modifier dans une certaine mesure, notamment pour l'étendre ou pour améliorer les conditions de l'exploitation? C'est dans ces termes que la question se pose en pratique.

Les statuts prennent souvent le soin de s'expliquer à cet égard. Sans parler de ceux, très rares, qui confèrent à l'assemblée les droits les plus larges, même celui de changer l'objet social, le plus grand nombre d'entre eux contient une clause conçue à peu près dans les termes suivants : l'assemblée est autorisée à modifier l'objet social (ou bien encore : à l'étendre et à le modifier) sans toutefois le changer complètement ou l'altérer dans son essence. La préoccupation des fondateurs de la société n'est pas difficile à deviner. Ils n'ont pas voulu enfermer d'une manière rigoureusement absolue l'exploitation sociale, pour toute sa durée, dans les limites étroites tracées par les statuts au moment de sa constitution ; ils ont pensé, non sans raison, que le cours des événements pourrait rendre nécessaire à un moment quelconque un changement secondaire, par exemple une extension de l'objet social, tel qu'il était déterminé par le contrat. Le fond de cette entreprise ne sera pas pour cela transformé, mais du moins l'exploitation pourra, selon les besoins et les circonstances, se mouvoir dans des limites extrêmement larges.

156. *Distinction admise par la jurisprudence. Extension.* — Telle est d'ailleurs la distinction à laquelle la jurisprudence s'est arrêtée et qui doit être appliquée dans le silence des statuts. Sans doute elle interdit à l'assemblée extraordinaire de changer l'essence de l'objet social, ce qui entraînerait la création d'une société nouvelle, mais elle l'autorise par contre à donner aux affaires de la société l'extension ou bien à apporter au mode d'exploitation les changements que comporteraient les circonstances et à modifier en conséquence les statuts. Du moment que le *but* essentiel assigné à la société par les statuts n'est pas altéré, l'assemblée générale n'outrepasse pas ses droits en étendant l'objet social par l'adjonction d'une entreprise connexe ou en modifiant les conditions originaires de l'exploitation.

M. Paul Pont s'était déjà prononcé dans le même sens : « Des modifications de détail portant sur l'objet de « la société ne feraient pas de la société dont les condi- « tions seraient ainsi modifiées une association nouvelle. « La plupart des sociétés, lorsqu'elles sont prospères, « élargissent, on le sait, la sphère de leurs attributions « et exploitent volontiers des branches accessoires ou

« complémentaires de leur industrie... Bien évidemment « de telles modifications n'altèrent en rien l'essence « même de la société, et elles peuvent s'introduire sans « imprimer à la société le caractère de société nouvelle. « Mais il en serait autrement si, abandonnant complète- « ment son objet primitif, la société se lançait dans des « entreprises nouvelles... » Il reste à décider dans chaque cas particulier si le but originaire de la société ne sera pas transformé par la modification projetée ; c'est une question d'appréciation qui est réservée aux tribunaux.

156 *bis*. *Restriction de l'objet social*. — Bien que la jurisprudence n'ait jamais eu à statuer sur cette question, elle n'en doit pas moins être examinée, car elle se présente quelquefois dans la pratique. Si une société exploite deux industries différentes, un charbonnage et une entreprise métallurgique, par exemple, et qu'elle constate que l'une d'elles ne saurait être continuée sans danger pour sa propre existence, l'assemblée extraordinaire peut-elle décider que cette entreprise sera cédée et restreindre ainsi l'objet social tel que les statuts l'avaient déterminé ? Sans doute c'est là une modification de l'objet social, mais en résultera-t-il la création d'une société nouvelle ? Nous répondons non sans hésitation, car le fond de l'entreprise ne s'en trouvera pas transformé. On ne saurait, sans encourir la critique, contraindre une société à prolonger quand même l'exploitation d'une branche d'industrie qui ne lui donne plus de bénéfices. L'intérêt des actionnaires leur conseille au contraire de

supprimer cette partie mauvaise de l'entreprise et d'accepter sans protestation la décision de l'assemblée extraordinaire.

SECTION II

Principales décisions de la jurisprudence

157. *Jurisprudence.* — Une société, dénommée *Société foncière Calédonienne*, dont l'objet statutaire comprenait, non seulement l'exploitation et la mise en valeur de terrains situés à la Nouvelle-Calédonie, mais encore l'établissement et l'exploitation d'usines, l'achat et la vente de propriétés mobilières et immobilières, etc., a pu valablement, en vertu d'une délibération de l'assemblée extraordinaire, entreprendre des opérations commerciales, industrielles et minières (Cass., 20 déc. 1882, *Journ. Pal.* 1883.490). Une telle décision, a jugé la Cour, n'ajoutait en rien à l'ensemble des opérations auxquelles elle avait la faculté de se livrer.

Une société dont l'objet principal est de faire des prêts hypothécaires et diverses opérations se rattachant aux industries agricoles, mais dont les statuts prévoient et permettent l'extension des opérations sociales, peut, par une interprétation juridique des actes et documents de la cause, être considérée comme n'ayant pas été reconstituée et *comme étant demeurée légalement la même* bien que, par délibération de l'assemblée générale extraordinaire, elle ait été autorisée à faire des opérations de banque et d'escompte (Cass., 14 janvier et 23 février 1885, *Sir*. 1885. 1. 159 et 337).

Une société constituée pour l'exploitation d'une mine peut-elle ajouter à son objet primitif l'exploitation, soit d'une autre mine déterminée, soit d'autres mines à acquérir plus tard ? La Cour de cassation a eu plusieurs fois l'occasion de se prononcer sur cette question, mais pas d'une manière exclusive, car, dans aucun cas, les résolutions de l'assemblée ne se bornaient à l'extension de l'objet social. Voici un passage de l'arrêt du 29 juillet 1890 :

« Attendu qu'il a été apporté aux statuts de la société des mines de Pontpéan des modifications consistant notamment en la transformation de la dite société en société anonyme et en ce que, tandis que la société en commandite par actions avait uniquement pour objet l'extraction du minerai de la mine de Pontpéan, les opérations de la société anonyme ont été étendues à l'exploitation de toutes les autres mines métallurgiques ou carbonifères dont l'assemblée générale approuverait l'acquisition ou l'amodiation, à l'achat de tous minerais que la société trouverait avantage à traiter ou à revendre, à l'exploitation des fonderies ou de tous autres établissements de ce genre qu'elle trouverait utile de créer, au commerce de la houille, à la vente des produits des usines et fonderies et généralement de tout ce qui pourrait se rattacher à son exploitation ; attendu, sans qu'il soit besoin d'examiner si la transformation de la commandite en société anonyme peut avoir pour résultat de substituer une nouvelle personne morale à l'ancienne, que, dans l'espèce, il a été apporté aux opérations de la société primitive une extension qui, sans avoir été ni prévue ni autorisée par les statuts, a été telle que l'objet de la société s'est trouvé complètement changé... » (*Dall*. 1891.1.54).

La même question s'est présentée à nouveau quelque temps après devant la même Cour, dans une espèce où la modification de l'objet social était accompagnée, non plus d'une seule, mais de deux autres modifications plus graves :

« Attendu que l'assemblée générale des actionnaires de la Société du charbonnage du Poirier a décidé : 1° la transformation de la société civile en société anonyme ; 2° la substitution de la loi belge à la loi française ; 3° l'extension de l'exploitation, exclusivement fixée par les statuts primitifs au charbonnage du Poirier, à l'exploitation d'autres charbonnages déjà acquis ou de tous autres que la société pourrait acquérir dans la suite par concession, achat, fusion, échange ou autrement ; que ces diverses décisions, touchant aux bases essentielles de la société, ne pouvaient être valablement votées qu'à la condition de réunir l'unanimité des actionnaires... » (26 nov. 1894, *Dall.* 1895.1.57).

Cet arrêt est complété par celui du 29 mars 1898 qui a été rendu à propos de la même affaire. En voici les passages les plus intéressants :

« Attendu que l'objet de la société était expressément limité à l'exploitation du charbonnage du Poirier, sur une étendue de 192 hectares ; que par conséquent les achats de terrains autorisés par l'article 3 ne pouvaient s'entendre que de terrains en surface, utiles à cette exploitation, et non pas de nouveaux gisements de houille ; qu'en décidant que l'assemblée générale n'avait pu, sans changer l'objet de la société, et par suite sans excéder ses pouvoirs, étendre l'exploitation sociale aux mines que la société pourrait par la suite acquérir par concession, achat, fusion ou autrement, l'arrêt attaqué n'a violé aucune loi...

« Que le changement d'objet et de régime légal de la société du Poirier a virtuellement lésé les défendeurs actuels dans la propriété des parts en remplacement desquelles ils n'étaient point tenus d'accepter des titres d'une *nouvelle société* si différente de la première ; que toute atteinte à la propriété indique par elle-même un préjudice... » (*Dall.* 1899.1.595).

On voit par ces courtes citations que la question ne s'est jamais présentée isolément devant la justice. La solution dépend, somme toute, de l'appréciation des faits de chaque espèce particulière. Pour savoir si l'extension projetée serait valable, il convient de rechercher si la société a été constituée spécialement en vue de l'exploitation de telle mine déterminée, à l'exclusion de toute autre, ou si au contraire elle n'a pas pour but, d'une manière plus générale, une exploitation industrielle de la nature de celle qui a été entreprise, quelle que soit d'ailleurs la mine à travailler. Dans cette dernière hypothèse, serait-il raisonnable d'empêcher la société d'acheter une mine nouvelle lorsque celle qu'elle exploite quant à présent paraît à la veille de s'épuiser ? N'est-ce pas d'ailleurs dans tous les cas un acte de prudence de la part des administrateurs que de donner à l'exploitation sociale le développement et l'extension normales qui accroîtront la prospérité de l'entreprise ? On peut citer en ce sens une décision récente de la Cour de Liège, aux termes de laquelle l'acquisition d'une usine similaire pour l'extension des affaires sociales ne constitue pas un changement à l'objet essentiel d'une société anonyme (25 janv. 1902).

158. *Sociétés gazières. Electricité.* — La découverte de la lumière électrique a renouvelé l'intérêt de cette question, parce que les sociétés qui avaient été consti-

tuées pour éclairer les villes au gaz voulurent naturellement entreprendre la fabrication de la lumière nouvelle. Il s'agissait de savoir si la délibération prise en ce sens par l'assemblée extraordinaire constituait simplement une extension licite de l'objet social, et non pas une modification essentielle qui n'aurait pu être adoptée que par l'unanimité des actionnaires.

Se conformant à la manière de voir qui dominait encore à ce moment la jurisprudence, c'est-à-dire à l'interprétation restrictive de l'article 31, les Cours de Bourges et de Paris, dans des arrêts qui ont été souvent cités, estimèrent qu'il y avait là une transformation de l'objet social et prononcèrent en conséquence la nullité des délibérations litigieuses.

La Cour de Bourges pensa qu'il répugnait à la logique des choses de décider que l'*adjonction* de l'éclairage par l'électricité à l'éclairage au gaz ne constituait qu'une simple modification de détail ne portant aucune atteinte aux bases fondamentales de la société : c'est en réalité un nouvel objet venant se superposer au précédent et qui, s'il tend au même but que celui-ci, nécessite cependant l'emploi de procédés tout différents et entraîne à sa suite, avec des dépenses nouvelles, un surcroît de responsabilité et un aléa particulier (6 avril 1892).

La Cour de Paris rappelait le principe qu'une société ne peut se modifier dans son essence et se transformer dans son objet sans l'assentiment unanime des actionnaires et le justifiait en disant que telle était la conséquence de cette autre règle, toute de logique et de raison, que nul ne peut être contraint d'entrer contre son gré dans une société à laquelle il refuse de confier ses capitaux. Or, disait-elle, la *substitution* de l'éclairage électrique à l'éclairage au gaz modifie dans son essence l'objet en vue duquel la société avait été constituée (29 déc. 1897).

Mais cette dernière décision ne reçut pas l'approbation de la Cour de cassation. Celle-ci a pensé que la société constituée pour l'éclairage par le gaz ne faisait qu'améliorer son service en entreprenant en outre la fabrication de la lumière électrique. La délibération de l'assemblée générale qui avait voté cette adjonction n'excédait donc nullement le pouvoir qui lui appartient d'apporter aux statuts toutes modifications utiles :

« Attendu que l'arrêt attaqué, pour décider la question de savoir si la Compagnie du Gaz de Bordeaux n'avait pas changé l'objet de la société, s'est placé au point de vue absolu de la substitution de l'éclairage électrique à l'éclairage par le gaz ; que cependant, dans les conditions où se poursuivait le débat, se posait la question de savoir si, en appliquant l'éclairage électrique à un certain nombre de monuments et de voies de la ville de Bordeaux, elle avait simplement réalisé dans le service général dont elle était chargée une amélioration que ni ses statuts ni sa concession ne lui interdisaient d'entreprendre... » (27 juin 1900, *Journ. Soc.*, 1900.490).

Depuis cet arrêt la jurisprudence n'est pas sortie de la voie libérale où la Cour suprême était entrée. C'est ainsi que tout récemment la Cour d'Orléans décidait, à ce propos précisément, « qu'une entreprise nouvelle, imposée « par le cahier des charges et venant se *superposer* à l'en- « treprise primitive visée par les statuts, si elle tend au

« même *but* que celle-ci, ne peut être considérée comme « étant un objet nouveau » (9 janv. 1901, *Journ. Soc.*, 1901.356). Il semble bien en effet qu'en pareil cas l'objet essentiel de la société, c'est l'éclairage, et que le but qu'elle poursuivait ne sera pas modifié si elle décide d'adjoindre à la fabrication du gaz la production de la lumière électrique.

159. *Jurisprudence* (*suite*). — Lors du vote de la loi du 9 avril 1898 sur les accidents du travail, on s'est demandé si une société fondée pour assurer les accidents corporels, les maladies et les accidents de chemin de fer pouvait adjoindre à son industrie l'assurance des accidents du travail. Le tribunal de commerce de la Seine a tranché la question affirmativement, et avec raison. Mais l'assemblée générale ne s'en était pas tenue là ; elle avait décidé en même temps qu'à l'avenir la société s'occuperait des assurances contre le vol et de la réassurance de tous les risques garantis par les autres compagnies, sauf l'assurance-vie. Sur ce point la délibération des actionnaires a dû être annulée, car elle contenait plus qu'une extension de l'objet social. En effet la société se transformait radicalement par un changement aussi grave de son objet.

Lorsque la société a pour but l'exploitation d'un restaurant déterminé, l'assemblée générale ne peut valablement autoriser la société à en acheter un autre pour l'exploiter en même temps (Trib.comm.Seine, 25 juin 1891).

Pour que la question se pose, encore faut-il que la délibération critiquée comporte une véritable extension de l'objet social. Si elle n'a eu d'autre but que de préciser et de rendre plus clair ce qui était déjà formulé dans les statuts, elle est incontestablement valable. C'est ce qui a été jugé récemment par la Cour de Lyon. La société avait pour objet, outre la concession d'une mine d'antimoine déterminée, « l'obtention et l'achat de *toutes* « *concessions* ainsi que toutes opérations se rattachant « à cet objet d'une manière quelconque ». La Cour a décidé que l'assemblée n'excédait pas son droit en ajoutant à la formule des statuts « la recherche, l'amodiation, « l'achat, la mise en exploitation de *tous gisements, de* « *quelque nature qu'ils soient*, reconnus exploitables » (16 déc. 1902, *Journ. Soc.*, 1904.154).

SECTION III

Modification des conditions de l'exploitation

160. *Jurisprudence.* — Si l'assemblée extraordinaire ne peut modifier l'essence même de l'objet de l'exploitation sociale, il serait par contre tout-à-fait excessif de lui refuser le droit d'améliorer les conditions de cette exploitation. Mais la difficulté est, ici encore, de savoir quelle est la limite entre le changement du mode d'exploitation et le changement de l'objet social.

Une société, a décidé la Cour de cassation le 8 mars 1882, peut confier temporairement l'exploitation en vue de laquelle elle a été constituée à une société ayant son individualité distincte et indépendante, qui a pris à sa charge toutes les pertes et qui fait à la société cédante une part déterminée dans les bénéfices. Le doute était d'autant moins permis dans cette espèce que les statuts autorisaient l'assemblée extraordinaire à voter toutes fusions avec d'autres sociétés similaires (*Journ. Pal.*, 1882.734).

Dans un autre cas le tribunal de commerce de la Seine s'est prononcé en sens contraire. Une société s'était fondée pour la fabrication et l'exploitation de divers produits à base de kola selon les formules et procédés dont elle était propriétaire. L'assemblée vote la cession à une autre maison du droit exclusif de fabriquer, vendre et exploiter ces produits moyennant des redevances déterminées, la société se réservant un simple droit de contrôle. Etait-ce là une altération de l'objet social ? Le tribunal l'a considéré ainsi, et il a annulé la délibération de l'assemblée.

L'assemblée a-t-elle le droit de céder partiellement son exploitation ? Oui, a décidé la Cour de Bordeaux à propos d'une société de phosphate de chaux qui avait concédé pour un temps déterminé à une autre société l'exploitation de ses concessions, mais qui n'en continuait pas moins le commerce de produits dérivant du phosphate :

« Attendu que, par le dit traité, la Compagnie générale des phosphates et engrais se bornait à modifier le mode de fonctionnement de la société en ce qui touchait l'exploitation directe de ses carrières ou gisements de phosphates qu'elle confiait suivant des conditions déterminées au contrat, à la Compagnie générale des phosphates français ; que son objet n'en était pas changé ; que, tout en modifiant pour une période de quinze années le mode de traitement des gisements dont elle avait la concession ou la propriété, elle n'en devait pas moins continuer l'achat et l'exploitation des phosphates, la fabrication et la vente des engrais chimiques et toutes autres opérations pour lesquelles elle s'était constituée ; qu'on ne saurait donc voir dans la dite convention un traité d'union ou de fusion entre elle et la Compagnie générale des phosphates français, par lequel elle se serait fondue dans cette dernière société qui l'aurait absorbée et continuée ; que cette modification, relative seulement au mode d'administration ou d'organisation, ne l'altérait pas dans son essence, et la laissait subsistante pour le terme fixé par le statut social, faisant servir le même capital et la même exploitation en vue de partager les résultats dans la même proportion ; que dès lors il n'était pas besoin de soumettre le traité aux délibérations d'une assemblée extraordinaire... » (22 mai 1889).

161. *Location.* — La société peut-elle louer son immeuble pour la continuation par un tiers de l'exploitation en vue de laquelle elle a été constituée ? Oui, d'après la Cour de cassation. Dans l'espèce il s'agissait d'un cercle, et l'assemblée extraordinaire avait voté que l'exploitation, au lieu d'être faite directement par la société comme elle l'avait été jusqu'alors, aurait lieu désormais par voie de location des immeubles à un tiers. La Cour suprême a pensé que l'objet social n'était pas modifié du moment que la destination des immeubles restait la même et que les bénéfices continuaient à être puisés à la même source :

« Attendu que l'article 1er modifié porte que la Société anonyme des immeubles du Cercle de la Méditerranée a pour objet la gestion et l'administration des immeubles appartenant à la société ; en cas de sous-location la société pourra créer et exploiter elle-même le cercle dans ses locaux ; que cette rédaction, dans ses termes comme dans son esprit, ne permet pas d'affecter les immeubles de la société à autre chose qu'à un cercle, le Cercle de la Méditerranée ; qu'aucune équivoque ne saurait exister à cet égard et par suite il n'y a pas modification aux bases essentielles ;

« Attendu toutefois que, pour bien préciser le caractère de la société, il convient de rétablir le titre primitif de la société en supprimant les mots « des immeubles » dans le premier paragraphe de l'article 1er modifié ;

« Que d'ailleurs la faculté d'exploiter le cercle par voie de location, si la société le juge convenable, a déjà été adoptée par l'assemblée générale du...

« Que, si l'assemblée générale du... a modifié l'article 1er ancien en y inscrivant que la Société anonyme du Cercle de la Méditerranée a pour objet l'exploitation d'un cercle, il ne s'ensuit pas, en s'en référant aux statuts primitifs et modifiés, que cette exploitation soit obligatoirement directe; qu'elle peut être faite soit directement, soit par location ou gérance au mieux des intérêts de la société ; que la majorité, mandataire de l'unanimité des actionnaires fondateurs, est à même d'apprécier les avantages... » (29 oct. 1902, *Sir.*, 1905.1.89).

Cet arrêt, dont les tendances sont extrêmement libérales, a été vivement critiqué par certains auteurs. Il a d'ailleurs statué sur plusieurs autres modifications statutaires importantes et il se trouve cité plusieurs fois dans cet ouvrage.

CHAPITRE IV

MODIFICATIONS DE LA NATURE, DE LA FORME ET DE LA NATIONALITÉ DE LA SOCIÉTÉ

SOMMAIRE

SECTION I

DÉFINITION DE LA NATURE ET DE LA FORME DE LA SOCIÉTÉ

162. *Nature de la société.* — Le second point sur lequel la jurisprudence interdit à l'assemblée générale de modifier le pacte social, c'est la nature de la société. On traduira plus exactement sa pensée en disant avec un arrêt de la Cour de cassation : la nature et la forme de la société. On verra d'ailleurs plus loin que la nationalité de la société ne peut pas davantage être modifiée par un vote de l'assemblée extraordinaire.

Qu'entend-on exactement par ces mots : la *nature* de la société ? On veut parler de son caractère de société civile ou de société commerciale. Il est inutile de rappeler ici que le caractère d'une société est déterminé par l'objet de son exploitation : elle est civile si cet objet est civil (exploitation d'une mine, d'un canal, d'un immeuble, etc.) ; elle est commerciale lorsqu'elle a pour objet une entreprise commerciale et industrielle. C'est à ce caractère qu'on fait allusion quand on parle de la nature d'une société.

163. *Forme.* — Quant à la *forme* de la société, cela s'entend du type juridique choisi par ceux qui l'ont constituée. La société est en nom collectif ou en commandite simple, en commandite par actions ou anonyme.

Ainsi ce que la jurisprudence ne reconnaît pas à l'assemblée générale extraordinaire le droit de modifier, c'est, d'une part, le caractère civil ou commercial de la société, et, d'autre part, le type juridique suivant lequel elle a été constituée.

164. *Loi de 1893. Commercialisation des sociétés par actions.* — Depuis la loi du 1er août 1893, la distinction entre la nature et la forme de la société a perdu presque toute son importance. En effet cette loi a décidé qu'à l'avenir les sociétés constituées selon les formes du Code de commerce et de la loi de 1867 seraient commerciales, quel que soit leur objet, fût-il même civil. Aux termes de l'article 68 nouveau, « quel que soit leur objet, les « sociétés en commandite ou anonymes qui se sont cons- « tituées dans les formes du Code de commerce ou de la « présente loi seront commerciales et soumises aux lois « et usages du commerce ».

Avant 1893, la situation juridique de ces sociétés n'était pas déterminée d'une façon certaine. Sans parler de la différence qui existe entre la société civile et la société par actions au point de vue de l'étendue de la responsabilité pécuniaire de leurs membres, on se demandait si les sanctions civiles et pénales de la loi de 1867 étaient applicables à ces sociétés civiles à forme commerciale. L'intention du législateur de 1893 a été « que les so-« ciétés ne puissent tout à la fois, en adoptant la forme « dite commerciale et en prétendant à ce titre jouir de « la faculté de limiter les engagements des associés au « montant de leur apport, se soustraire en même temps, « comme étant civiles par leur objet, aux garanties qui « résultent pour les tiers des règles régissant les sociétés « commerciales, notamment en ce qui concerne l'appli-« cation de la loi de 1867, la tenue des livres, la compé-« tence commerciale et la faillite ; désormais il faut « choisir : ou rester sous l'empire de la loi purement « civile, avec la garantie pour les tiers de la responsa-« bilité individuelle des associés, ou bénéficier de la « limitation des pertes aux apports déterminés dans l'as-« sociation des capitaux, mais avec les garanties corres-« pondantes qu'édicte la loi commerciale » (Paris, 31 mai 1904).

C'était, comme on le voit, une modification profonde des principes qui ont été rappelés plus haut. Pour les sociétés par actions, en commandite ou anonymes, peu importera désormais le caractère de leur exploitation et la nature de l'objet en vue duquel elles auront été constituées : la loi les déclare de plein droit sociétés commerciales. Une seule chose est à considérer désormais, à savoir la forme de la société, puisque sa nature dépend de sa forme. D'où la conséquence que, ce qu'il est interdit à l'assemblée extraordinaire de modifier, c'est *la forme* même de la société. Une modification de la forme de la société serait nulle comme constituant un excès de pouvoir de la part de l'assemblée et aussi — c'est là un point que nous n'indiquons qu'en passant — comme entraînant la violation des règles qui président à la constitution des sociétés par actions.

SECTION II

Jurisprudence

165. *Principe.* — La jurisprudence n'a jamais varié sur l'application qu'il convenait de faire de ce principe et toujours elle a annulé les délibérations par lesquelles l'assemblée extraordinaire avait modifié la nature ou la forme de la société. On en a déjà rencontré un exemple, car, dans l'arrêt du 26 novembre 1894 cité précédemment, la Cour de cassation déclarait que l'assemblée extraordinaire excède la limite de ses pouvoirs lorsqu'elle transforme une société civile en une société anonyme (V. n° 157). D'autres décisions intéressantes ont été rendues sur cette question.

165 *bis*. *Transformation d'une société en commandite en société anonyme.* — L'une des premières date du 12 mars 1888. Une société en commandite par actions s'était transformée en société anonyme en vertu d'une délibération de l'assemblée extraordinaire. Un créancier demanda la nullité de la nouvelle société, dont le capital, faisait-il remarquer, ne s'était pas trouvé totalement souscrit puisqu'il avait été fixé par les statuts au même montant que celui de l'ancienne société et que le patrimoine de celle-ci, qui, à lui seul, avait formé l'apport, n'existait plus dans son intégralité lors de la transformation. La Cour d'Amiens déclara que cette transformation n'avait constitué qu'un simple changement de forme et ne nécessitait pas dès lors l'accomplissement des formalités de la loi de 1867. Mais la Cour de cassation, après avoir constaté cependant que tous les actionnaires avaient voté la transformation, déclara que la nullité était bien certaine, et ce pour la raison invoquée par le demandeur : « Attendu, en droit, que sans doute, le capital so-« cial de 480.000 francs n'existant plus intégralement le « 1er juillet 1880, il y avait là une cause de nullité de la « société anonyme aux termes des articles 1, 24 et 41 de « la loi de 1867. » D'où il suit que, ces prescriptions étant d'ordre public, la transformation dont s'agit ne pouvait même pas être réalisée dans ces conditions par un vote unanime des actionnaires réunis en assemblée (12 mars 1888).

166. *Changement de la qualité sociale des héritiers du gérant.* — Le 28 février 1888, la Cour de cassation

a annulé la délibération qui avait été prise par les actionnaires d'une société en commandite par actions dans les termes suivants. Les statuts stipulaient que, dans le cas de prédécès de l'un des gérants, la société continuerait avec ses héritiers et représentants, mais que ceux-ci seraient désormais des associés commanditaires dans la mesure des droits de leur auteur. L'assemblée générale ayant décidé que, par modification à cette clause, ils seraient tenus à titre d'associés en nom collectif, cette résolution a été déclarée nulle parce qu'elle avait pour effet de « changer la nature de la société »:

« Attendu que l'arrêt attaqué constate que la délibération est irrégulière en la forme, les mots nuls et additions n'étant pas approuvés, et une mention finale venant contredire l'unanimité du vote précédemment déclarée ;

« Que la délibération n'avait pas été prise à l'unanimité, alors qu'il s'agissait d'une modification devant avoir pour effet d'imposer à un certain nombre d'associés la qualité d'associés en nom collectif, au lieu d'associés commanditaires, c'est-à-dire, vis-à-vis d'eux, *de changer la nature de la société* ;

« Que la modification projetée n'avait pas été indiquée dans la lettre de convocation pour l'assemblée générale... »

167. *Changement de la qualité sociale du gérant.* — L'assemblée extraordinaire d'une société en commandite par actions ne pourrait pas davantage autoriser l'un des gérants à cesser d'être associé en nom collectif pour devenir simple commanditaire. C'est ce que la Cour suprême a décidé, dans le même ordre d'idées, le 29 décembre 1897 :

« Attendu, en droit, que la désignation des associés en nom collectif, par l'influence qu'elle exercé, soit sur les commanditaires, relativement à l'apport des capitaux, soit sur les tiers, relativement aux affaires à engager, a une importance telle qu'elle doit être considérée comme formant une des bases essentielles de la société ; dès lors il ne saurait appartenir à une assemblée générale extraordinaire, ne représentant qu'une majorité d'actionnaires, de modifier la partie des statuts relative aux associés en nom collectif et de permettre à l'un de ces associés, s'il n'y est pas autorisé par une clause spéciale des statuts, de sortir de la société. »

Cet arrêt a été souvent cité comme traduisant clairement l'opinion de la Cour de cassation quant à la forme de la société. Il se justifie d'ailleurs à merveille. Le changement de la forme de la société serait de nature à entraîner pour les associés une aggravation des charges qu'ils ont acceptées, et c'est bien juste qu'une pareille modification ne puisse être réalisée sans leur consentement. De même les membres de la société, comme aussi les tiers, sont intéressés à voir subsister les garanties qui leur ont été promises par le pacte social, et ces garanties disparaîtraient en partie si, par exemple, une société en commandite par actions se transformait en une société anonyme. Ils ont donc le droit de ne pas reconnaître comme valable le vote d'une telle transformation par l'assemblée extraordinaire, du moment qu'elle n'a pas été prévue par les statuts.

168. *Changement de nature et d'objet.* — Dans le même ordre d'idées, la Cour de Besançon a décidé qu'une société formée entre des monteurs de boîtes de montres, revêtue du caractère de société coopérative, et destinée à fournir aux seuls associés les matériaux né-

cessaires à leur industrie, ne saurait se transformer, par le vote de l'assemblée, en une société industrielle ayant pour but la fabrication des boîtes de montres et de tous autres produits en métal, parce qu'elle se trouverait désormais exposée à des risques non prévus et que sa nature serait par là même changée (29 juillet 1889).

168 *bis*. *Statuts*. — D'ailleurs les statuts ne permettent jamais à l'assemblée générale extraordinaire de modifier, soit la forme, soit la nature de la société. En présence de cet accord avec la jurisprudence, on peut affirmer que le pacte social est intangible à ce double point de vue.

169. *Conséquence de la nullité de la délibération.* — Lorsqu'une délibération de cette nature a été annulée, la société se trouve transformée en une société de fait. L'ancienne société, dans la forme où elle avait été constituée, n'existe plus. Quant à la nouvelle société, elle est viciée d'une nullité radicale comme ayant été formée irrégulièrement. C'est donc simplement une société de fait qui subsiste et qu'il y aura lieu de liquider comme telle. Telle est la solution qui a été donnée dans un cas récent où l'assemblée des actionnaires d'une société en commandite par actions avait remplacé l'unique commandité, gérant responsable, qui se retirait de la société, par un tiers gérant non associé qui ne participait ni dans les bénéfices ni dans les pertes.

SECTION III

NATIONALITÉ

169 *bis*. *Nationalité.* — Nous croyons qu'il convient de rattacher à cette question celle de la nationalité, car il semble bien que c'est là encore un des éléments de la nature de la société. Une société s'individualise, non seulement par son caractère civil ou commercial et par la forme dont elle est revêtue, mais encore par la nationalité qui lui appartient et qui détermine la loi qui la régira.

170. *De quoi elle dépend.* — De quoi dépend la nationalité d'une société ? De la nationalité de ses membres ? Ou bien du lieu où se trouve le centre de l'exploitation ? Après bien des hésitations, la doctrine et la jurisprudence se sont mises d'accord pour décider qu'elle dépend du lieu du siége social. Une société qui a son siége social en France est une société française, quand bien même ses membres seraient en majorité Belges et que le centre de son exploitation se trouverait, par exemple, en Angleterre.

171. *Transport du siége social à l'étranger.* — L'assemblée générale a le droit de changer le siége social ; ce pouvoir lui a été reconnu par la jurisprudence (V. nº 219). Mais, si le siége social était transporté au-delà de la frontière, cette décision aurait pour conséquence

d'imposer à la société une nationalité nouvelle et de la soumettre en même temps à une loi différente. L'assemblée extraordinaire possède-t-elle un semblable pouvoir ?

La jurisprudence le lui refuse. Il n'est pas douteux que le changement de nationalité et la subordination à une législation différente altèrent gravement l'essence même de la société. Tel actionnaire, qui s'est engagé dans la société en comptant sur les dispositions de la loi française, n'y fût peut être pas entré si elle avait dû être soumise à la loi anglaise ou à la loi belge. Aussi la jurisprudence décide-t-elle qu'un aussi profond changement ne peut être décidé valablement que par l'unanimité des actionnaires (V. Cass., 26 nov. 1891, *Dall.* 1895.1.57).

CHAPITRE V

MODIFICATIONS DE LA RÉPARTITION DES BÉNÉFICES

SOMMAIRE

SECTION I

LIMITES DU PRINCIPE D'INTERDICTION

172. *Règles.* — On a vu plus haut que l'assemblée extraordinaire n'a pas le droit de modifier la répartition des bénéfices qui a été fixée par les statuts et qui forme la base essentielle du contrat de société même (V. nºs **148** *bis* et **150**). Il est en effet inadmissible que la majorité des actionnaires puisse changer cette répartition, soit pour favoriser certains d'entre eux, soit dans tout autre but. Si les administrateurs possèdent la majorité à l'assemblée, ils seront peut-être tentés, par exemple, d'en profiter pour faire voter l'augmentation du tantième que les statuts originaires leur attribuent dans les bénéfices. De pareils agissements sont incontestablement prohibés. Mais, si le principe est incontestable, la difficulté consiste à déterminer les limites de cette interdiction. On peut affirmer en effet que la répartition des bénéfices n'est pas tellement intangible qu'il soit défendu d'y porter atteinte même indirectement. En proclamant la légalité des actions de priorité et en permettant d'en créer même en cours de société, le législateur lui-même a fait une brèche à ce principe, car il n'est pas douteux qu'une émission d'actions de priorité faite à titre d'augmentation de capital est de nature à modifier profondément la répartition statutaire des bénéfices (V. notre *Commentaire des lois du 9 juillet 1902 et du 16 novembre 1903*).

Quant à la jurisprudence, elle autorise également des modifications statutaires qui entraînent fatalement une répartition différente des bénéfices. Tel est le cas, par exemple, de l'augmentation du capital social, puisque la somme nécessaire pour le service de l'intérêt sera désormais plus élevée et qu'en outre les bénéfices devront être à l'avenir répartis entre un plus grand nombre d'actionnaires. De même la réduction du capital entraîne une diminution de l'intérêt qu'on doit, d'après les statuts primitifs, servir au capital versé. On peut donc affirmer que la jurisprudence ne voit pas un obstacle dirimant dans la répercussion que ces diverses mesures produisent inévitablement sur la répartition des bénéfices. Toutefois il est juste d'ajouter que cette question spéciale ne semble pas avoir été jusqu'à ce jour examinée directement par la Cour de cassation.

L'explication de cette contradiction apparente est la suivante : il est interdit de modifier *directement* la répartition des bénéfices qui a été déterminée par les statuts. Mais, si elle se trouve modifiée indirectement par le vote d'une résolution utile aux intérêts de la société et relative à une autre question, cette résolution sera considérée comme valable du moment que son objet principal rentrait dans les pouvoirs de l'assemblée générale. C'est ce qui explique que, dès avant le vote de la loi du 9 juillet 1902, la doctrine proclamait la légalité des actions privilégiées ; c'est également pour cette raison que l'assemblée générale a le droit de modifier l'importance du capital, soit pour l'augmenter, soit pour le réduire, malgré la répercussion qui en résulte fatalement sur la répartition originaire des bénéfices. L'examen de la jurisprudence confirme l'exactitude de cette distinction.

SECTION II

Modifications directes

173. *Suppression du dividende.* — Il a été jugé à plusieurs reprises que l'assemblée extraordinaire ne peut pas supprimer, même provisoirement, le paiement du dividende qui revient aux actionnaires.

Dans une société dont les statuts dispensaient les

actionnaires de tout appel de fonds, l'assemblée avait décidé que les intérêts échus et les bénéfices existants seraient laissés provisoirement dans la caisse sociale et que le compte de chaque actionnaire serait crédité d'une somme égale au montant de ce qu'il aurait dû toucher de ce chef. La Cour d'Angers, le 26 avril 1866, a annulé cette délibération. Ce serait, dit-elle, soumettre les actionnaires à des appels de fonds qu'ils ne devaient pas subir. En résumé la Cour appliquait tout à la fois le principe de l'immutabilité de la répartition des bénéfices ainsi que celui d'après lequel l'actionnaire ne saurait être tenu au delà du montant nominal de l'action (V. n° 150).

174. *Suppression de l'intérêt.* — Lorsque les statuts stipulent que l'intérêt du capital sera payé chaque année à titre de charge sociale, l'assemblée générale prendrait une délibération nulle si elle décidait que cet intérêt ne sera plus payé en cas d'absence de bénéfices. Il est constant, dit l'arrêt, que telle a été la condition sans laquelle les bailleurs de fonds ne seraient pas entrés dans la société (Paris, 9 août 1877).

L'assemblée n'a pas davantage le droit de suspendre pendant quelque temps le paiement de l'intérêt du capital, car « cette garantie d'un intérêt d'argent devant être « régulièrement servi pendant la période sociale durant « laquelle ne pouvait être espéré aucun produit suffisant « à ce service, a été certainement pour les actionnaires « une des causes déterminantes de la souscription qu'ils « ont consentie ». Reporter à une époque autre que celle prévue par les statuts le paiement des intérêts annuels, sauf à les verser en bloc à la même époque, c'est renverser l'économie du contrat primitif (Cass., 7 mai 1878).

Pour la même raison le tribunal de commerce de la Seine décidait récemment que, lorsque les statuts stipulent qu'il sera prélevé sur les bénéfices un intérêt au profit des actions de numéraire seulement, l'assemblée générale, même autorisée par le pacte social à modifier les statuts, ne peut, sans le consentement de tous les actionnaires, décider la suppression de ce prélèvement d'intérêt sous prétexte d'unifier toutes les actions (25 juillet 1901, *Journ. Soc.*, 1902.170).

175. *Création d'une réserve pour l'amortissement du capital.* — L'assemblée générale extraordinaire peut-elle modifier les statuts pour organiser l'amortissement du capital social au moyen d'un prélèvement annuel destiné à constituer la réserve nécessaire à cet effet ? Non, a décidé la Cour de Paris (30 nov. 1899, *Journ. Soc.*, 1901.197). La stipulation concernant le partage et la répartition des revenus et bénéfices, dit l'arrêt, est une condition substantielle et absolue du contrat qui s'est formé entre la société et l'actionnaire adhérent ; la loi considère le partage comme la cause déterminante de l'apport. En dehors des objets précis sur lesquels le contrat a expressément permis les modifications statutaires, elles ne peuvent être réalisées que dans les limites des règles d'administration ou d'organisation, sans altérer les bases constitutives de la société :

« Considérant que l'article 38 des statuts, qui prévoit les cas dans lesquels ceux-ci pourront être modifiés, n'a pas compris la clause relative aux intérêts, revenus et dividendes ; qu'il a énoncé limitativement la faculté d'augmenter, de diminuer ou de céder l'actif social, mais non celle de changer la répartition des bénéfices ; que les résolutions et décisions qui touchent aux bases essentielles de la société ne peuvent être prises par une assemblée générale qu'à l'unanimité des actionnaires et non à la majorité ;... que l'article 35 réglant le partage des bénéfices sociaux est en réalité un article organique et fondamental ;... que le partage des bénéfices selon le mode fixé en l'article 35 ancien a pu être pour certains associés le motif de leur souscription et de leur adhésion, sans avoir en vue l'amortissement du capital-actions non prévu ni stipulé au pacte social.... »

Enfin l'arrêt indique qu'une telle modification crée une inégalité entre les associés en établissant deux catégories d'actions.

Toutefois il convient de rapprocher de cet arrêt celui qu'a rendu la Cour de cassation le 6 janvier 1903 (*Sir.* 1905.1.451 déjà cité au n° 97). Il s'agissait d'une décision de l'assemblée extraordinaire qui avait ordonné de porter le produit de la vente de pins adultes à une réserve spéciale destinée, soit à l'*amortissement du capital social*, soit à l'accroissement et à l'amélioration des immeubles de la compagnie. La Cour a déclaré cette délibération valable :

« A supposer que, dans les circonstances de la cause, le rendement des coupes de bois dût être considéré comme un fruit et non comme une délibation du fonds des immeubles représentant le capital de la société (c'est la question que la Cour de Paris avait cru devoir examiner), ce rendement ne serait pas l'unique élément des produits que l'article 33 des statuts a prévus, et dont il a réglé l'emploi ;

« Qu'investie par l'article 36 du pouvoir d'apporter aux dits statuts toutes modifications qui seraient reconnues utiles, l'assemblée extraordinaire n'aurait porté aucune atteinte aux bases essentielles du pacte social en retranchant des sommes à distribuer annuellement aux actionnaires les bénéfices de cette nature, pour leur donner une affectation dont les porteurs de titres, ayant tous les mêmes droits, sont appelés à profiter dans d'égales proportions... »

On voit que le système de la Cour de cassation est beaucoup plus large que celui de la Cour de Paris, puisqu'elle autorise la mise en réserve d'une partie des bénéfices de l'exercice, du moment que l'autre partie sera mise en répartition et que d'ailleurs l'égalité d'entre les actionnaires sera respectée. Mais il convient de remarquer que la délibération critiquée n'avait pas nettement déterminé l'affectation des bénéfices ainsi réservés.

176. *Modification du tantième des administrateurs.* — L'assemblée extraordinaire a-t-elle le pouvoir de modifier l'importance du tantième alloué par les statuts aux administrateurs ? Il n'est pas douteux, en principe, que l'assemblée ordinaire ait tous pouvoirs pour déterminer le montant de cette rémunération ainsi que celui des jetons de présence, lorsque les statuts lui en laissent le soin. Mais il s'agit de savoir si l'assemblée extraordinaire peut modifier le montant du tantième que les statuts ont fixé. Non, dit la jurisprudence, parce que la répartition des bénéfices est immuable sauf accord unanime des actionnaires :

« Considérant, disait la Cour de Paris dans l'arrêt du 31 octobre 1901, qu'il résulte de l'article 33 des statuts que l'allocation aux membres du conseil d'administration en exercice a été fixée à 10 0/0 ; qu'il y a là une disposition essentielle et fondamentale de la société ; qu'il s'ensuit que cette modification ne pouvait pas être décidée par l'assemblée générale statuant comme elle l'a fait... » (*Dall.* 1904.1.145).

Le tribunal de commerce de la Seine a décidé dans le même sens que l'assemblée extraordinaire n'a pas le droit d'allouer au gérant d'une société en commandite des appointements annuels fixes prélevés sur les frais généraux, alors qu'aux termes des statuts il n'avait droit à une rémunération que sur les bénéfices acquis. S'il est vrai, dit-il, qu'une société en commandite par actions soit une association de capitaux agrégée à la personnalité d'un gérant choisi *intuitu personæ*, la majorité des capitaux ne peut pas cependant, d'accord avec ce dernier, pour son profit exclusif et sans l'assentiment unanime, modifier profondément la constitution même de la société et en altérer la base fondamentale par une nouvelle répartition des bénéfices (16 janv. 1893).

177. *Attribution à des tiers d'une part de bénéfices.* — La question de savoir si l'assemblée peut attribuer à des tiers une quote-part des bénéfices s'est présentée notamment à propos des sociétés qui exploitent une concession municipale (transports, éclairage, etc.). Si les statuts l'autorisent simplement à voter tous traités ou prorogations de traités de concession et à apporter toutes modifications utiles aux statuts, a-t-elle le droit, sans qu'il soit besoin de l'assentiment unanime des actionnaires, d'autoriser ou d'approuver un traité de cette nature

qui contiendrait l'attribution à la ville d'une part des bénéfices sociaux ? Un tel contrat ne va-t-il pas entraîner une modification de la répartition des bénéfices ?

Nous n'hésitons pas à reconnaître à l'assemblée extraordinaire le droit de passer avec la commune une convention de cette nature. L'attribution d'une fraction des bénéfices futurs n'est pas autre chose qu'un mode de rémunération ; seulement c'est une rémunération aléatoire. Elle sera plus ou moins avantageuse pour la société que ne l'eût été la stipulation d'une redevance fixe ; cela dépend des résultats que donnera l'exploitation. C'est un risque à courir. Dans tous les cas la promesse d'une redevance fixe ne laisserait pas que de grever d'autant les produits annuels et, par voie de conséquence, le montant des bénéfices à répartir entre les actionnaires. Donc, du moment que les administrateurs ont jugé cette combinaison favorable à la société et que l'assemblée extraordinaire l'a acceptée, l'on doit considérer une telle délibération comme rentrant dans la limite des pouvoirs de celle-ci, sans souci de l'objection, beaucoup plus théorique que pratique, qu'elle est de nature à modifier indirectement la répartition des bénéfices prévue par les statuts.

177 *bis*. *Attribution d'une quote-part des bénéfices aux administrateurs.* — Cette question n'est pas de nature à se présenter fréquemment, car les statuts ne manquent presque jamais de régler la rémunération des administrateurs, et l'on a vu plus haut que, sur ce point, leur disposition est intangible (V. n° 176). Cependant elle

s'est posée quelquefois dans la pratique et même elle a donné lieu récemment à des débats judiciaires fort intéressants. La Cour de Riom l'a tranchée nettement dans le sens de l'affirmative, mais il n'est pas douteux que les circonstances de fait aient exercé sur sa décision une profonde influence.

Voici quelle était l'espèce. Tenant compte de ce que le directeur et l'ingénieur de la société avaient abandonné leur service et de ce que les administrateurs avaient dû les remplacer dans leurs fonctions, l'assemblée leur avait alloué à titre de rémunération 20 °/₀ des bénéfices et avait modifié les statuts en conséquence. La société faisait ainsi l'économie des appointements fixes de ces deux employés supérieurs et les remplaçait par la rémunération proportionnelle aux bénéfices accordée aux administrateurs. Une telle résolution était-elle valable, en dépit de la diminution incontestable qu'elle entraînait de la fraction des bénéfices réservée aux actionnaires ? Oui, décida la Cour de Riom :

« ... Attendu que les administrateurs se virent alors obligés de consacrer beaucoup plus de temps à la surveillance et à la direction de l'usine afin de suppléer au directeur et à l'ingénieur manquants ; que, depuis longtemps, ils se rendent à tour de rôle tous les jours à l'usine ;... que dans ces conditions on ne saurait voir là une modification du mode de répartition des bénéfices, mais seulement la rémunération d'un travail, d'une fonction, votée par une mesure d'ordre intérieur qui rentre manifestement dans les pouvoirs de l'assemblée générale... » (2 fév. 1901, *Dall.* 1905.1.265).

L'arrêt a été confirmé par la Cour de cassation, mais il semble qu'elle n'ait pas résolu la véritable question de droit que soulevait ce procès : « Attendu, dit-elle, que, « bien qu'autorisée à modifier les statuts suivant le be- « soin, l'assemblée générale extraordinaire était tenue « de respecter l'objet assigné à l'exploitation de la société « et le régime légal auquel celle-ci s'était soumise par la « forme donnée à sa constitution ; mais que l'article 25 « des statuts, d'après lequel les administrateurs ne de- « vaient toucher que des jetons de présence d'une valeur « d'ailleurs indéterminée, ne faisait point partie des bases « essentielles du contrat, auxquelles il n'a pas été porté « atteinte par le nouvel article 49 allouant une part des « bénéfices aux membres du conseil en rémunération « d'un travail assidu dont s'étaient acquittés jusque-là « des employés salariés... » (9 fév. 1903, *Sir.* 1904.1. 329).

Cette décision a été diversement appréciée par les auteurs ; un tel désaccord sur l'application d'un principe unanimement reconnu montre combien de pareilles questions sont délicates à résoudre. En ce qui nous concerne, nous serions assez enclin à approuver l'arrêt de la Cour de Riom, parce qu'il semble s'être inspiré moins des principes absolus que des circonstances de l'affaire et de l'intérêt de la société. Il apparaît bien que tel devrait être en dernière analyse dans les cas de cette nature le critérium véritable. Si en effet la modification de la répartition des bénéfices est la conséquence d'un traité, d'un acte ou d'une décision avantageuse pour la masse des actionnaires, en vertu de quel intérêt pourraient-ils valablement poursuivre l'annulation de la délibération qui l'aurait votée ? Oui, sans doute, il est vrai de dire que la répartition des bénéfices ne saurait être modifiée par l'assemblée extraordinaire, mais ce principe n'est pas tellement rigoureux et absolu qu'il ne comporte aucun tempérament. On verra plus loin que la jurisprudence permet exceptionnellement de modifier la répartition statutaire des bénéfices en vue de la création d'un fonds de réserve extraordinaire, parce que l'intérêt social l'exige le plus souvent. Pourquoi ne s'inspirerait-on pas de la même considération dans la question qui nous occupe et interdirait-on à la société de passer avec les administrateurs des contrats avantageux dont la condition *sine qua non* serait l'allocation d'une part des bénéfices ? Sans doute il peut arriver que des administrateurs abusent de leur autorité ou de l'influence que leur assure le grand nombre des actions qu'ils possèdent pour se faire attribuer une part de bénéfices. En pareil cas les actionnaires dissidents seront fondés à poursuivre l'annulation de la délibération comme frauduleuse et aussi comme contraire aux statuts. Si au contraire il est établi que le vote de l'assemblée se justifie par un avantage conféré à la société, si d'ailleurs l'égalité d'entre les actionnaires n'a pas été rompue, il semble préférable de ne pas interdire la conclusion d'un traité qui peut être utile aux intérêts sociaux.

178. *Conversion de parts de fondateurs en actions libérées.* — L'assemblée extraordinaire peut-elle décider la conversion des parts de fondateur en actions libérées ? Non, a répondu le tribunal de commerce de la Seine,

parce qu'une pareille résolution entraînerait une profonde modification de la répartition des bénéfices, dont les actionnaires seraient les victimes. Lorsque les statuts ont créé simultanément ces deux sortes de titres, le pacte social entendait faire aux actions une situation privilégiée sur les parts de fondateur tant au point de vue du paiement du premier dividende pendant le cours de la société que pour le remboursement du montant libéré des titres avant la répartition du dividende de liquidation. « En substituant aux parts des actions entièrement libérées, donnant ainsi aux porteurs « de ces parts, sans qu'ils aient fourni aucune nouvelle « valeur, ni en nature, ni en argent, les mêmes droits « qu'aux actionnaires, l'assemblée générale a modifié « la répartition des bénéfices et apporté aux *conditions* « *essentielles* du pacte social un changement qui ne « pouvait être fait qu'avec l'assentiment de tous les ac- « tionnaires.... » (10 juillet 1901, *Journ. Soc.*, 1901. 517). On peut ajouter qu'une semblable résolution serait également critiquable pour d'autres raisons juridiques (V. notre *Traité des parts de fondateur*, n°s 351 et suiv.).

179. *Modification des avantages accordés à certaines actions.* — Dans une société qui contient plusieurs catégories d'actions, des actions privilégiées et des actions ordinaires, l'assemblée extraordinaire n'a pas davantage le droit d'augmenter après coup les avantages qui ont été concédés aux premières. Si, par exemple, les statuts ont réglementé l'amortissement de ces deux catégories d'actions au moyen de l'affectation d'une quotité déter-

minée des bénéfices au remboursement successif des actions privilégiées d'abord, des actions ordinaires ensuite, et ce au moyen de rachats volontaires à la Bourse au-dessous du pair, l'assemblée extraordinaire ne saurait ni augmenter la part des bénéfices sociaux affectée annuellement à l'amortissement des actions privilégiées, ni décider que l'amortissement sera opéré dans l'avenir, non plus par voie d'achats volontaires à la Bourse, mais, si le cours venait à dépasser le pair, par voie de tirage au sort ou de rachat forcé au pair. Une telle décision porterait atteinte et à la répartition des bénéfices arrêtée par les statuts et au principe de l'égalité entre les actionnaires (Trib. comm. Bruxelles, 15 fév. 1897). Ajoutons que la loi du 16 novembre 1903 a prescrit l'accomplissement de formalités spéciales lorsqu'il s'agit de modifier les droits attachés à une catégorie d'actions (V. notre *Commentaire de la loi du 16 novembre 1903 sur les actions de priorité*).

SECTION III

Modifications indirectes

180. *Création d'un fonds de réserve.* — On a étudié précédemment la question qui se réfère à la mise en réserve par l'assemblée ordinaire d'une fraction des bénéfices de l'exercice écoulé (V. nos 104 et suiv.). Il s'agit

maintenant de savoir si l'assemblée extraordinaire peut introduire dans les statuts une clause qui autoriserait pour l'avenir cette pratique. La jurisprudence lui reconnaît le droit de les modifier en vue de prescrire ou d'autoriser la constitution de réserves ou de fonds de prévoyance au moyen de prélèvements annuels sur les bénéfices.

La question s'est présentée récemment devant le tribunal de commerce de la Seine et devant la Cour de Paris, qui l'ont tranchée d'une manière différente. Chose curieuse ! Ce sont les magistrats consulaires qui se sont faits les champions du droit absolu et qui ont défendu le principe que la répartition des bénéfices organisée par les statuts ne saurait être modifiée sans l'assentiment unanime des actionnaires. Au contraire les magistrats de carrière se sont inspirés tout à la fois de cette considération pratique que les réserves sont indispensables pour la prospérité des sociétés industrielles, et des circonstances de fait qui justifiaient la résolution de l'assemblée dans l'espèce particulière sur laquelle ils étaient appelés à se prononcer. Pendant seize ans l'assemblée générale ordinaire avait régulièrement décidé le prélèvement d'une portion des bénéfices en vue de la constitution d'une réserve spéciale « pour acquisition d'immeubles, matériel et flotte ». La seizième année, l'assemblée extraordinaire, régularisant en quelque sorte les errements des assemblées ordinaires, avait introduit une modification dans les statuts pour ordonner la constitution, par voie de prélèvement annuel sur les bénéfices, de semblables réserves en vue du développement de la société. Cette résolution était-elle légale ?

Non, a dit le tribunal de commerce, parce que le pacte social ne prévoyait pas la constitution de cette réserve et malgré qu'elle se présentât avec les caractères d'une mesure sage et prévoyante. Au surplus l'assemblée générale n'a pas le droit d'altérer les bases essentielles de la société, dont la répartition des bénéfices fait partie. Oui, décide au contraire la Cour, parce que l'assemblée générale, qui a le droit de fixer les dividendes à répartir, a par là même la faculté de ne pas y comprendre telle ou telle portion des bénéfices, si les actionnaires, qui sont les meilleurs juges de leur intérêt, estiment avoir avantage à lui donner une autre affectation. Or les prélèvements critiqués en l'espèce avaient servi, soit à payer les immeubles acquis par la société, soit à augmenter son matériel et sa flotte. Autrement dit, ils avaient été employés au développement de sa puissance industrielle et de ses affaires, qui avaient doublé en quinze ans, sans aucun emprunt et grâce aux sacrifices momentanés que s'étaient volontairement imposés les actionnaires :

« Considérant que les premiers juges, tout en reconnaissant que le prélèvement exercé annuellement sur les bénéfices et qui a formé cette réserve se présentait avec les apparences d'une mesure sage et prévoyante, ont néanmoins estimé que, ce prélèvement constituant une opération antistatutaire, il n'appartenait pas à l'assemblée ordinaire de l'ordonner et que l'assemblée extraordinaire n'aurait pu elle-même la ratifier valablement qu'à la condition de réunir l'unanimité des actionnaires ;..... qu'en reconnaissant à l'assemblée générale le pouvoir d'affecter chaque année aux réserves créées ou à créer en vue du développement de la société une quotité des bénéfices que cette assemblée déterminerait, l'assemblée extraordinaire n'a fait que constater une faculté qui, ainsi qu'il vient d'être dit, résultait implicitement des statuts..... » (13 juin 1900, *Journ. Soc.*, 1901.351).

181. *Discussion.* — Le motif donné par la Cour de Paris n'est pas à l'abri de la discussion. On peut contester en effet que l'assemblée, parce qu'elle a le droit de fixer les dividendes à répartir, ait en outre la faculté de voter une répartition des bénéfices différente de celle qui a été réglée par les statuts. Il faudrait tout au moins subordonner l'exercice d'une telle faculté à la constatation d'une nécessité qui justifierait précisément une telle désobéissance au pacte social. En réalité il semble préférable de motiver cette décision en faisant remarquer que les sociétés ne peuvent guère triompher des difficultés et des crises auxquelles elles sont exposées fatalement qu'à la condition de constituer et d'augmenter progressivement ces réserves dont l'utilité a été expliquée déjà (V. n° 105), qu'il y a là en quelque sorte une impérieuse nécessité, et qu'il est préférable d'admettre une exception au principe juridique qui vient d'être exposé plutôt que de laisser une société aller à la ruine, faute par l'assemblée de pouvoir prescrire qu'on portera chaque année aux réserves une partie des bénéfices. Si la société était privée de ce moyen de se procurer les ressources dont elle a besoin, il lui faudrait recourir, soit à un emprunt, soit à une augmentation de capital, ce qui serait singulièrement moins avantageux pour les

actionnaires. C'est donc l'intérêt bien compris de ceux-ci qui commande d'admettre cette exception. Ne serait-il pas vraiment excessif de dire, en paraphrasant un mot célèbre : « Périsse la société plutôt que les prinpes ! » ?

Cette considération décisive n'a pas échappé aux tribunaux. On en trouve la trace notamment dans la décision suivante. Elle est intervenue à propos d'une société constituée pour l'exploitation d'un cercle, dont l'assemblée extraordinaire avait modifié les statuts en vue de la création d'une réserve spéciale. La Cour d'Aix refusa d'annuler cette délibération par le motif « qu'on « ne se trouvait pas dans le cas d'une société financière « ordinaire ; l'intérêt pécuniaire n'était pas le seul objet « essentiel de la société, l'objet principal étant l'agré- « ment procuré par le fonctionnement du cercle ; *les « recettes d'ailleurs étant précaires et aléatoires, la « création de réserves spéciales était nécessaire, et, pour « avoir méconnu ces mesures de prudence, la société « avait failli sombrer quelques années auparavant* ».

Toutefois ce motif n'a pas été reproduit dans l'arrêt confirmatif de la Cour de cassation. Après avoir rejeté la critique soulevée contre une autre résolution de l'assemblée, parce qu'elle ne portait aucune atteinte aux droits essentiels de la société, elle ajoute en effet : « Il « en est de même du droit attribué par le nouvel arti- « cle 33 aux assemblées générales d'employer une partie « des bénéfices à la formation d'une réserve spéciale de « chiffre indéterminé, la société, dont le capital primitif

« est totalement amorti, n'étant composée que d'une « seule espèce d'intéressés égaux en droits sur le fonds « social auquel viendrait s'ajouter la part de bénéfices « qui ne leur aurait pas été distribuée annuellement » (29 oct. 1902, *Sir.* 1905.1.89). On voit que la Cour suprême n'a pas cru devoir répondre à l'argument tiré de l'immutabilité de la clause statutaire relative à la répartition des bénéfices et qu'elle ne se préoccupe que du respect de l'égalité qui doit régner entre les actionnaires.

182. *Jurisprudence* (*suite*). — Il convient également de rappeler à ce propos la décision que la Cour de cassation a rendue le 6 janvier 1903 et dont il a été déjà parlé (V. n° 175). On se souvient que l'assemblée extraordinaire avait porté à une réserve spéciale destinée, soit à l'amortissement du capital, soit à l'accroissement et à l'amélioration des propriétés de la compagnie, le produit de la vente de pins adultes qui avait eu lieu pendant l'exercice. La Cour de Paris approuva la délibération critiquée, par la raison que le prix de ces arbres ne devait pas être confondu avec les bénéfices. « Cette résolution, ajoutait-elle, n'a pas outrepassé les pouvoirs de l'assemblée générale ; elle n'était qu'une mesure de sage et prévoyante administration. Elle n'a rien changé aux droits ordinaires des actionnaires ; elle n'a créé entre tous les actionnaires aucune inégalité » (*Dall.* 1904.1. 145). La Cour de cassation décida également que cette résolution n'avait porté aucune atteinte aux bases essentielles du pacte social, du moment que tous les porteurs de titres étaient appelés à profiter dans d'égales condi-

tions des sommes distraites de la répartition annuelle. Elle affirmait par là le droit pour l'assemblée extraordinaire, investie du pouvoir de modifier les statuts, de créer des réserves sous la seule condition du respect de l'égalité qui doit régner entre les actionnaires (1).

(1) Dans un ouvrage fort apprécié, intitulé : *De l'organisation et des pouvoirs des assemblées générales dans les sociétés par actions*, M. Bourcart émet également l'opinion que la répartition des bénéfices ne doit pas être considérée comme intangible d'une manière tellement absolue qu'on ne puisse jamais la modifier, directement ou indirectement, lors même que cette modification serait la condition d'une affaire avantageuse pour la société ou bien serait décidée dans l'intérêt social bien compris : « Il est parfaitement exact que la perspective de bénéfices « est la raison même de la formation de la société. Mais, ce « qui est essentiel et l'article 1855 pourrait en témoigner, c'est « que les bénéfices soient attribués aux actionnaires, qu'ils ne « leur soient pas dérobés. Quant à la mesure dans laquelle ces « bénéfices devront être distribués ou réservés, au mode de « distribution ou de répartition des bénéfices, ce sont assuré« ment des points importants ; ce ne sont plus des points es« sentiels. On ne peut pas raisonnablement présumer que les « actionnaires ont entendu toucher à tout événement une quote« part déterminée ; on ne peut donc pas alléguer qu'ils ont un « droit intangible à la distribution d'une certaine quote-part et « sous une forme déterminée. Il y a là des appréciations très « variables suivant les circonstances, et pour lesquelles il est « judicieux de penser que les actionnaires s'en sont remis à « l'assemblée générale. »

CHAPITRE VI

AUTRES RESTRICTIONS DES POUVOIRS DE L'ASSEMBLÉE

SOMMAIRE

183. *Règle.* — On a vu plus haut que l'exercice du pouvoir accordé à l'assemblée extraordinaire est toujours soumis à une double condition : 1° elle doit respecter l'égalité de traitement d'entre les actionnaires ; 2° elle doit s'abstenir de porter atteinte aux droits des tiers. Le moment est venu d'expliquer ces deux restrictions.

SECTION I

Egalité entre les actionnaires

184. *Egalité entre les actionnaires.* — Le principe de l'égalité du traitement entre les actionnaires a été posé par les arrêts déjà cités de 1892 et 1894. La Cour de

Paris ayant annulé la réduction de capital litigieuse parce que, disait-elle, elle avait été votée en des termes tels qu'elle créait une inégalité de traitement entre les actions d'apport et les actions en numéraire, l'arrêt du 30 mai 1892 proclama à son tour le principe que l'assemblée extraordinaire doit respecter l'égalité entre les actionnaires : « Attendu, dit-il, que l'arrêt (objet du pourvoi) se « fonde sur une prétendue inégalité que la délibération « aurait créée, suivant lui, au préjudice des propriétaires « d'actions émises en représentation des apports ; *que ce « grief pourrait être en effet de nature à vicier la déli- « bération dont s'agit, s'il était vrai que l'assemblée gé- « rale eût méconnu le principe de l'égalité de traitement « des associés* .. » On retrouve la même formule dans l'arrêt du 29 janvier 1894 et aussi dans un arrêt postérieur du 14 mai 1895 (V. n° 148).

185. *Avis contraire de M. Thaller.* — Malheureusement la Cour de cassation ne s'est pas donné la peine d'indiquer la raison d'être du principe qu'elle affirme si brièvement. Quels en sont exactement, à ses yeux, les motifs ? Tient-il à l'essence même du contrat de société ? Ou bien le fait-elle dériver de l'article 34 du Code de commerce, d'après lequel « le capital de la société « anonyme se divise en actions et même en coupons « d'actions d'une valeur égale ? » Si cette dernière supposition était fondée, il aurait fallu en conclure que toutes les actions d'une même société doivent avoir la même valeur et les mêmes droits et que partant les actions de priorité étaient prohibées par la loi.

M. Thaller a cru que telle était la pensée de la Cour de cassation, et, dans la même dissertation qui a exercé une si puissante influence sur l'évolution de la jurisprudence, il a vivement contesté l'existence même d'un tel principe : « L'égalité nécessaire de tous les porteurs « d'actions n'est pas écrite dans la loi comme formant la « substance du contrat. Il n'est question dans l'article 34 « du Code de commerce que de l'égalité des coupures, « à laquelle les circonstances mêmes obligent souvent « de faire échec... On impute à la loi des sociétés par « actions une doctrine de fausse démocratie toute fan- « taisiste qui ne résiste pas à l'examen des textes. Ce « qu'il y a de vrai dans cette doctrine d'égalité néces- « saire se ramène à ceci : il n'appartiendrait pas à un « groupe de porteurs de profiter de son influence pour « s'assurer désormais, dans un vote de modification, un « rendement privilégié par rapport à d'autres actionnai- « res de même série... On serait alors en présence d'une « atteinte aux droits propres de chaque actionnaire... « On ne peut pas imposer à l'individu un sacrifice sans « compensation, l'acceptation d'un sort pire que ses pa- « reils. La question s'appréciera en fait et sous le cou- « vert du principe bien connu que la fraude déroge à « toutes les règles. » L'éminent professeur concluait de là notamment que les actions privilégiées n'étaient pas contraires à la loi et que l'assemblée extraordinaire avait qualité pour en voter la création.

A qui faut-il s'en rapporter ? A la jurisprudence ou à M. Thaller ? En réalité le principe posé par la Cour de cassation et la doctrine de cet auteur sont également exacts, mais il importe, pour faire disparaître une contradiction apparente, de limiter avec précision la portée de ce principe, qui n'est nullement inconciliable avec la légalité des actions privilégiées.

186. *Motif du principe d'égalité.* — Ce n'est pas de l'article 34 susénoncé qu'il découle ; il tient à la nature même des choses et à l'essence du contrat de société. Ce contrat occupe en effet une place à part au point de vue des rapports qu'il établit entre ceux qu'il met en présence. Dans les contrats ordinaires, tels que la vente, le louage, etc., les intérêts des deux contractants sont opposés, et, si l'un fait une bonne affaire, ce sera au détriment de l'autre. Au contraire il n'existe aucun antagonisme entre les membres de la société ; les intérêts de ous les contractants sont similaires et communs. Chacun profitera dans la même mesure de la prospérité de l'entreprise et souffrira dans la même mesure de la mauvaise fortune. C'est là le caractère spécial du contrat de société.

Il s'ensuit que l'égalité de droits entre les associés apparaît comme un principe normal, nécessaire et légitime. Au moment où la société va se fonder et où les actions sont offertes au public, chacun sait qu'elles comportent toutes les mêmes avantages et obligations et qu'à égalité de titres la situation de tous les associés sera absolument identique. Tous ceux qui sont entrés en même temps dans la société ont donc droit au même traitement, puisque telle était la condition sous-entendue de leurs souscriptions, et l'assemblée générale n'aura pas le pouvoir de porter atteinte ultérieurement à une égalité de traitement qui ne pourrait être entamée qu'avec l'assentiment de tous les intéressés.

187. *Limites du principe.* — Toutefois il ne faut pas oublier que, dans les sociétés par actions, tous les associés n'entrent pas en même temps dans la collectivité. Ces sociétés augmentent en effet de temps en temps leur capital, auquel cas il existe plusieurs couches successives d'actionnaires, les actionnaires d'origine et les actionnaires nouveaux. Or la loi n'a jamais entendu défendre aux actionnaires d'origine de faire aux nouveaux souscripteurs une situation privilégiée, ni à ceux-ci, en sens inverse, d'accepter une situation moins avantageuse que celle des premiers bailleurs de fonds. Ce sont là des combinaisons que justifient les circonstances et qu'aucun texte de loi ne prohibe.

Au surplus le législateur lui-même a pris soin récemment de le déclarer. On s'était pendant de longues années demandé si la création d'actions privilégiées n'était pas prohibée par les termes mêmes de l'article 34 du Code de commerce, qui veut que les actions soient d'une *valeur égale*. Bien que tous les auteurs se fussent finalement mis d'accord pour considérer ces titres comme valables, l'incertitude avait persisté parmi les financiers, si bien qu'aucune société n'osait en créer. C'est alors que le législateur est intervenu et a proclamé la légalité des actions de priorité par les deux lois du 9 juillet 1902 et du 16 novembre 1903, dont l'une a complété l'autre (1).

187 *bis*. *Portée exacte du principe d'égalité.* — Il devient plus facile dès lors de préciser la portée du principe exact qui a été affirmé par la jurisprudence. L'égalité de traitement doit être respectée entre tous les associés qui sont entrés *en même temps* dans la société, entre tous les associés *de même catégorie*. Par contre rien ne s'oppose à ce que les actionnaires d'origine se mettent d'accord pour assurer aux nouveaux actionnaires, qui vont sauver l'entreprise par l'apport de fonds devenus nécessaires, une situation privilégiée vis-à-vis de la leur. Cela ne détruira pas l'égalité qui doit régner entre les actionnaires de même catégorie.

Cette distinction a été aperçue et signalée par le tribunal de commerce de la Seine, qui s'exprimait ainsi dans un jugement récent : « ... Attendu que, par suite, « aucune atteinte n'est portée au principe de l'égalité qui « doit régner entre les divers actionnaires *d'une même* « *catégorie, la seule qui puisse être invoquée en matière* « *de société anonyme.* »

En résumé, comme l'a dit également un auteur déjà cité, M. Bourcart, lorsque la jurisprudence proclame l'égalité d'entre les actionnaires, elle se contente en réalité d'une « proportionnalité équitable », « d'une égalité entre les actionnaires *de la même catégorie* ». « Ce qu'on « cherche, c'est une répartition des bénéfices aussi adé- « quate que possible à la quote-part des sacrifices de « toute nature réalisés en faveur de la société. »

(1) V. notre *Commentaire de la loi du 16 novembre 1903 sur les actions de priorité.*

188. *Jurisprudence.* — Il a été jugé en ce sens que, lorsque toutes les actions ont été créées avec des droits égaux au moment de la formation de la société, l'assemblée générale n'a pas le pouvoir de créer ultérieurement au profit de certaines d'entre elles des avantages particuliers. Ce serait incontestablement une rupture de l'égalité qui doit régner entre les actionnaires. Il en serait ainsi, par exemple, de la délibération de l'assemblée générale qui déciderait que les actions d'apport passeront après les actions de capital pour la répartition de l'actif et qu'elles seront remboursées après celles-ci. Peu importe que les statuts aient dit expressément, ou non, que toutes les actions ont droit à une part proportionnelle dans les bénéfices de l'actif social, puisque telle est la règle fondamentale des sociétés par actions (Paris, 27 juin 1884).

Dans une affaire où l'assemblée générale avait autorisé, par modification des statuts, le prélèvement sur les bénéfices d'une somme annuelle variable pour l'amortissement par voie de tirage au sort d'un certain nombre d'actions, la Cour de Paris crut devoir annuler la délibération parce qu'« il était démontré que l'égalité néces« saire qui doit exister entre les associés, les exposant « aux mêmes risques et leur procurant les mêmes avan« tages, avait été rompue par cette nouvelle réglemen« tation en portant atteinte aux bases du contrat primi« tif » (30 nov. 1899).

On trouvera d'autres applications du même principe dans le chapitre qui traite de la réduction du capital

(V. n° 201). C'est en effet à propos de cette modification statutaire que la jurisprudence a eu l'occasion de le formuler.

SECTION II

Respect des droits des tiers

189. *Règle.* — La réserve relative aux droits des tiers est commandée par la nature même des choses. Il est évident que la société, représentée par son organe délibérant, l'assemblée générale ordinaire ou extraordinaire, ne saurait valablement les modifier ou les réduire en quoi que ce soit de sa propre volonté. Les contrats qu'elle a passés avec les tiers doivent être exécutés par elle dans les termes où ils ont été arrêtés tant qu'ils n'auront pas été annulés ou changés d'un commun accord.

Il résulte de cette règle incontestée : 1° que les créanciers, qui ont traité avec la société sur la foi du capital annoncé par les statuts, ont le droit d'exiger que ce capital soit entièrement versé dans la caisse sociale et de faire annuler toute délibération qui méconnaîtrait ce principe ; 2° que les porteurs de parts bénéficiaires ou tous autres créanciers d'une fraction aliquote des bénéfices de la société seraient fondés à critiquer en justice les délibérations qui porteraient atteinte à leurs droits. Les uns et les autres, créanciers de la société sous quelque forme que ce soit, tiennent du pacte social lui-même un véritable droit acquis qui subsistera dans les termes où il a été créé d'accord tant qu'ils n'y auront pas renoncé volontairement.

190. *Jurisprudence.* — De même que pour le principe d'égalité entre les actionnaires, le principe du respect des droits des tiers a été appliqué le plus souvent en matière de réduction de capital (V. n° 203). On en trouve cependant diverses applications à propos de modifications différentes. Par exemple la Cour de Paris eut récemment l'occasion de le rappeler dans les circonstances suivantes. La société en question comprenait, à côté des actions, des parts de fondateur. L'assemblée des actionnaires avait décidé la constitution d'une réserve non prévue par les statuts au moyen de prélèvements sur les bénéfices annuels ; cette réserve était destinée précisément au rachat des parts. Une telle résolution portait une atteinte manifeste aux droits attachés à ces titres, qui étaient exposés désormais à disparaître avant l'expiration normale de la société et qui, en tous cas, allaient subir une diminution dans la fraction des bénéfices qui leur revenait. Aussi la Cour pensa-t-elle que, si l'assemblée était libre de fixer sans limitation aucune le quantum des réserves spéciales, encore l'esprit des statuts exigeait-il que ces réserves fussent destinées à l'utilité de l'exploitation sociale, à l'intérêt commun, et non pas exclusivement à l'amélioration de la situation personnelle des actionnaires et à la suppression des avantages reconnus par les statuts aux porteurs des parts de fondateur (8 juin 1901). On pourra du reste consulter sur ce point notre *Traité des parts de fondateur* (n°s 175 et suiv.).

En sens inverse l'assemblée générale ne pourrait pas davantage, sous prétexte de respecter ou d'assurer l'égalité entre les actionnaires, supprimer l'avantage que les statuts auraient attribué à une certaine catégorie de titres. Les statuts d'une société avaient réservé aux porteurs de parts de fondateur un droit de souscription *au pair* des actions qui pourraient être émises au cours de la vie sociale. Les actions d'origine ayant acquis une valeur intrinsèque supérieure au taux nominal, l'assemblée générale décida que toutes les actions nouvelles seraient émises avec une prime. Sur ce, protestation des porteurs de parts qui demandèrent en justice l'annulation de cette délibération ; elle leur fut accordée. Sans doute il allait résulter de là un privilège à leur profit, mais telle était la conséquence certaine du pacte social :

« S'il est vrai, disait le tribunal, qu'en raison des hauts cours pratiqués sur les actions, l'exercice de ce droit de souscription au pair va faire naître une catégorie d'actionnaires privilégiés dans la personne des porteurs de parts, il convient d'observer que ces derniers tiennent cette situation du pacte social ; ce privilège révélé avec l'existence de la société elle-même s'applique sans dictinction à tous les porteurs de parts ; par suite aucune atteinte n'est portée au principe de l'égalité qui doit régner entre les divers actionnaires d'une même catégorie, la seule qui puisse être invoquée en matière de société anonyme » (Trib. comm. Seine, 13 nov. 1899, *Journ. Soc.*, 1900.135).

Le vote de la dissolution anticipée est également de nature à soulever les protestations des porteurs de parts de fondateur. On trouvera les éléments de discussion de cette importante question dans notre ouvrage déjà cité (V. nos 247 et suiv.).

191. *Résumé.* — Telle est la portée exacte des deux restrictions que la jurisprudence met au pouvoir qu'elle reconnaît à l'assemblée extraordinaire de modifier toutes les clauses du pacte social, sauf celles qui déterminent l'objet de la société, sa nature et sa forme, et la répartition des bénéfices. Il reste maintenant à examiner successivement les principales modifications statutaires dont l'assemblée peut être saisie et à faire connaître à propos de chacune d'elles les solutions que la jurisprudence a cru devoir déduire du système général qui vient d'être exposé.

CHAPITRE VII

AUGMENTATION ET RÉDUCTION DU CAPITAL SOCIAL

SOMMAIRE

192. *Règle.* — Bien que le contraire ait été souvent soutenu par les auteurs et quelquefois même jugé, la jurisprudence actuelle ne considère pas l'importance du capital social comme un des éléments constitutifs essentiels de la société. En conséquence elle autorise l'assemblée extraordinaire à la modifier, sous la double réserve, bien entendu, du maintien de l'égalité entre les actionnaires et du respect des droits des tiers. C'est d'ailleurs, comme on le sait déjà, à propos de la réduction du capital que la Cour de cassation, dans les arrêts du 30 mai 1892 et du 29 janvier 1894, a formulé sa théorie générale.

SECTION I

Augmentation du capital social

193. *Limitation des pouvoirs de l'assemblée.* — Il est inutile de citer des arrêts ayant autorisé l'augmentation du capital, car la question ne fait plus aucun doute en jurisprudence. Rappelons seulement à ce sujet que les lois du 9 juillet 1902 et du 16 novembre 1903 ont autorisé l'augmentation au moyen de l'émission d'actions privilégiées, qui ne laissent pas que d'apporter une certaine modification à la répartition originaire des bénéfices.

Une augmentation de capital ne saurait évidemment léser les tiers ; bien au contraire elle ne peut que leur être avantageuse. La société qui va augmenter son capital n'a donc pas à se préoccuper du respect de leurs droits. l semble également qu'elle ne puisse pas porter atteinte à l'égalité d'entre les actionnaires. Cependant le cas s'est produit une fois. Le conseil d'administration de la société qui augmentait son capital, aussitôt l'opération terminée, avait décidé que les nouveaux titres ne seraient délivrés qu'un certain temps seulement après le dépôt dans la caisse sociale d'un nombre déterminé des actions anciennes, qui devaient être échangées. Les administrateurs avaient mis à profit ce délai pour écouler les titres provenant de l'augmentation, qu'ils avaient souscrits presque intégralement et syndiqués. Il y avait un abus dans cette résolution, qui portait atteinte à l'égalité entre les actionnaires (Paris, 10 juin 1887).

Une autre fois il s'est trouvé que l'augmentation de capital était conçue dans des conditions telles qu'elle eût abouti à forcer les actionnaires de verser dans la caisse sociale une somme supérieure au taux de leurs actions. Il avait été décidé en effet qu'elle serait effectuée au moyen du dédoublement des actions entièrement libérées qui avaient été attribuées aux fondateurs en représentation de leurs apports. Une telle résolution allait à l'encontre du droit acquis des actionnaires de limiter leurs risques au montant nominal de leurs actions (V. n° 151). D'autre part elle ne respectait pas l'égalité d'entre les actionnaires. Aussi la Cour de Paris n'a-t-elle pas hésité à l'annuler :

« Attendu que cette augmentation a consisté dans le dédoublement des 1000 actions libérées attribuées aux fondateurs en représentation de leurs apports et la création de 2000 actions qui n'ont plus été libérées que des deux premiers quarts ; qu'il s'agissait alors d'unifier le type des actions de la société ; mais attendu que cette opération, pour être valable, eût exigé le concours et le consentement de tous les fondateurs de la société auxquels les actions d'origine avaient été attribuées ; qu'il est établi que ce concours n'a pas été obtenu ; que les actions qui ont formé cette augmentation de capital social n'ont jamais obtenu des titulaires d'origine, souscripteurs des titres, qui, comme tels, fussent obligés en cas d'appel de fonds au paiement des troisième et quatrième quarts ; que de ce fait résulte la nullité de cette augmentation... » (26 juillet 1887).

194. *Emission avec prime.* On a vu plus haut que l'assemblée extraordinaire qui décide l'augmentation du

capital n'a pas le droit d'émettre les actions nouvelles avec une prime lorsque les statuts accordent aux porteurs de parts de fondateur un droit de souscription par préférence *au pair* (V. n° 190). En est-il de même lorsque ce droit de préférence appartient exclusivement aux actionnaires ? Ce droit constitue-t-il un droit acquis inviolable ? Cette intéressante question s'est présentée pour la première fois tout récemment devant le tribunal de commerce de la Seine, qui l'a résolue dans un sens favorable aux pouvoirs de l'assemblée :

... « Attendu, d'une part, que les actions composant le capital originaire et émises à 500 francs, après avoir été une fois dédoublées, étaient et sont encore cotées bien au-dessus du pair ; que c'est en raison de cette plus-value importante que le conseil, envisageant l'éventualité d'une augmentation de capital nécessitée par le développement des affaires sociales et pour ne pas porter préjudice à ceux des actionnaires qui, pour une raison quelconque, se trouveraient hors d'état de prendre part à cette souscription, a fait voter la modification de l'article des statuts qui établissait le droit de souscription au pair ; que cette mesure, imposée à la fois par la situation et l'intérêt de la société, constituait bien une modification dont l'expérience avait fait connaître, non seulement l'utilité, mais encore la nécessité ;

« Attendu, d'autre part, que la dite modification ne porte pas sur une des clauses essentielles du pacte social, telles que l'objet social ou le mode de répartition des bénéfices ; que le droit réservé au conseil de fixer le taux de la souscription des nouvelles actions constitue simplement une stipulation d'ordre intérieur, soumise, comme toutes les stipulations du même genre, aux modifications autorisées par les statuts ;

« Qu'une semblable modification ne rompt pas l'égalité qui doit régner entre tous les actionnaires, puisque ces derniers se trouvent tous soumis au même traitement et qu'il n'en résulte pour eux aucun préjudice ; qu'elle ne fait pas échec aux droits des tiers, la faculté de souscrire étant exclusivement réservée aux actionnaires de la société... » (28 juin 1900, *Journ. Soc.*, 1901.82).

195. *Formalités de l'augmentation.* — La loi de 1867 n'ayant rien prescrit au sujet de la formation du capital nouveau, la jurisprudence a décidé par analogie que l'augmentation du capital est soumise aux mêmes règles que la constitution même de la société. En conséquence elle exige, à peine de nullité, que le capital soit entièrement souscrit et que le quart soit versé sur chaque action. D'autre part, si une commission a été promise au banquier qui s'est chargé de l'opération, elle ne peut lui être valablement payée par voie de compensation avec les sommes qu'il aura à verser à la société ; il faut attendre, pour la régler, que toutes les autres formalités aient été remplies et que l'assemblée en ait régulièrement constaté l'accomplissement. Une fois le capital entièrement souscrit et le versement du quart effectué, il y a lieu à la déclaration notariée ; c'est le conseil d'administration qui devra la faire. Puis l'assemblée se réunira pour vérifier la sincérité de cette déclaration. Si des apports en nature ont été faits, ils rendront nécessaire la convocation de deux assemblées successives.

En résumé deux ou trois assemblées, selon les cas, doivent être tenues pour mener à bien l'augmentation projetée du capital. La première décide que le capital sera porté à telle somme ; elle est inutile si les statuts ont par avance conféré ce droit au conseil d'administration. La seconde vérifie la sincérité de la déclaration notariée ;

s'il y a des apports en nature, elle nomme en outre un commissaire, qui sera chargé d'en apprécier la valeur, et une troisième assemblée se réunira quelques jours après, cinq jours au moins, pour statuer sur les conclusions de son rapport (1).

Ce qui précède s'applique aux sociétés anonymes. Pour la commandite par actions, c'est le conseil de surveillance qui contrôle la souscription de l'intégralité des actions nouvelles et le versement du quart sur chacune d'elles. Si donc l'augmentation a été réalisée en espèces exclusivement et que d'autre part il n'y ait pas d'avantages particuliers à vérifier, les deux dernières assemblées deviennent inutiles. Par contre elles sont indispensables dans le cas contraire.

195 *bis*. *Cas d'existence d'actions de priorité.* — Lorsqu'il existe déjà des actions de priorité, l'augmentation du capital peut donner lieu à des formalités plus compliquées encore. « Dans le cas, dit l'article 1er, *in* « *fine*, de la loi du 16 novembre 1903 sur les actions de « priorité, où une décision de l'assemblée générale com- « porterait une modification dans les droits attachés à « une catégorie d'actions, cette décision ne sera défini-

(1) On s'est demandé si la création d'actions de priorité décidée à titre d'augmentation de capital donne lieu à la vérification exigée par l'article 4. La question doit être résolue par une distinction. Lorsque ces actions sont attribuées en échange d'un apport en nature, l'apport doit nécessairement être soumis à l'assemblée dans les termes de cet article. Si au contraire elles sont souscrites en espèces, il n'est fait aucun avantage particulier à une personne déterminée; l'approbation de l'assemblée est donc inutile.

« tive qu'après avoir été ratifiée par une assemblée spé-
« ciale des actionnaires de la catégorie visée. Cette as-
« semblée spéciale, pour délibérer valablement, doit
« réunir au moins la moitié du capital représenté par
« les actions dont s'agit, à moins que les statuts ne pres-
« crivent un minimum plus élevé. » Ainsi une modification de cette nature ne pourra être valablement décidée qu'autant qu'elle aura été préalablement approuvée d'abord par l'assemblée de tous les actionnaires sans distinction, puis par l'assemblée spéciale des actionnaires de chacune des catégories visées.

Que faut-il en conclure au point de vue de l'augmentation du capital ? Une distinction est nécessaire selon qu'elle sera réalisée par l'émission d'actions privilégiées ou par l'émission d'actions ordinaires.

Il n'est pas douteux que l'émission de nouvelles actions de priorité d'un rang même simplement égal à celui des anciennes soit de nature à modifier l'étendue des droits qui avaient été conférés à celles-ci. Les travaux préparatoires sont très catégoriques à cet égard. L'augmentation du capital devra donc dans ce cas être approuvée par l'assemblée spéciale des porteurs d'actions privilégiées. Faudra-t-il aussi consulter les porteurs d'actions ordinaires ? Oui, car leurs droits seront également amoindris par l'émission projetée.

Si l'augmentation doit être effectuée par la création d'actions ordinaires, la situation n'est plus la même. Sans doute elle aura pour conséquence d'élever le nombre des actionnaires ayant droit au partage des bénéfices, mais peut-on dire, à proprement parler, qu'il y ait là une modification des droits attachés aux actions, soit privilégiées, soit ordinaires, déjà existantes? Il semble bien que non. Cependant, afin d'éviter toute difficulté, la pratique a pris l'habitude de réunir les deux assemblées spéciales dans ce cas comme dans le précédent, pour leur faire approuver l'augmentation proposée.

Souvent le conseil d'administration, ne sachant pas quel sera l'état du marché au moment où l'opération financière de l'émission sera exécutée, croit prudent de solliciter de l'assemblée extraordinaire l'autorisation de créer, soit des actions de priorité, soit des actions ordinaires. En pareil cas l'assentiment des deux assemblées spéciales doit être obtenu en même temps que celui de l'assemblée de tous les actionnaires.

Ces assemblées spéciales doivent être consultées sur la proposition d'augmentation, c'est-à-dire avant l'émission, et non pas après l'accomplissement des formalités exigées par la loi, comme nous l'avons vu faire à tort. Elles ont en effet pour but d'autoriser l'augmentation projetée, et non pas de vérifier la régularité de l'augmentation une fois réalisée. Cette dernière mission appartient à l'assemblée, dite constitutive, prévue par l'article 4 de la loi de 1867, et que la jurisprudence déclare nécessaire également en cas d'augmentation du capital.

Bien entendu les trois assemblées distinctes qui sont appelées à autoriser l'augmentation peuvent être tenues le même jour.

Cette complication de formalités et la difficulté qu'on éprouve à réunir le *quorum* exigé par la loi pour les assemblées extraordinaires sont de nature à engager plus vivement encore les conseils d'administration à solliciter de l'assemblée des autorisations très larges en vue de l'augmentation du capital. Il est prudent de prévoir une augmentation supérieure aux besoins du moment, sauf à la réaliser par fractions, en une ou plusieurs fois. Grâce à cette précaution, les augmentations de capital qui pourraient devenir nécessaires dans l'avenir seront autorisées une fois pour toutes.

195 ^ier^. *Composition de l'assemblée postérieure à la souscription.* — Plusieurs conditions sont exigées pour la régularité de l'assemblée qui reconnaît la sincérité de la déclaration notariée :

1° Il faut qu'elle ne soit convoquée que postérieurement à la déclaration (art. 25) ;

2° Elle doit être ouverte à *tous* les actionnaires de l'une et de l'autre catégorie, sous la seule réserve des abstentions imposées par l'article 4 pour l'appréciation des apports en nature et des avantages particuliers dont certains d'entre eux sont appelés à profiter.

Ces solutions de principe ont été données par un important arrêt de la Cour de cassation du 19 octobre 1892, qu'il est d'autant plus indispensable de citer ici que la pratique semble parfois encore ignorer si l'assemblée chargée de vérifier la sincérité de la déclaration doit admettre, ou non, dans son sein tous les actionnaires, même porteurs d'une seule action :

« Attendu qu'aux termes de l'article 24 de la loi de 1867, les dispositions des articles 1, 2, 3, 4, sont applicables aux sociétés anonymes, pour lesquelles le dit article 24 exige en outre que la déclaration des fondateurs constatant l'intégralité de la souscription et le versement du quart du capital soit soumise à une assemblée générale qui en vérifie la sincérité ;

« Que ces formalités, prescrites à peine de nullité, sont d'ordre public et doivent être observées lorsqu'une société se transforme par l'augmentation de son capital, auquel cas le rôle de fondateur est rempli par le conseil d'administration ;

« Que tous les actionnaires anciens et nouveaux ont alors un intérêt égal et commun à contrôler la sincérité de la déclaration faite en vertu de l'article 1er ;

« Que l'assemblée générale à laquelle incombe ce contrôle doit être ouverte, conformément à l'article 27, à tout actionnaire de l'une et de l'autre catégorie, sous la seule réserve des abstentions imposées par l'article 4 pour l'appréciation des apports en nature et des avantages particuliers dont certains d'entre eux sont appelés à profiter ;

« Qu'en décidant que les émissions d'actions opérées par la Société X... étaient nulles parce que les actionnaires primitifs n'avaient pas été convoqués aux assemblées générales chargées d'en vérifier la sincérité, la Cour de Paris n'a violé aucune disposition de loi » (*Sir.* 1893.1.89).

196. *Voix. Majorité.* — Quel est le nombre de voix qui appartient aux actionnaires ? Chacun d'eux n'a-t-il qu'une voix unique, ou bien le nombre de voix est-il proportionnel au nombre d'actions ? Cette question est l'une des plus délicates que soulève l'interprétation de la loi de 1867. La difficulté provient du défaut de méthode et d'harmonie que nous avons déjà constaté dans cette loi.

On vient de voir que, d'après la jurisprudence, l'augmentation du capital est soumise aux mêmes règles de fond que la constitution même de la société (V. n° 195).

Ce principe s'étend-il même aux règles relatives à la composition de l'assemblée, à la répartition des voix et au mode de votation ? L'affirmative résulte implicitement des divers arrêts, bien qu'elle ne soit pas commandée par les mêmes raisons, car il ne s'agit plus ici d'une société qui est en train de se constituer par l'accord unanime de ses membres. Si l'on admet néanmoins cette solution, il reste à préciser le régime établi par la loi, ce qui ne va pas sans une grande difficulté.

En ce qui concerne les sociétés en commandite par actions, les auteurs et la jurisprudence s'accordent à penser, par une induction tirée de l'article 4, que chaque actionnaire n'a qu'une seule voix dans les assemblées constitutives, sans que les statuts puissent modifier ce mode de computation des voix (Bordeaux, 12 mai 1897, *Journ. Soc.*, 1897.510).

Si l'on s'en rapportait à l'article 24, la même prescription régirait les sociétés anonymes : « Les dispositions « des articles 1, 2, 3 et 4 de la présente loi, porte-t-il, sont « applicables aux sociétés anonymes. » Mais il est admis unanimement que l'article 27 a apporté une dérogation sur ce point aux articles 4 et 24. Cet article commence par disposer que les statuts détermineront le nombre de voix qui appartiendra à chaque actionnaire dans les assemblées *ordinaires* eu égard au nombre d'actions dont il est porteur. Puis le paragraphe suivant ajoute : « *Néanmoins, dans les assemblées générales appelées* « *à vérifier les apports, à nommer les premiers admi-* « *nistrateurs et à vérifier la sincérité de la déclaration*

« *des fondateurs de la société, tout actionnaire, quelque* « *soit le nombre des actions dont il est porteur, peut* « *prendre part aux délibérations avec le nombre de voix* « *déterminé par les statuts, sans qu'il puisse être supé-* « *rieur à dix.* »

Quel est le sens de cette disposition ? A-t-elle pour but de donner accès à l'assemblée à tous les actionnaires, quel que soit le nombre de leurs titres ? Ou bien s'occupe-t-elle de régler la répartition des voix dans l'assemblée constitutive ? L'examen des travaux préparatoires révèle que, si elle traite en même temps les deux questions, elle a pour objet principal d'admettre tous les actionnaires, gros et petits, dans les assemblées constitutives. Telle était même à l'origine l'unique prescription de l'auteur de cet article. Dans le cours de la discussion, on a voulu en outre assurer, dans une certaine mesure, la prédominance de l'élément financier sur l'élément personnel. Aussi le législateur a-t-il permis aux rédacteurs des statuts d'établir le suffrage proportionnel par une clause spéciale à ces assemblées. Mais, comme il voulait en même temps tenir la balance égale entre ces deux éléments, il a limité à dix le nombre des voix que les plus forts actionnaires pourraient posséder.

Ainsi l'article 27 applique à la société anonyme un régime différent de celui qu'avait établi l'article 4 pour les commandites par actions, en ce sens du moins que la convention expresse des intéressés, consignée dans le pacte social, peut substituer au système égalitaire de l'article 4 un suffrage proportionnel limité. A défaut d'une clause formelle de cette nature, chaque actionnaire n'aura qu'une seule voix. Cette divergence se justifie par la raison que l'élément personnel joue un rôle plus considérable dans ces dernières sociétés que dans les sociétés anonymes.

Néanmoins la pratique hésite encore sur l'interprétation de cet article. Quelquefois on voit deux assemblées générales se tenir successivement le même jour pour vérifier l'une et l'autre la régularité de l'augmentation du capital d'une société anonyme. Dans l'une, on n'accorde à chacun des actionnaires qu'une seule voix, quel que soit le nombre de leurs actions. Dans l'autre, on applique le suffrage proportionnel avec un maximum de dix voix, tout en donnant une voix à ceux qui n'ont pas le nombre d'actions fixé par les statuts pour être admis à l'assemblée ordinaire (art. 27). De la sorte, pense-t-on, l'une des deux assemblées au moins sera certainement régulière. La vérité est que, en l'absence d'une clause formelle instituant le suffrage proportionnel, chaque actionnaire n'a droit qu'à une seule voix.

Le maximum de dix voix est-il personnel ? Ou bien doit-il être observé sans qu'on distingue entre les actions appartenant en propre à l'actionnaire et celles qu'il représente comme mandataire ? Si l'on applique ici la pensée qui a guidé le législateur, dont le but était de ne pas amoindrir à l'excès l'influence qui doit appartenir aux actionnaires importants, on considérera ce maximum comme étant personnel, de telle sorte qu'un actionnaire mandataire d'un autre actionnaire cumulera ses voix personnelles et celles de son mandant, lors même que le total en dépasserait dix.

A quelle majorité la validité des délibérations est-elle soumise ? L'article 30 porte que « les assemblées qui « ont à délibérer sur la vérification des apports... doi- « vent être composées d'un nombre d'actionnaires repré- « sentant la moitié au moins du capital social. » Mais on sait déjà qu'aux termes de l'article 24 les prescriptions des quatre premiers articles de la loi sont applicables aux sociétés anonymes. Or l'article 4 (relatif à la commandite par actions) exige que la majorité comprenne le quart des actionnaires et représente le quart du capital social en numéraire. Doit-on cumuler cette dernière prescription et celle de l'article 30 ?

La jurisprudence semble trancher cette question affirmativement (V. Cass., 6 nov. 1894, *Dall.*, 1895.1.151 ; 18 oct. 1899, *Journ. Soc.*, 1900.206). En réalité le point n'a pas fait l'objet d'un débat contradictoire en justice. D'ailleurs une telle solution semble inconciliable avec celle qui a été donnée sur la question de savoir si la disposition de l'article 4 relative à la répartition des voix s'applique aussi à la société anonyme. Celle-ci est en effet régie par les articles 27 à 30, qui excluent, sur les points qu'ils traitent, l'extension de l'article 4. S'il en est ainsi, on devrait se contenter, pour l'assemblée constitutive, de la majorité indiquée par l'article 30 et repousser le cumul de cet article avec l'article 4. Aussi la plupart des auteurs critiquent-ils la solution donnée par ces arrêts.

196 *bis*. *Abaissement du montant originaire de l'aug-*

mentation. — Lorsque toutes les actions n'ont pas été souscrites au bout d'un certain temps après l'ouverture de l'émission, l'assemblée extraordinaire a-t-elle le droit d'abaisser le montant de l'augmentation au chiffre des souscriptions recueillies ? Ou bien l'augmentation ne pourra-t-elle être valablement réalisée qu'autant que la société aura réussi à réunir l'intégralité de la somme dont elle avait décidé d'augmenter son capital ? La jurisprudence décide habituellement que l'assemblée extraordinaire peut arrêter l'augmentation projetée au chiffre des souscriptions recueillies, *dès lors que tous les souscripteurs sont consentants* (V. not. Paris, 27 déc. 1899, *Journ. Soc.*, 1900.221). Du moment qu'à l'assemblée ils ont donné leur adhésion unanime à cette combinaison ou bien qu'une clause avait été insérée en ce sens dans les bulletins de souscription, ils ne sauraient se plaindre que le capital social n'ait pas été porté à la somme originairement fixée. Quant aux tiers, que la loi de 1867 a entendu protéger non moins que les souscripteurs, leurs intérêts sont sauvegardés dès lors que, par l'observation de ses prescriptions impératives, le capital qu'on leur annonce comme constituant leur gage n'est pas un capital fictif. Cependant la Cour de Paris a jugé le contraire récemment, mais cet arrêt est soumis à la censure de la Cour de cassation (21 mars 1905, *Dall.* 1905.2.409) (1).

(1) V. sur cette question notre article dans l'*Argus* du 5 novembre 1905.

SECTION II

RÉDUCTION DU CAPITAL SOCIAL

197. *Position de la question.* — Si l'augmentation du capital ne saurait guère présenter de difficultés de fond, il n'en est pas de même de la réduction du capital. On aperçoit de suite qu'une semblable mesure est de nature à rompre l'égalité entre les actionnaires lorsqu'elle est votée à un moment où ils n'ont pas tous libéré leurs titres également, ou bien encore après que certains d'entre eux ont déjà reçu le remboursement de leur mise sociale. D'autre part elle peut, dans certains cas, causer préjudice aux créanciers de la société, qui, en traitant avec elle, avaient compté légitimement sur un gage égal au montant du capital annoncé par les statuts. Aussi ne s'étonnera-t-on pas que ce soit à propos d'une telle modification que la jurisprudence ait établi le système d'ensemble qu'elle a adopté concernant les pouvoirs de l'assemblée extraordinaire.

197 *bis*. *Causes.* — En principe plusieurs causes diverses peuvent décider une société à réduire son capital. Si elle considère qu'il est trop élevé par rapport à l'importance de ses affaires, elle sera amenée à le diminuer afin d'alléger la charge que fait peser sur elle le service de l'intérêt statutaire. Mais cette hypothèse ne se réalise que bien rarement, d'abord parce que les sociétés n'ont

presque jamais trop d'argent à leur disposition, ensuite parce qu'il leur est facile de parvenir au même but sans recourir à un moyen qui nécessite la réunion d'une assemblée extraordinaire. Dans la pratique, la réduction du capital intervient le plus souvent à la suite de pertes antérieures. Lorsque la société a perdu l'espoir de reconstituer son capital initial sans être obligée de suspendre pendant plusieurs années les distributions de dividendes, elle réduit le capital pour en mettre le chiffre d'accord avec la réalité des faits. Cette combinaison offre aux actionnaires l'avantage de permettre de reprendre immédiatement les répartitions de bénéfices. D'autre part la réduction du capital est souvent le prélude et la préparation d'une augmentation de capital. Lorsqu'une société a périclité pendant les premières années et que le besoin d'argent se fait sentir, les futurs souscripteurs de nouvelles actions ne consentent d'ordinaire à apporter les fonds nécessaires qu'autant que le bilan aura été en quelque sorte aupré préalablement, c'est-à-dire que l'évaluation des immobilisations aura été ramenée à un chiffre aussi rapproché que possible de la réalité, et cette opération sera précisément effectuée au moyen de la réduction du capital. La combinaison de la réduction et de l'augmentation immédiate est souvent appliquée.

198. *Jurisprudence.* — Jusqu'en 1892 la jurisprudence ne considérait pas que l'assemblée générale eût le droit, en l'absence d'une clause des statuts, de réduire le capital social. On ne trouve guère en sens contraire que deux arrêts de la Cour de Paris de 1884

et 1885, dont la tendance était très libérale. En 1890 la même Cour se rétractait pour se rallier à la doctrine alors courante de la jurisprudence. Les motifs de sa décision étaient les suivants : 1° lorsque les statuts autorisent l'augmentation du capital, il n'y a pas lieu d'étendre par analogie cette autorisation à la réduction du capital ; 2° en tous cas on ne pourrait réduire le capital que par voie de remboursement des actions, et non par une annulation pure et simple ; 3° on ne peut forcer les actionnaires qui n'ont qu'un nombre d'actions non divisible par un chiffre déterminé, soit à en racheter d'autres pour les compléter, soit à vendre celles qui ne correspondent pas à ce chiffre ; 4° dans l'espèce, la réduction, telle qu'elle avait été votée, portait atteinte à l'égalité de traitement d'entre les actionnaires.

La Cour de cassation cassa l'arrêt de la Cour de Paris. Elle s'en tint à cette seule considération que l'assemblée avait mis le chiffre du capital social d'accord avec la valeur réelle de l'actif. Le rétablissement de cette concordance ne saurait, a-t-elle pensé, être considéré comme « une atteinte portée aux bases juridiques et à « la constitution originaire de la société ». C'est au contraire une mesure qui rentre dans les pouvoirs de l'assemblée extraordinaire. Quant à la dépossession qui peut résulter pour ceux qui ne possédaient pas un nombre d'actions multiple de trois, c'est là une conséquence négligeable de la décision valablement prise par les actionnaires :

« Attendu, d'une part, qu'aux termes de l'article 31 de la

loi de 1867, il appartient aux assemblées générales constituées conformément aux dispositions de cet article de délibérer souverainement sur les modifications des statuts. . ; qu'il résulte de l'arrêt attaqué que les actionnaires réunis en assemblée générale extraordinaire ont décidé de réduire l'évaluation du capital social en le ramenant du chiffre originaire de 19 millions à celui de 10 millions auquel il a été fixé pour l'avenir ; qu'afin de supprimer un nombre d'actions correspondant à l'importance de la dépréciation subie par le capital, les actionnaires ont décidé d'annuler d'abord 8.000 actions dont le groupe des fondateurs faisait abandon, et de substituer ensuite aux 30.000 actions que cette annulation laissait subsister 20.000 actions nouvelles à répartir entre les associés à raison de deux nouvelles en échange de trois anciennes ;

« Attendu que la Cour d'appel a prononcé la nullité des résolutions dont s'agit en se fondant sur ce qu'elles porteraient atteinte aux bases essentielles de la société et excéderaient, par suite, les pouvoirs de l'assemblée ; mais attendu qu'on ne saurait attribuer un semblable caractère à des décisions qui, suivant les constatations mêmes de l'arrêt, tendaient uniquement à mettre l'estimation du fonds social d'accord avec la réalité des faits ; que l'assemblée extraordinaire avait pouvoir de faire cette estimation et de prescrire les mesures qui pouvaient en être la conséquence, à moins qu'une prohibition expresse insérée dans les statuts n'y mît obstacle ;

« Attendu qu'on ne saurait considérer davantage comme portant atteinte aux bases essentielles de la société, ainsi que l'arrêt attaqué l'a décidé à tort, la sujétion imposée par les résolutions susdites à tout actionnaire ne possédant pas un nombre d'actions divisible par trois de compléter ou de réduire le nombre de ses titres afin d'en opérer l'échange contre des titres nouveaux ;

« Qu'il appartient à l'assemblée extraordinaire de prescrire une semblable mesure comme conséquence de la réduction du capital, si le pacte social ne contenait aucune interdiction à cet égard... » (30 mai 1892, *Dall.* 1893.1.105).

Peu de temps auparavant la Cour de Douai avait été

saisie de la même question dans des conditions particulièrement intéressantes, car la combinaison qu'on avait adoptée et sur laquelle la justice était appelée à statuer a été reproduite bien des fois depuis lors : c'est celle de la réduction suivie d'une augmentation immédiate (V. n° 197 *bis*). L'assemblée, après avoir voté la réduction du capital de 5 millions à 500.000 francs et l'échange des 10.000 actions existantes contre 1.000 actions nouvelles, avait aussitôt après décidé de porter le capital ainsi réduit au chiffre originaire de 5 millions par la création de 9.000 actions nouvelles. La Cour de Douai annula cette délibération parce qu'elle portait une atteinte grave aux droits des actionnaires d'une manière générale et que de plus elle lésait en particulier ceux qui avaient un nombre d'actions non divisible par dix. Mais, par un arrêt en date du 29 janvier 1894, la Cour de cassation, confirmant sa décision antérieure, cassa l'arrêt de Douai :

« Attendu que des termes de cet article (l'art. 31), il résulte que les assemblées générales, constituées conformément à ces prescriptions, délibèrent souverainement sur la modification des statuts ; que cette disposition de la loi est textuellement reproduite par l'article 36 des statuts de la Compagnie... et que l'article 42 décide que l'assemblée générale prononce sur tous les intérêts de la société en se conformant, pour les objets indiqués à l'article 36, aux prescriptions de cet article ; attendu en fait qu'il résulte de l'arrêt attaqué que ces actionnaires ont décidé : 1° de réduire l'évaluation du capital social en le ramenant du chiffre originaire de 5.100.000 francs à celui de 500.000 francs par l'annulation de 200 actions de fondateur et par la substitution de 1.000 actions aux 10.000 actions que cette annulation laissait subsister à raison d'une action nouvelle attribuée aux associés en échange de dix anciennes ;

« Attendu, d'une part, que la réduction prescrite, qui ne faisait, d'après les constatations mêmes de l'arrêt, que mettre l'estimation du capital social d'accord avec la réalité des faits, ne portait aucune atteinte aux bases essentielles de la société et rentrait dès lors dans les pouvoirs de l'assemblée ; qu'il appartenait en outre à l'assemblée générale de prescrire le mode de cette réduction, le pacte social ne contenant aucune interdiction à cet égard ; que, d'autre part, l'augmentation du capital était expressément autorisée par l'article 6 des statuts ; qu'il ne résulte pas du reste de l'arrêt que l'ensemble de l'opération ait créé aucune inégalité entre les associés, puisque les anciens actionnaires restaient propriétaires, dans les mêmes proportions qu'auparavant, de l'intégralité du fonds social réduit, et que les nouveaux ne devenaient propriétaires du fonds social relevé que dans la mesure des fonds pour lesquels ils étaient appelés à souscrire... » (*Sir.* 1894.1.169).

Ainsi la jurisprudence de la Cour de cassation est formelle : en présence d'une clause conçue en termes vagues ou même dans le silence des statuts, il appartient à l'assemblée générale extraordinaire de réduire le capital social, tout au moins lorsque, la société ayant subi des pertes, cette mesure a pour but de mettre l'estimation de l'actif d'accord avec la réalité des faits. Cette mesure ne porte aucunement atteinte aux bases essentielles de la société. Lors même que la réduction serait suivie immédiatement d'une augmentation du capital, elle serait encore licite, car l'ensemble de ces deux opérations n'entraîne aucune inégalité entre les actionnaires de même catégorie. Les anciens sont restés propriétaires dans les mêmes proportions de l'actif réduit qui constituait le fonds social à la veille de la réduction. Quant aux nouveaux, ils ont tous reçu un droit également proportionnel sur le fonds social qui venait d'être augmenté.

199. *Dépréciation des apports.* — L'assemblée extraordinaire jouit-elle du même pouvoir lorsque l'infériorité de l'actif social par rapport au chiffre nominal du capital provient, non pas de pertes subies par la société, mais de la majoration initiale des apports ? La réduction prononcée dans de telles conditions ne constitue-t-elle pas un moyen détourné de revenir sur l'évaluation qui avait été donnée à ces apports et qui est cependant irrévocable, sauf les cas de dol et de fraude ? La Cour de cassation n'a pas vu dans cette considération un motif de refuser à l'assemblée extraordinaire le droit de voter la réduction du capital. Elle s'était déjà prononcée en ce sens le 30 mai 1892 (V. n° 198), et elle a persisté depuis dans sa manière de voir :

« Attendu, dit l'arrêt du 9 février 1903, que si, d'après l'article 4 de la loi du 24 juillet 1867, l'approbation donnée aux apports dans les formes prescrites par ce texte ne laisse place à aucun recours ultérieur, si ce n'est en cas de dol ou de fraude, cela n'empêche pas que si, plus tard, pour des causes quelconques, le fonds social dans lequel sont entrés les dits apports est reconnu n'avoir point la valeur que les statuts lui ont attribuée, l'assemblée générale extraordinaire, investie du pouvoir de modifier les dits statuts, ne puisse réduire la valeur nominale de ce fonds et, par suite, celle des actions qui la représentaient de manière à la faire concorder avec la vérité. . . » (*Sir.* 1904.1.329).

200. *Réduction supérieure à la dépréciation ou aux pertes.* — Toutefois l'assemblée extraordinaire ne peut voter la réduction du capital qu'autant qu'il est établi que

son chiffre nominal n'est plus en harmonie avec la valeur véritable de l'actif et seulement dans la mesure de la dépréciation de cet actif. Autrement la résolution de l'assemblée pourrait aboutir à une spoliation des actionnaires d'origine. C'est ce qui a été décidé à propos de la délibération d'une assemblée qui avait réduit le capital de 500.000 francs à 10.000 francs, puis l'avait élevé aussitôt à 50.000 francs par la création de 280 actions nouvelles, alors que le fondateur avait reçu 500 actions en rémunération de son apport et que cet apport n'avait subi d'ailleurs aucune dépréciation depuis la fondation de la société :

« Attendu que cette double condition (nécessité de maintenir le capital en harmonie avec la situation de la société et la réalité des faits — respect de l'égalité entre les actionnaires) n'a pas été observée ; que les besoins d'argent signalés aux actionnaires ne suffisent pas pour justifier le vote ; qu'il résulte en effet des constatations du rapport fait à l'assemblée que les brevets et les procédés industriels apportés par Barbier à la société avaient conservé leur valeur ; que cette valeur, si l'on s'en rapporte à l'évaluation des apports contre la sincérité de laquelle aucun reproche n'a été dirigé, dépasserait de beaucoup le chiffre de 10.000 francs ;... qu'on peut donc affirmer que la réduction du capital arbitrairement fixée par l'assemblée n'est pas en rapport avec la réalité des faits ;... que cette double décision viole d'ailleurs manifestement l'égalité qui doit être maintenue entre les actionnaires ; qu'en effet ceux qui ont souscrit les actions nouvelles, qui représentaient l'actif social modifié, n'ont effectué que des versements partiels, tandis que B... et consorts sont porteurs d'actions dont la valeur est réduite à 1 fr. 50 %, quoiqu'elles soient depuis longtemps libérées par des versements effectifs qui ont procuré à la société l'existence industrielle qu'elle tend à développer dans le seul intérêt des nouveaux actionnaires... » (Paris, 24 juillet 1905, *Journ. Soc.*, 1896.23).

201. *Egalité entre les actionnaires.* — La réduction du capital ne serait pas valable si elle entraînait une inégalité de traitement entre les actionnaires. Il en serait ainsi, par exemple, si elle était votée à un moment où les actionnaires n'avaient pas libéré leurs actions dans la même proportion. En procédant de la sorte, l'assemblée assurerait un avantage considérable à ceux qui avaient versé des sommes moins élevées que les autres.

La Cour de cassation a eu précisément l'occasion de statuer sur un cas de cette nature. La société avait été fondée au capital de 2.719.000 francs, représenté par 5.438 actions de 500 francs, dont 700 actions d'apport entièrement libérées, et 4.738 actions souscrites en espèces, sur le montant desquelles il restait à verser 100 francs par titre. L'assemblée extraordinaire, composée en majorité d'actionnaires porteurs d'actions de numéraire, réduisit le capital de 2.719.000 francs à 2.245.000 francs en annulant une action sur cinq actions libérées de 400 francs seulement. En d'autres termes, le propriétaire de cinq actions de numéraire n'en posséderait plus que quatre à l'avenir, mais ces quatre actions seraient désormais entièrement libérées. D'ailleurs la même assemblée votait immédiatement après la dissolution anticipée de la société. Les porteurs d'actions d'apport protestèrent contre cette délibération, qui les privait d'une valeur sociale de 473.800 francs et enlevait à chacun de ces titres un boni d'environ 87 francs à la charge des actions de numéraire, et leur demande fut accueillie favorablement par la justice. La Cour de Lyon décida que l'assemblée extraordinaire ne peut pas voter la réduction du capital social à la veille de la liquidation de la société, dans le but unique de frustrer les propriétaires d'actions antérieurement libérées de leurs droits sur une partie de l'actif social en dispensant les autres actionnaires de verser le complément de leur mise ; une telle combinaison porterait atteinte aux bases essentielles de la société *en créant une inégalité entre les actionnaires* (23 juillet 1895). Et la Cour de cassation confirma cette décision (29 déc. 1896, *Journ. Soc.*, 1897.110).

202. *Existence d'actions inégalement libérées.* — A propos de l'égalité entre les actionnaires, le tribunal de commerce de Lyon a eu à statuer dernièrement sur la validité d'une réduction de capital qui se présentait dans des conditions fort intéressantes. Sur les 40.000 actions de cent francs dont se composait le capital, 11.600 avaient été libérées intégralement ; les autres étaient libérées seulement du quart. A raison d'un concours d'événements défavorables, la société avait dû suspendre ses opérations et se borner à attendre une ère nouvelle de prospérité. Elle se décida alors à réduire un capital devenu pour partie inutile. Mais comment procéder à cette réduction d'une manière valable, étant donné que les actions étaient inégalement libérées ? Voici le parti auquel elle s'arrêta : d'une part on appellerait le second quart sur les actions libérées seulement de 25 francs ; d'autre part on rembour-

serait 50 francs à chacune des autres ; puis les actions se trouvant toutes désormais libérées à concurrence de 50 francs seulement, on échangerait deux actions contre une seule intégralement libérée et l'on aboutirait ainsi à une réduction de moitié du capital originaire. Certains actionnaires ayant contesté la validité de cette résolution sous prétexte qu'elle violait le principe d'égalité, le tribunal rejeta leur prétention en faisant remarquer que l'inégalité qui existait avant la réduction ne provenait que du fait des actionnaires eux-mêmes et qu'en tous cas la réduction du capital, telle qu'elle avait été votée, ne comportait aucune préférence, aucun avantage particulier au profit de certains d'entre eux (20 oct. 1902, *Journ. Soc.*, 1903.67).

202 bis. *Existence d'actions de jouissance.* — Le vote d'une réduction de capital entraînerait également la rupture de l'égalité entre les actionnaires s'il existait un certain nombre d'actions de jouissance au moment où il intervient. La situation des actions de capital non encore amorties serait évidemment moins favorable que celle des actions déjà remboursées d'après le taux originaire des titres, et l'égalité de traitement entre les actionnaires serait rompue. C'est ce que la Cour de cassation a laissé entendre par l'arrêt cité plus haut du 9 février 1903 (V. n° 199), dans lequel elle constatait que la réduction ne créait aucune inégalité entre les actionnaires du moment qu'aucune action n'avait encore été amortie :

...« Attendu, dit cet arrêt, que les actions tant d'apport que de capital ont été émises en 1892 au taux de 500 francs entièrement libéré ; *qu'il n'est point allégué qu'aucune ait été depuis lors amortie par tirage au sort* ; *qu'il y avait donc parité complète entre tous les titres de l'une ou de l'autre origine lorsque l'assemblée a décidé de les réduire tous indistinctement au taux de cent francs...* ;

« Attendu que, dans ces conditions d'égalité parfaite entre tous les actionnaires, la combinaison déclarée licite par les juges du fait ne porte aucune atteinte aux bases essentielles de la société ; qu'elle n'excédait donc pas les attributions de l'assemblée extraordinaire... »

203. *Droits des tiers.* — En second lieu l'assemblée générale qui vote la réduction du capital doit s'abstenir de porter atteinte aux droits acquis des tiers. De quels tiers s'agit-il ici ? Ce sont les créanciers antérieurs au vote de l'assemblée générale. Supposons que, la société ayant été constituée au capital d'un million et les actions étant libérées seulement de moitié, l'assemblée extraordinaire vote la réduction du capital à concurrence de moitié en dispensant les actionnaires des versements complémentaires dus par eux. Le gage des créanciers, qui s'élevait à un million d'après les documents officiels portés à la connaissance des tiers, se trouverait ramené de la sorte à 500.000 francs, ce qui sera peut-être pour eux la source d'un grave préjudice. Aussi décide-t-on que les créanciers seraient fondés à demander la nullité d'une semblable résolution.

204. *Jurisprudence.* — L'hypothèse qui vient d'être formulée s'est précisément présentée au cours d'un débat judiciaire récent. Il a été jugé que les créanciers *antérieurs* avaient en pareil cas le droit d'exiger des

actionnaires la libération de leurs actions en faisant abstraction de la réduction du capital :

« Attendu, dit la Cour d'Orléans le 29 juillet 1896, qu'il n'est pas douteux que la réduction du capital soit possible quand elle est votée régulièrement par l'assemblée générale et qu'elle produise des effets à l'égard des tiers sans cependant pouvoir porter atteinte aux droits acquis ; d'où la conséquence que, si la réduction du capital social se fait par voie de libération des actionnaires pour les versements non effectués, les créanciers antérieurs ont le droit d'exiger des actionnaires la libération de leurs actions en faisant abstraction de la réduction du capital ; que d'après ce principe la réduction régulièrement votée est opposable aux tiers pourvu qu'elle ne porte pas atteinte à des droits acquis ; qu'elle ne peut dès lors être attaquée que par les créanciers antérieurs à la réduction dont les droits seraient lésés, et non par les créanciers postérieurs qui ont traité avec le capital réduit... »

On retrouve la même idée dans l'arrêt de la Cour de Paris du 19 janvier 1897 :

« Considérant que, si l'on ne saurait en principe refuser à une société le droit de réduire son capital lorsque son état de prospérité lui fait un devoir d'en agir ainsi, à l'effet notamment de s'exonérer d'une charge inutile résultant d'un capital exagéré, il est juste de reconnaître qu'à l'époque du 27 juin 1891 la Banque d'escompte était complètement au-dessous de ses affaires, et que les actionnaires n'ont eu, de toute évidence, en votant la réduction de son capital, d'autre but que de se libérer de l'obligation qui pesait sur eux tous des 250 francs dont ils étaient redevables envers la société pour chacune des actions dont ils étaient porteurs ;

« Considérant que de ce qui précède il résulte qu'à l'égard des tiers, et par suite de la masse des créanciers, la délibération prise dans l'assemblée du 27 juin 1891 doit être considérée comme inefficace et inexistante, et que tous les actionnaires porteurs de titres libérés seulement de 250 francs chacun sont restés obligés à les libérer entièrement » (*Journ. Soc.*, 1897.264).

205. *Répercussion sur le montant de l'intérêt dû aux actions.* — Il a été dit précédemment que les arrêts de 1892 et 1894 ne se sont pas préoccupés de la modification que toute réduction du capital entraîne nécessairement dans la répartition des bénéfices. Si la réduction est justifiée en soi, si, d'autre part, elle ne crée aucune inégalité entre les actionnaires et ne lèse pas les droits des tiers, ils la déclarent valable, quelles qu'en soient les conséquences à cet égard (V. n° 183). Toutefois il importe d'examiner de plus près une objection qui a été formulée dans cet ordre d'idées par des auteurs considérables, d'autant plus que les tribunaux ne sont pas d'accord sur la solution que la question comporte.

Cette objection est relative aux conséquences que la réduction du capital entraîne pour les actionnaires au point de vue de leurs droits, à savoir la diminution de l'intérêt annuel qu'ils doivent toucher pendant la vie de la société et celle de la somme qui leur sera remboursée au moment de la liquidation. Une telle diminution est en effet de nature à profiter à d'autres personnes et, par voie de conséquence, à modifier à leur propre détriment la répartition des bénéfices et de l'actif social. Si, par exemple, la réduction doit être opérée au moyen de l'abaissement jusqu'à concurrence de moitié du taux des actions, les actionnaires ne recevront plus, à titre d'intérêt, que 12 francs 50 par action de 500 francs, au lieu de 25 francs comme auparavant. De même, au moment de la liquidation, ils n'auront droit qu'à un remboursement de 250 francs, au lieu de 500 francs.

On dira peut-être qu'il importe peu qu'ils se répartissent les bénéfices sociaux sous le nom d'intérêt ou sous celui de dividende, du moment qu'en définitive c'est toujours la même somme qu'ils auront à se partager. L'observation n'est pas tout-à-fait exacte, car une semblable modification est de nature à avantager les administrateurs et les porteurs de parts de fondateur au détriment des actionnaires. En effet le prélèvement du tantième promis aux administrateurs n'est ordinairement effectué qu'après celui qui est destiné au service de l'intérêt des mises sociales, de telle sorte que les membres du conseil profiteront de ce que la fraction des bénéfices absorbée par ce service sera désormais moins importante.

Mais le désavantage infligé aux actionnaires sera beaucoup plus marqué s'il existe des parts de fondateur, car l'économie résultant de la diminution de l'intérêt dû aux actions profitera aux porteurs de parts dans la mesure où ils ont droit sur les bénéfices sociaux. De même, au moment de la dissolution, le *boni* de liquidation se trouvera augmenté en leur faveur par la diminution des sommes qu'il y aura lieu de rembourser aux actionnaires. N'y a-t-il pas là une modification assez importante de la répartition des bénéfices pour que l'on doive hésiter à reconnaître la validité d'une réduction de capital votée dans de semblables conditions ?

205 *bis*. *Jurisprudence contradictoire*. — La question a été tranchée en sens inverse par les tribunaux

de commerce de la Seine et de Marseille. Le premier ne voit dans cette modification qu'une conséquence normale de la réduction prévue par les statuts et considère dès lors que les actionnaires ne sauraient s'en prévaloir pour critiquer une mesure régulièrement et valablement décidée par l'assemblée :

« Attendu que si, à la vérité, les intérêts revenant aux actionnaires se trouvent diminués proportionnellement à la réduction du taux nominal des actions, les bénéfices s'en trouvent augmentés et que ce que les actionnaires ne touchent pas à titre d'intérêts ils le recevront à titre de bénéfices ou de dividendes ;

« Qu'en admettant que la diminution du capital soit plus profitable aux parts de fondateur qu'aux actionnaires, il convient d'observer que cette éventualité d'une diminution du capital était prévue aux statuts, et que G··· ne saurait attaquer une décision que justifiait l'état des affaires sociales et qui a été prise en pleine connaissance de cause... » (13 nov. 1901, *Journ. Soc.*, 1902.468).

Au contraire le tribunal de commerce de Marseille a décidé très nettement que les actionnaires ont le droit de protester contre la réduction de capital votée par l'assemblée extraordinaire, soit lorsqu'elle assure aux administrateurs un avantage à leur détriment, soit lorsqu'il existe des parts de fondateur qui bénéficieraient de la diminution de l'intérêt annuel et du remboursement exigible au moment de l'expiration de la société. Le tribunal a même été plus loin : de sa propre autorité il a modifié la résolution de l'assemblée de telle façon qu'elle soit désormais à l'abri de ces deux reproches, mais en cela il a excédé la limite de ses pouvoirs. Voici au surplus un passage de cette fort intéressante décision :

« Attendu que, si la réduction du capital opérée dans ces conditions est valable en principe, il faut en fait qu'elle ne porte aucune atteinte aux droits essentiels des intéressés, actionnaires et porteurs de parts, ni à leurs rapports respectifs ; qu'il n'est pas douteux que la réduction du capital social de 1.600.000 à 640.000 francs modifie la situation des actionnaires et préjudicie gravement à leurs droits tels qu'ils résultent des statuts, à l'avantage des administrateurs et porteurs de parts de fondateur, et cela par le motif que la diminution du taux du capital des actions à rembourser pendant l'existence de la société ou lors de sa liquidation et du premier dividende de 6 °/₀ à leur distribuer annuellement diminue notablement les prélèvements à faire avant l'exercice des droits des dits administrateurs et porteurs de parts de fondateur ; que la simple majorité de l'assemblée générale ne saurait imposer à la minorité la perte des droits assurés aux actionnaires par les statuts dans l'actif social et dans les bénéfices; que, pour maintenir aux dits actionnaires ces droits acquis, il appartient au tribunal de faire la restriction que l'assemblée générale aurait dû faire elle-même, à savoir, décider que le capital-actions, quoique réduit à 640.000 francs, continuera comme par le passé à bénéficier, avant toute distribution aux administrateurs et porteurs de parts de fondateur, d'un prélèvement annuel de 6 °/₀ calculé sur 1.600.000 francs, soit de 96.000 francs à répartir au prorata des actions nouvelles, et, en outre, en cas de liquidation, d'un prélèvement en capital de 1.600.000 francs à attribuer aux actionnaires ; que c'est dans ce sens que devront être modifiés les articles des statuts dont la rédaction est laissée par l'assemblée générale aux soins du conseil d'administration... » (1er mars 1904, *Journ Soc.*, 1905.128).

Ce jugement n'a pas été frappé d'appel.

206. *Discussion.* — Il semble que la décision des juges consulaires de Marseille renferme une grande part de vérité. D'une manière générale, le vote de la réduction du capital est de nature à porter préjudice, d'un

côté, aux créanciers, qui perdent l'espoir de voir reconstituer le capital au moyen des bénéfices ultérieurs, et, d'un autre côté, aux actionnaires, lorsque leur part de bénéfices risque d'être diminuée au profit d'autres personnes. En ce qui concerne les créanciers, la question est définitivement tranchée par la jurisprudence, qui déclare légitime la réduction du capital lorsque, à la suite de pertes ou de majoration des apports, il y a lieu de mettre le chiffre nominal de ce capital d'accord avec la valeur réelle de l'actif. Quant aux actionnaires, il est impossible de ne pas reconnaître que si, en principe, la réduction du capital, loin de leur être préjudiciable, leur procure cet avantage important de permettre la reprise immédiate des distributions de dividendes, il n'en est plus de même lorsqu'elle doit entraîner dans la répartition des bénéfices une perturbation défavorable à leurs intérêts. Ils feront observer avec raison que le profit qui en résulterait pour les administrateurs et les porteurs de parts de fondateur serait assuré à ceux-ci à leur propre détriment, et qu'on ne saurait leur imposer une résolution qui se traduirait pour eux par une modification des droits respectifs des uns et des autres, à savoir par une diminution des droits sur les bénéfices et sur l'actif qu'eux-mêmes tiennent des statuts, d'une part, et, d'autre part, par une augmentation des avantages alloués aux administrateurs et aux parts de fondateur. Si l'assemblée extraordinaire a le droit de modifier les statuts, elle ne peut valablement enlever aux actionnaires, sans leur consentement unanime, une partie des profits en considération desquels ils sont devenus membres de la société. Une protestation des actionnaires contre la réduction du capital conçue dans de semblables conditions serait donc basée sur les principes fondamentaux de la matière.

206 *bis*. *Maintien des avantages originaires*. — Pour éviter une semblable difficulté, l'assemblée générale pourrait-elle, au moment où elle vote la réduction du capital, réserver expressément aux actionnaires les avantages qu'ils tiennent des statuts (droit à l'intérêt sur le taux originaire de l'action et au remboursement par le liquidateur de la somme versée au début de la société), afin que la situation des administrateurs et surtout celle des propriétaires d'actions de jouissance ou de parts de fondateur ne soient pas améliorées à leur détriment ? Elle déciderait que, malgré la réduction du taux ou du nombre des actions anciennes, les propriétaires de ces actions continueront à toucher chaque année les 5 ou 6 °/₀ de la somme versée à l'origine et qu'au moment de la liquidation ils auront droit au remboursement intégral de cette même somme. Grâce à une telle résolution, les administrateurs ne seraient pas avantagés au préjudice des actionnaires. D'autre part aucune inégalité n'existerait entre les actions amorties et celles qui n'ont pas encore été remboursées. Enfin les droits des parts de fondateur sur les bénéfices ne seraient pas augmentés en fait par la diminution des sommes nécessaires, soit au paiement de l'intérêt des mises sociales pendant le cours de la société, soit au remboursement de ces mises lors de

la dissolution. Une telle résolution serait-elle valable ?

En ce qui concerne les administrateurs, ils ne seraient pas fondés à critiquer cette délibération. En qualité d'actionnaires, ils doivent s'incliner devant les résolutions régulièrement prises par l'assemblée. En outre ils ne pourraient justifier d'aucun intérêt à l'appui de leur réclamation, puisque le montant du tantième qui leur est alloué par les statuts ne serait nullement modifié.

Quant aux porteurs de parts de fondateur, qui ne sont pas actionnaires, pourraient-ils se plaindre du maintien au profit des actionnaires des avantages qui leur étaient assurés par les statuts ? Il semble qu'une telle action serait également dépourvue de tout intérêt légitime et par conséquent irrecevable. Il ne faut pas oublier que les porteurs de parts vont déjà profiter de la réduction du capital en ce sens qu'elle permettra de reprendre immédiatement les distributions annuelles de dividendes, sans qu'il soit nécessaire de consacrer les bénéfices ultérieurs à la reconstitution du capital originaire. C'est là pour eux un avantage qu'ils partagent d'ailleurs avec les actionnaires. De quel droit prétendraient-ils à un second avantage, plus important encore, à savoir l'élévation indirecte du taux de leur émolument ? Pourquoi les actionnaires n'auraient-ils pas le droit de prendre leurs dispositions, au moment où ils votent la réduction, pour que la fraction des bénéfices promise aux porteurs de parts ne soit pas en fait augmentée, alors que rien ne justifierait une telle augmentation ?

Restent les créanciers. On ne conçoit pas le reproche

qu'ils seraient fondés à formuler contre une semblable combinaison. Assurément toute réduction de capital leur porte préjudice en ce sens qu'elle rend disponibles pour l'avenir les bénéfices annuels, qui auraient servi, si elle n'avait pas été votée, à la reconstitution progressive capital originaire. Mais, du moment que la jurisprudence, s'inspirant des nécessités de la pratique, a passé outre et proclamé la validité de la réduction du capital, que leur importe que les bénéfices soient partagés dans telle ou telle proportion entre les actionnaires, les administrateurs et les porteurs de parts de fondateur ? Ils n'auraient donc, eux non plus, aucun intérêt à critiquer la réduction du capital pour un semblable motif.

207. *Modes de réduction.* — En même temps qu'elle tranchait la question de principe, la Cour de cassation se prononçait sur la validité des procédés selon lesquels la réduction du capital peut être réalisée. Deux moyens principaux s'offrent à cet effet à la société : ou bien l'on abaisse le taux nominal des actions existantes, ou bien l'on en réduit le nombre. Le premier moyen ne peut pas être utilisé lorsque le taux originaire des titres est de 100 francs ou d'une somme quelque peu supérieure, puisque tel est le taux minimum, du moins dans les sociétés dont le capital dépasse 200.000 francs. En pareil cas il n'y a d'autre ressource que de diminuer le nombre des titres et de décider, par exemple, qu'on échangera trois actions anciennes contre deux nouvelles ou contre une seule.

Lorsque ce dernier mode est employé, il place dans

une situation gênante les actionnaires qui ne possèdent pas un nombre d'actions divisible par un certain chiffre. Si, par exemple, l'assemblée a décidé que la réduction se ferait au moyen de l'échange de quatre actions anciennes contre une nouvelle, celui qui a vingt-trois actions sera obligé, ou bien d'acheter une action en plus pour avoir droit à six actions nouvelles, ou bien de vendre trois actions et de se contenter de cinq actions nouvelles. Certains auteurs, dont MM. Houpin, Lyon-Caen et Thaller, ont vu là une atteinte aux droits essentiels de l'actionnaire. Mais la Cour de cassation ne s'est pas arrêtée à cette objection ; à ses yeux, ce n'est qu'une conséquence inévitable de la réduction votée par l'assemblée (V. arrêts du 30 mai 1892 et du 29 janvier 1894, n° 198).

SECTION III

Rachat d'actions

208. *Conditions de validité.* — La réduction du capital s'opère aussi quelquefois par voie de rachat des actions, mais cette opération ne laisse pas que de soulever certaines difficultés, dont il convient de dire quelques mots.

Le rachat n'est pas autre chose qu'un remboursement de la mise sociale. La société ne peut se procurer les sommes nécessaires à cet effet qu'en les prenant sur ses réserves ou ses bénéfices, d'une part, ou, d'autre part, sur son capital. Dans le premier cas le rachat est valable (Comm. Seine, 26 juin 1905, *Journ. Soc.*, 1906.77). Dans le dernier cas, la jurisprudence décide que le rachat est nul au regard des créanciers parce que le capital constitue leur gage et que ceux-ci seraient lésés si les actionnaires retiraient de cette manière leurs mises sociales. Le point est absolument constant.

On n'admettra d'exception à cette règle que dans le cas où la réduction se justifie par ce que le capital était supérieur aux besoins sociaux. L'intérêt des créanciers ne s'opposerait plus à ce qu'il soit réduit par voie de remboursement aux actionnaires, soit que la société les rembourse tous partiellement, soit qu'elle rachète un certain nombre d'actions. D'ailleurs il faut bien entendu que l'on ne favorise pas certains d'entre eux au détriment des autres :

« Les statuts autorisant l'assemblée générale à réduire le capital social, a dit la Cour de Paris le 6 juillet 1892, aucune disposition de la loi ne s'oppose à ce que cette réduction soit obtenue par voie de rachat d'actions ;

« Il suffit, pour que le rachat ne soit pas critiquable par les actionnaires, qu'il ait lieu dans des conditions telles qu'il ne puisse établir une inégalité entre les divers associés, ni constituer un privilège au profit de certains d'entre eux... ; d'autre part, l'opération a été avantageuse pour la société ; le rachat au-dessous du pair a procuré un bénéfice d'environ trois millions qui a été porté aux réserves, et la part des actions restantes dans les bénéfices futurs s'est trouvée augmentée de celle qui serait revenue aux 20.000 actions rachetées... » (*Dall.* 1894.2.598).

209. *Réduction à la suite de pertes.* — Par contre la solution devra être différente lorsque, à la suite de pertes

subies par la société, l'assemblée générale décide qu'il y a lieu de ramener le chiffre nominal du capital au niveau de la valeur véritable de l'actif et qu'elle recourt à cet effet au procédé du rachat d'un certain nombre d'actions. Puisque la société a subi déjà des pertes, comment concevoir qu'elle se prive encore, et volontairement, d'une partie de ses ressources au profit d'un certain nombre d'actionnaires que le sort aura désignés ? Au moins l'échange des actions anciennes contre des actions nouvelles en nombre moins grand laisse la société en possession de toutes ses disponibilités, tandis que le rachat d'actions, dans de pareilles circonstances, ne semble pas conforme à l'intérêt social.

La Cour de Paris a eu l'occasion récemment de statuer sur une espèce où ce moyen aurait pu être soulevé pour faire annuler la réduction votée par l'assemblée extraordinaire. Mais la demande en nullité était justifiée par d'autres arguments si puissants qu'il ne fut pas besoin de recourir à celui là. Il était établi en effet que le rachat voté par l'assemblée avait été effectué en Bourse dès les premiers jours qui suivirent immédiatement la réunion des actionnaires, qu'aucune publicité ne fut faite qui permît à ceux qui n'y avaient pas assisté d'offrir leurs titres en vente, de telle sorte que l'opération favorisa seulement un certain nombre de privilégiés qui composaient la majorité de l'assemblée. Dans de telles conditions l'égalité qui doit régner entre les actionnaires avait été méconnue d'une manière qu'on pouvait d'ailleurs considérer comme frauduleuse : « Considérant que,

« s'il est licite à une société *in bonis* de consacrer une « partie de ses ressources à réduire par rachat de ses « titres libérés le capital supérieur à ses besoins, alors « que ses statuts l'y autorisent, c'est à la condition : « 1° que l'opération ne portera pas atteinte au principe « de l'égalité qui doit régner entre tous les actionnaires « et ne constitue pas un privilège au profit de quelques-« uns et au détriment des autres ; 2° que la réduction ne « portera pas atteinte au pacte social, qu'elle sera néces-« sitée par les circonstances et avantageuse pour la « société... » (20 février 1904, *Journ. Soc.*, 1904.213 ; *Dall.* 1905.2.357).

210. *Formalités de la réduction.* — Les formalités requises en cas de réduction du capital sont beaucoup plus simples que lorsqu'il s'agit de l'augmentation du capital. Il suffit d'une seule délibération de l'assemblée générale. Celle-ci vote d'abord la résolution qui ordonne la réduction projetée, puis les modifications statutaires qui en sont la conséquence directe ; en outre elle donne au conseil d'administration tous pouvoirs utiles pour l'exécution de sa décision. Il ne reste plus à celui-ci qu'à procéder aux opérations matérielles par lesquelles la réduction sera réalisée et aux publications légales.

CHAPITRE VIII

PROROGATION, DISSOLUTION ANTICIPÉE ET FUSION

SOMMAIRE

211. *Position de la question.* — L'assemblée extraordinaire peut-elle modifier la durée de la société, telle qu'elle a été fixée par les statuts ? Peut-elle la proroger ? Peut-elle la dissoudre par anticipation ? La jurisprudence résout affirmativement la première question ; pour la seconde, on peut en dire autant, du moins à l'heure actuelle, bien que la Cour de cassation ait rendu sur ce point des arrêts contradictoires.

Si l'on examine la difficulté d'après les principes qui ont été exposés plus haut, l'on ne peut qu'approuver une semblable décision. La durée de la société n'est pas un élément constitutif de son identité, de sa personnalité. La société restera elle-même, soit qu'on la proroge de plusieurs années en cas de grande prospérité, soit au contraire qu'on la dissolve prématurément parce que tout espoir d'une exploitation fructueuse est à tout jamais perdu. Il est donc logique d'autoriser une modification statutaire qui ne porte aucune atteinte à l'identité de la société.

Au surplus cette question ne se présente pas dans les mêmes conditions que les précédentes, à raison des termes mêmes de l'article 31. On se rappelle que cet article dispose que « les assemblées qui ont à délibérer sur des « modifications aux statuts *ou sur des propositions de « continuation de la société au-delà du terme fixé pour « sa durée ou de dissolution avant ce terme* ne sont ré- « gulièrement constituées et ne délibèrent valablement « qu'autant qu'elles sont composées d'un nombre d'ac- « tionnaires représentant la moitié au moins du capital « social ». Or la jurisprudence interprète ce texte en ce sens qu'il confère implicitement à l'assemblée extraordinaire régulièrement constituée le droit de modifier les statuts, sous les réserves précédemment indiquées. Dès lors aucune hésitation, semble-t-il, ne saurait exister à propos de la prorogation ou de la dissolution anticipée de la société, puisque ces deux modifications sont indiquées expressément par la loi comme pouvant faire d'une manière valable l'objet des délibérations de cette assemblée. Du reste la plupart des décisions qui ont reconnu à l'assemblée le pouvoir de dissoudre la société par anticipation n'ont pas manqué d'invoquer cet argument.

SECTION I

Prorogation

212. *Droit de l'assemblée.* — Quoi qu'il en soit, si la jurisprudence présente quelques divergences en ce qui concerne la question de la dissolution anticipée, par contre elle décide unanimement que la prorogation rentre dans les pouvoirs de l'assemblée extraordinaire. Un arrêt récent de la Cour d'Orléans l'a proclamé d'une manière formelle (9 janvier 1901, *Journ. Soc.*, 1901.356). Sur le pourvoi formé contre cette décision, M. le conseiller Cotelle s'exprimait de la manière suivante devant la chambre des requêtes : « L'identité de la personne « morale, la persistance de son individualité n'étant « point altérée par le recul du terme assigné à ses opé- « rations, cette mesure (pas plus que l'émission de nou- « veaux titres) n'est sujette au *veto* d'un actionnaire « isolé, et, dans le silence des statuts, l'assemblée géné- « rale a compétence pour y pourvoir, plutôt que de laisser « périr une industrie prospère, faute du temps nécessaire « pour en recueillir les fruits jusqu'au bout. » Il n'est pas douteux que la Cour de cassation aurait suivi son rapporteur, mais l'affaire fut transigée entre temps. Les autres Cours d'appel se prononcent dans le même sens.

Cependant la prorogation rencontrerait un obstacle grave s'il avait été stipulé par les statuts que l'apporteur en nature reprendrait son apport lors de la dissolution de la société, c'est-à-dire au terme statutaire de sa durée. Il y aurait là, en pareil cas, une convention que l'assemblée générale serait impuissante à modifier par sa seule volonté. La question s'est présentée récemment devant la Cour de cassation, mais celle-ci n'a pas eu à la juger parce que l'apporteur, actionnaire de la société, avait pris part lui-même à l'assemblée et voté en faveur de la mesure nouvelle qui ajournait l'exercice de son droit de reprise (Cass., 9 janvier 1900, *Journ. Soc.*, 1900.353).

Dans la même affaire, la Cour de cassation a, sinon résolu, du moins laissé entrevoir une autre difficulté fort curieuse et intéressante. Lorsque la durée de la société est ainsi prorogée, cette prorogation entraîne par elle-même la prolongation de la jouissance sociale sur les biens apportés. N'y a-t-il pas là, en quelque sorte, un apport nouveau qui se trouve effectué, et cet apport nouveau ne doit-il pas être soumis à la vérification que prescrivent les articles 4 et 24 de la loi de 1867 ? Au premier abord il semble bien difficile d'assimiler la prorogation d'une société à la formation d'une société nouvelle. Le fait que la société ancienne jouira pendant une période plus longue des apports effectués lors de sa fondation ne change pas la nature ni la valeur de ces apports et n'en rend par conséquent pas nécessaire une nouvelle vérification. Cependant la Cour de cassation paraît avoir eu des doutes sur l'exactitude de ce raisonnement. Cette thèse de droit ne permettrait-elle pas de tourner les dispositions de la loi de 1867 relatives à l'approbation des apports ? Tout au moins n'y aurait-il pas là un moyen de porter atteinte aux droits des apporteurs ? En tous cas, pour la raison indiquée plus haut, la Cour suprême n'a pas eu à résoudre ces questions et à faire connaître son avis.

SECTION II

Dissolution anticipée

213. *Cause d'hésitation.* — En ce qui concerne le pouvoir pour l'assemblée extraordinaire de voter la dissolution anticipée, la jurisprudence a varié plusieurs fois. Cependant il semble qu'on puisse dire que, du moins à l'heure actuelle, elle se prononce d'une manière favorable aux pouvoirs de l'assemblée. L'hésitation de la Cour de cassation provient de l'article 37 de la loi de 1867, aux termes duquel « en cas de perte des trois quarts du capi- « tal social, les administrateurs sont tenus de provoquer « la réunion de l'assemblée générale de tous les action- « naires à l'effet de statuer sur la question de savoir s'il « y a lieu de prononcer la dissolution de la société ». Certains arrêts décident que la perte des trois quarts du capital social dont parle cet article est le cas unique dans lequel l'assemblée générale a le droit de voter la dissolution anticipée. D'autres au contraire interprètent cette disposition comme étant étrangère à la question des pou-

voirs de l'assemblée et comme n'ayant d'autre but que d'enjoindre aux administrateurs, lorsque la société se trouve dans un cas semblable, de consulter les actionnaires sur l'opportunité de la continuation de la vie sociale. Ils tirent argument de l'article 1871 du Code civil : « La dissolution des sociétés à terme ne peut être de- « mandée par l'un des associés avant le terme convenu « qu'autant qu'il y en a de justes motifs, comme lors- « qu'un autre associé manque à ses engagements, ou « qu'une infirmité habituelle le rend inhabile aux af- « faires de la société, ou autres cas semblables dont la « légitimité et la gravité sont laissées à l'arbitrage des juges. » C'est donc la loi elle-même qui autorise la dissolution anticipée de la société lorsqu'elle est fondée sur de justes motifs. Aussi ne se reconnaissent-ils pas le droit d'annuler une délibération de l'assemblée extraordinaire portant dissolution anticipée, du moment que cette mesure était justifiée aux yeux des actionnaires par un motif légitime.

Le tableau de la jurisprudence qui va suivre montrera les variations qu'elle a subies sur cette question, variations d'autant plus regrettables qu'il serait indispensable dans l'intérêt général qu'une question aussi importante fût tranchée d'une manière définitive.

214. *Variations de la jurisprudence.* — A plusieurs reprises, en 1884 et 1885, la Cour de Paris avait reconnu à cet égard les pouvoirs les plus étendus à l'assemblée générale :

« Attendu, disait-elle dans une espèce où les statuts prévoyaient expressément l'hypothèse d'une dissolution anticipée, qu'une dissolution anticipée de société peut toujours avoir lieu, non seulement dans le cas prévu par l'article 37 de la loi sur les sociétés, c'est-à-dire au cas de perte des trois quarts du capital social, *mais encore par le seul fait de la volonté de la majorité régulièrement consultée* ;

« Qu'exiger pour cette décision le consentement unanime des intéressés serait créer dans la plupart des cas une impossibilité de fait et donner au pacte social, en ce qui touche la durée, un caractère d'immutabilité que lui refuse l'article 31 de la loi de 1867, qui admet les modifications aux statuts et le principe de la dissolution avant le terme fixé (24 juin 1884). »

Un arrêt de la Cour de cassation du 29 février 1888 semble bien avoir adopté la même manière de voir. Sans doute la nullité de la délibération était poursuivie dans cette affaire par des porteurs de parts de fondateur, mais la Cour suprême n'en saisit pas moins l'occasion de proclamer le droit que l'article 1871 du Code civil confère implicitement à l'assemblée extraordinaire de voter la dissolution anticipée, lorsqu'il y a de justes et légitimes motifs. Et elle ajoutait que cette dissolution anticipée peut être votée par l'assemblée, quoique l'article 1871 ne reconnaisse ce droit qu'aux tribunaux, du moment que ceux-ci constateront ultérieurement qu'elle était fondée sur des motifs légitimes.

Puis voici que la Cour de Paris adopte l'interprétation restrictive de l'article 31. A en croire l'arrêt du 30 juillet 1891, cet article n'aurait nullement entendu conférer à l'assemblée le droit illimité de modifier les statuts ne dehors des prévisions du pacte social ; il a seulement voulu préciser dans quelles conditions spéciales de majorité les résolutions de cette nature pourraient être prises par les actionnaires lorsqu'ils y seraient autorisés par les statuts. D'où la conséquence que l'assemblée, en l'absence d'une clause formelle, n'a pas le droit de voter la dissolution anticipée. D'ailleurs cette interprétation est condamnée par les arrêts de 1892 et de 1894.

A son tour la Cour de Douai se range à cette interprétation restrictive. Tout en reconnaissant que la dissolution anticipée d'une société peut être rendue nécessaire par le défaut d'entente entre les associés, par l'insuffisance du fonds de roulement, par la difficulté de se procurer des capitaux à l'aide d'emprunts ou d'émissions de nouvelles actions, en un mot par l'impossibilité où se trouvent les administrateurs d'assurer la marche de la société, elle n'en décide pas moins, en vertu de l'article 1134 du Code civil, que l'on ne peut rompre sans l'unanimité des actionnaires une convention originairement formée avec le concours de tous. Il serait dangereux, ajoute-t-elle, de permettre à une majorité plus ou moins considérable de déchirer le pacte primitif pour pouvoir disposer de l'actif à réaliser, exclure quelques-uns de ses membres et reconstituer à leur détriment la société sur de nouvelles bases. Or l'assemblée extraordinaire n'a pas le droit d'ébranler les bases essentielles de la société, d'en compromettre l'existence, ni à plus forte raison d'anéantir l'œuvre commune. Que si un ou plusieurs associés ont des motifs sérieux de demander la dissolution, l'article 1871 du Code civil leur permet de s'adresser aux tribunaux à cet effet, mais ils ne peuvent se faire juges dans leur propre cause (22 nov. 1895).

La Cour de cassation s'est refusée à casser cette décision ; elle a d'ailleurs fait valoir un motif nouveau. Si, dit-elle, les actionnaires ne veulent pas rester plus longtemps membres de la société, il leur est loisible de se défaire de leurs titres :

« Attendu que le droit individuel de dissolution conféré par l'article 1869 du Code civil aux membres des sociétés dont la durée n'est pas limitée est réputé remplacé dans les sociétés d'actionnaires par la faculté qu'ont ces derniers de liquider leur situation en négociant leurs titres, lorsque les statuts ne mettent pas d'entraves à la liberté de les aliéner ; qu'à l'égard du droit pour l'assemblée générale de voter à la majorité la dissolution de la société, il est limité par l'article 37 au cas de perte des trois quarts du capital social, et ne pourrait être étendu à d'autres hypothèses qu'en vertu d'une clause expresse des statuts » (29 avril 1897, *Journ. Soc.*, 1897.499).

215. *Dernier état de la jurisprudence.* — Faut-il voir dans cet arrêt, qui a été cité souvent, la pensée définitive de la Cour de cassation ? Nullement. Le 9 mars 1903 elle revient à une doctrine beaucoup plus libérale. Dans l'intervalle, la Cour de Paris avait elle-même abandonné sa doctrine rigoureuse de 1891 et décidé que l'assemblée générale a le droit de dissoudre la société avant le terme statutaire, en dehors du cas de perte des trois quarts, lorsqu'elle a de justes motifs pour le faire. Après avoir constaté que la dissolution était le seul moyen d'éviter une catastrophe, puisque la société, n'ayant plus aucun capital disponible, se trouvait en face d'un important passif exigible et que d'ailleurs une émission d'obliga-

tions, mise à l'étude, avait été reconnue impossible à réaliser dans la situation précaire de la société, elle s'exprimait de la manière suivante sur la question de droit :

« Considérant que les termes de l'article 37 ne sont pas impératifs en ce qui concerne la dissolution de la société, mais seulement en ce qu'il ordonne aux administrateurs de provoquer la réunion de l'assemblée générale à l'effet de statuer... ; que c'est à tort qu'en présence des articles 4, 39 et 52 des statuts l'appelant soutient qu'aucune autre cause de dissolution que la perte des trois quarts du capital social n'est stipulée et ne pourrait amener la dissolution de la société.... »

La Cour de cassation s'est ralliée à ce système, se mettant ainsi en contradiction avec l'arrêt précédent :

« Attendu qu'aucune convention ne peut mettre obstacle à l'exercice du pouvoir conféré aux tribunaux par l'article 1871 du Code civil d'ordonner, pour des motifs dont ils apprécient souverainement la légitimité et la gravité, la dissolution anticipée des sociétés ;

« Qu'il a été constaté par l'arrêt attaqué que la société s'était mise en liquidation sans aucun esprit de violation et de fraude au regard des porteurs de parts bénéficiaires, pour échapper à la catastrophe dont elle était menacée par les conditions précaires dans lesquelles avait lieu son exploitation ;

« Qu'en admettant que la décision prise à cet égard par l'assemblée ne trouvât pas sa justification dans les statuts, elle se trouverait couverte par la déclaration des juges du fond qui la reconnaissent fondée sur de justes et légitimes motifs » (9 mars 1903, *Dall.* 1904.1.89).

Doit-on conclure de là que la Cour de cassation entend abandonner la solution de ces sortes de questions à l'appréciation des juges du fond ? On pourrait être tenté de le croire lorsqu'on la voit maintenir successivement les diverses décisions des Cours d'appel qui lui sont soumises, bien qu'elles ne s'accordent pas sur l'interprétation doctrinale de l'article 31. Nous préférons voir dans l'arrêt du 9 mars 1903 la doctrine définitive de la Cour de cassation, ce dont il faudrait se féliciter, car l'intérêt même de la société recommande d'autoriser l'assemblée à en voter la dissolution lorsque la majorité des actionnaires présents reconnaît que la continuation de l'exploitation n'est plus possible. Et il serait regrettable que la société fût condamnée à prolonger une existence misérable, même au risque de tomber en faillite, parce que quelques actionnaires ne se sont pas donné la peine de se rendre à l'assemblée ou bien qu'ils pensent autrement que les autres.

216. *Questions spéciales.* — Une autre question s'est posée devant la Cour de cassation dans le même ordre d'idées. Lorsque l'assemblée extraordinaire convoquée dans les termes de l'article 37 s'est prononcée pour la continuation de l'exploitation, un actionnaire peut-il s'adresser aux tribunaux pour en faire prononcer la dissolution ? Malgré les conclusions énergiques de M. l'avocat général Desjardins, la Cour suprême a résolu la question négativement :

« Attendu que l'article 37, après avoir imposé aux administrateurs d'une société anonyme, au cas de perte des trois quarts du capital social, l'obligation de soumettre à l'assemblée générale des actionnaires la question de savoir s'il y a lieu de prononcer la dissolution de la société, dispose que « à défaut par les administrateurs de réunir l'assemblée générale, comme dans le cas où cette assemblée n'aurait pu se réunir régulièrement, tout intéressé peut demander la dissolution de la société devant les tribunaux » ; qu'il résulte clairement de ces dispositions que les tribunaux ne peuvent être saisis par un actionnaire, dans l'hypothèse qu'elles prévoient, que lorsqu'il n'y a pas eu de délibération régulière de l'assemblée générale ; attendu en fait que F··· n'alléguait ni un fait de fraude ni une violation des statuts ; qu'il ne faisait valoir aucun droit propre et invoquait uniquement l'intérêt social ; que dès lors l'arrêt attaqué, en déclarant qu'il n'appartenait pas aux tribunaux de réformer cette décision et en rejetant par suite la demande de F··· tendant à cette fin, n'a fait que se conformer à l'article de loi susvisé » (arrêt déjà cité du 29 janvier 1896).

Signalons enfin une décision qui a été rendue à propos de la dissolution anticipée de la société, mais qu'on cite souvent comme contenant la pensée de la Cour suprême sur l'étendue même des pouvoirs de l'assemblée extraordinaire. Les statuts de la société qui plaidait portaient que la dissolution aurait lieu de plein droit s'il était reconnu, à la diligence du conseil d'administration et par un ingénieur qui serait désigné par le directeur de l'Ecole supérieure des mines de Paris, que la concession ne pouvait être exploitée avantageusement. Un appel de fonds avait été fait dans l'intervalle, et le conseil, ayant vainement sollicité de ce directeur la nomination d'un ingénieur, en fit désigner deux par l'assemblée extraordinaire pour le remplacer. Cette déclaration était-elle valable ? Oui, a décidé la Cour de cassation :

« Attendu que les assemblées générales extraordinaires ont le pouvoir de modifier les statuts dans celles de leurs dispositions qui ne touchent pas aux bases essentielles et fondamentales de la société ; qu'on ne saurait attribuer ce caractère essentiel à la clause de l'article 45 d'après laquelle c'était par le directeur de l'Ecole des mines de Paris que devait être désigné l'ingénieur qui serait appelé à se prononcer sur les chances de succès de l'entreprise ; qu'au refus du directeur de l'Ecole, l'assemblée extraordinaire n'a point excédé ses droits en se chargeant de faire cette désignation... » (18 octobre 1899, *Sir*. 1901.181).

216 *bis*. *Existence de parts de fondateur.* — L'arrêt cité plus haut du 9 mars 1903 (V. n° 215) fait allusion aux graves difficultés qui peut surgir lorsque l'assemblée extraordinaire vote la dissolution anticipée de la société et qu'il existe des parts de fondateur. Cette décision porte en effet atteinte aux propriétaires de ces titres qui vont se trouver ainsi prématurément annihilés. Sans entrer dans le détail de cette délicate question, il convient de résumer en quelques mots le système de la jurisprudence sur ce point. Si, dit-elle, la société qui a créé des parts de fondateur ne peut mettre à néant par une dissolution arbitraire les avantages qu'elle a ainsi concédés, il ne résulte pas de là qu'elle soit condamnée à prolonger son existence, quoi qu'il advienne, pendant tout le temps prévu aux statuts. La dissolution peut être votée avant le terme convenu quand elle est justifiée par de légitimes motifs, dont les tribunaux sont souverains juges (V. notre *Traité des parts de fondateur*, nos 247 et suiv.).

SECTION III

Fusion

217. *Jurisprudence.* — L'assemblée générale extraordinaire peut-elle, en l'absence d'une clause formelle des statuts, voter la fusion de la société avec une autre société ? La jurisprudence n'a eu que bien rarement l'occasion de trancher cette question ; elle se prononce négativement. Cette solution est la conséquence logique du principe admis par elle en cette matière. Du moment que l'assemblée extraordinaire n'a pas le droit d'adopter une modification qui porterait atteinte à l'identité de la société, il est certain que le vote d'une fusion ne rentre pas dans la sphère de ses pouvoirs. En effet la fusion a pour résultat de mettre fin à la société originaire, qui va se fondre avec une autre société et s'absorber en elle en perdant nécessairement sa personnalité. Elle ne sera plus désormais « elle-même ».

«... Attendu, dit un arrêt de la Cour de cassation du 17 janvier 1905, que, dans le silence des statuts sur le cas de fusion avec une autre société, le consentement unanime de tous les associés étant nécessaire pour la validité de la délibération sur le projet de fusion, le président de l'assemblée générale... » (*Sir.* 1905.1.324).

Lorsque la fusion s'opère par la disparition des deux sociétés et la création d'une société nouvelle qui leur succède, cette jurisprudence sera applicable à l'une et à l'autre de ces sociétés, car, dans une semblable combinaison, chacune d'elles perd son identité et cesse d'être elle-même. Lors au contraire que, des deux sociétés qui fusionnent, la plus importante subsiste et s'annexe l'autre, c'est pour celle-ci seulement que ce qui précède sera vrai. Pour l'autre société, il s'agirait simplement d'une augmentation de capital correspondant à l'augmentation de l'actif social.

CHAPITRE IX

MODIFICATIONS SECONDAIRES

218. *Règle générale.* — On vient d'étudier successivement celles des modifications statutaires qui, tout en ne concernant ni l'objet, ni la nature de la société, ni la répartition des bénéfices, peuvent cependant soulever certaines difficultés, soit à raison de leur importance intrinsèque, soit à cause de dispositions légales qui sembleraient les mettre en dehors des pouvoirs de l'assemblée extraordinaire. Quant aux autres, qu'on peut appeler les modifications secondaires, elles rentrent certainement dans ces pouvoirs. Citons celles qui concernent l'organisation intérieure de la société, le nombre et les attributions des administrateurs, le mode de convocation de l'assemblée, l'époque de la clôture de l'exercice et du paiement des dividendes, le nom de la société, etc. Aucune de ces modifications n'est en effet de nature, soit à violer l'égalité de traitement entre les actionnaires, soit à porter atteinte aux droits des tiers. Dès lors aucun motif ne s'oppose à ce que l'assemblée extraordinaire les vote.

219. *Nom. Siége social.* — Elle peut changer le nom de la société (Trib. civ. Seine, 2 déc. 1902, *Journ.*

Soc., 1903. 404), ainsi que le siége social (*idem*, 25 juin 1888), à moins que le siége soit transporté à l'étranger, parce qu'un tel vote entraînerait un changement de nationalité pour la société (V. n° 171).

220. *Nombre des administrateurs.* — .... le nombre des administrateurs, soit pour le réduire, soit pour l'augmenter. Un créancier de la société ayant contesté la validité d'une délibération qui l'avait réduit, pour le motif que cette mesure diminuait les sûretés sur lesquelles il pouvait compter, le tribunal civil de la Seine repoussa la protestation en disant que les sûretés des créanciers n'en avaient été nullement affectées, que le patrimoine de la société avec laquelle seule il avait contracté était resté intégralement son gage et qu'il ne pouvait critiquer des modifications statutaires légalement votées et qui ne lui causaient aucun préjudice (2 déc. 1902).

221. *Quorum.* — .... les articles relatifs au *quorum* exigé pour la validité des délibérations du conseil (Paris, 20 mai 1887), et aux attributions des administrateurs.

222. *Majorité requise et nombre de voix.* — En ce qui concerne le fonctionnement de l'assemblée, un récent arrêt de la Cour de cassation a reconnu à l'assemblée extraordinaire les pouvoirs les plus larges pour modifier sur ce point les statuts. L'assemblée dont on contestait la validité des délibérations avait pris plusieurs résolutions différentes. Elle avait décidé, d'une part, que dorénavant la majorité requise pour la modification des statuts, notamment la dissolution anticipée et la prorogation de la société, serait des deux tiers des ac-

tions représentées, et des trois quarts pour le vote de la vente des immeubles sociaux. D'autre part le nombre maximum de voix pouvant appartenir aux actionnaires était réduit de vingt à dix. Enfin les propositions des actionnaires ne pourraient plus être portées à l'ordre du jour qu'autant que leurs auteurs représenteraient au moins le tiers du capital, tandis que jusque-là il suffisait qu'elles fussent présentées par deux actionnaires.

La Cour d'Aix, devant qui la question avait été portée, refusa d'annuler cette délibération. Elle fit observer, au sujet de la première résolution, qu'il est prudent que des décisions aussi graves soient soumises à une majorité spéciale, que cette mesure était la sauvegarde des minorités, qu'elle n'avait rien de contraire à la loi ou à l'ordre public, et que, suivant la jurisprudence, elle rentrait dans les pouvoirs modificatifs de l'assemblée. Pour la seconde, dit-elle, la loi elle-même autorise la limitation des voix dans les assemblées générales ; donner à un actionnaire un nombre de voix excessif, c'est mettre la plus grande partie des actionnaires à la merci d'un seul et les obliger à subir ses volontés de calcul souvent contraires aux intérêts de tous ; par conséquent l'assemblée n'avait pas violé ce principe en limitant le nombre maximum des voix des actionnaires. Enfin la troisième modification se justifiait parce que, en fixant au tiers du capital social le nombre des actions qu'il faudrait désormais posséder pour avoir le droit de soumettre des demandes à l'assemblée générale, cette assemblée avait voulu éviter toute proposition inutile et sans intérêt réel ; elle avait pris ainsi une mesure d'ordre et de police rentrant dans la limite de ses pouvoirs.

La Cour de cassation confirma cette décision en quelques mots : « Les modifications apportées aux statuts « sur le droit de siéger dans les assemblées générales, de « leur soumettre des propositions, d'y disposer de votes « multiples, et sur le quorum exigé comme base de leurs « décisions ne touchent qu'à l'organisation intérieure « de la société, sans porter aucune atteinte aux éléments « essentiels du contrat » (29 oct. 1902, *Journ. Soc.*, 1904.391).

On ne saurait méconnaître que cette décision semble avoir exagéré l'idée de la quasi-souveraineté de l'assemblée extraordinaire. Si la jurisprudence lui refuse, d'une manière générale, la capacité de modifier ce qu'elle appelle les conditions essentielles du contrat, c'est-à-dire les stipulations qui confèrent aux actionnaires leurs droits les plus importants, ne doit-on pas ranger dans cette catégorie la clause des statuts qui réglemente l'influence des actionnaires dans l'assemblée générale en proportion du nombre de titres qu'ils possèdent ? L'assemblée n'avait-elle pas dès lors excédé ses pouvoirs en réduisant de vingt à dix le nombre maximum de voix que pouvait avoir un actionnaire ? Le doute est d'autant plus permis que d'autres décisions judiciaires ne se sont pas rangées à l'opinion de la Cour de cassation. Il est vrai que le tribunal de commerce de la Seine a décidé, en sens inverse, que l'assemblée a le pouvoir d'élever le maximum des voix qui peuvent appartenir à un actionnaire (8 fév.

1904, *Journ. Soc.*, 1904.433), mais une telle sentence semble également avoir sacrifié le droit essentiel des petits actionnaires, que les statuts primitifs avaient entendu protéger contre l'influence des gros porteurs d'actions. Par contre la Cour de Lyon a récemment annulé une délibération de l'assemblée extraordinaire qui avait modifié les conditions de l'élection des membres du conseil de surveillance d'une société en commandite par actions. Un article spécial des statuts stipulait que ce vote aurait lieu par tête, et l'assemblée avait décidé qu'à l'avenir chaque actionnaire aurait autant de voix qu'il possédait de fois dix actions. La Cour a considéré que c'était là une « clause essentielle du pacte social », que l'assemblée ne pouvait changer à la simple majorité de ses membres (arrêt déjà cité au n° 151ter).

Il convient également de citer une décision de la Cour de Besançon du 31 juillet 1889 (*Rev. Soc.*, 1889. 591). Les statuts primitifs attribuaient à chacun des actionnaires une seule voix ; toutefois une société porteur de dix actions avait droit, par exception, à dix voix. L'assemblée extraordinaire ayant décidé qu'à l'avenir chaque action donnerait droit à une voix, la société actionnaire poursuivit l'annulation de cette délibération comme portant atteinte à un privilège qu'elle tenait du pacte social. La Cour semble bien avoir considéré que cette demande était fondée ; cependant elle l'écarta par une fin de non-recevoir tirée des faits de la cause :

« Attendu que la modification apportée à l'article 27 des statuts portait indirectement atteinte à la situation privilégiée de la demanderesse ; qu'en lui laissant le nombre de voix qui lui avait été attribué, on augmentait le nombre de celles qui appartenaient aux autres associés ;

« Mais, qu'en admettant qu'une telle détermination ne pût être prise sans l'assentiment de la société intimée, il faut reconnaître que, par le silence qu'elle a gardé pendant trois années, elle doit être regardée comme ayant accepté ce changement qui ne portait que sur une question d'organisation intérieure... »

223. *Libération des actions.* — L'assemblée extraordinaire peut-elle changer les délais fixés par les statuts pour la libération des actions ? Dans une occasion récente, alors que les statuts décidaient que les trois derniers quarts seraient appelés par dixième au plus, avec un intervalle de trois mois entre deux appels successifs, l'assemblée extraordinaire avait décidé qu'à l'avenir les appels de fonds dépendraient exclusivement, quant à leur date et à leur importance, du conseil d'administration. Le tribunal de commerce de la Seine a déclaré cette résolution valable parce qu'il ne s'agissait pas là d'une modification apportée au pacte social, mais seulement d'un appel de fonds, et que la dette contractée par les actionnaires restait la même (8 fév. 1904, *Journ. Soc.*, 1904.433).

224. *Mesures d'organisation intérieure.* — La jurisprudence permet enfin à l'assemblée extraordinaire de modifier celles des clauses statutaires qui concernent l'organisation intérieure de la société. Il en est ainsi, par exemple, du lieu de réunion de l'assemblée, du mode de convocation des actionnaires, de l'époque de la clôture de l'exercice et du paiement des dividendes.

FORMULES

SECTION I

1. — *Délibération de l'assemblée ordinaire annuelle*

Le 29 décembre 1906 les actionnaires de la société... se sont réunis en assemblée générale ordinaire, au siège social, à Paris, rue...

La séance est ouverte à trois heures sous la présidence de M. X..., président du conseil d'administration [1].

Il appelle au bureau, en qualité de scrutateurs, les deux plus forts actionnaires, M. P... et M. L..., qui acceptent. M. B... est désigné pour remplir les fonctions de secrétaire.

La feuille de présence constate que... actions sont présentes ou représentées [2]. En conséquence l'assemblée est régulièrement constituée.

(1) Dans la société en commandite par actions, c'est le président du conseil de surveillance qui préside l'assemblée.

(2) L'assemblée ordinaire peut délibérer valablement dès que le quart du capital social y est représenté. Si d'ailleurs elle ne réunit pas ce quorum, on le constatera par un procès-verbal, et l'assemblée convoquée ultérieurement pourra délibérer quelle que soit la portion du capital représentée par les actionnaires présents (V. n° 74).

Voici comment pourrait être rédigé ce procès-verbal :

« Le...

. . . .

« La feuille de présence est déposée sur le bureau ; elle cons-
« tate que... actions seulement sont présentes ou représentées.
« Le quorum n'étant pas atteint, il y aura lieu de convoquer de
« nouveau les actionnaires pour une date prochaine.

La séance est levée à... ».

M. le président dépose sur la table la feuille de présence, que les membres du bureau revêtent de leur signature, ainsi qu'un exemplaire enregistré et légalisé du numéro du 1er décembre 1906 du journal *Les Petites Affiches*, contenant l'avis de convocation.

Il y joint l'inventaire, le bilan, le compte de profits et pertes, et constate que ces diverses pièces ont été tenues à la disposition des actionnaires au siège social pendant les quinze jours qui ont précédé immédiatement l'assemblée.

Sur l'invitation de M. le président, M. D... donne lecture du rapport du conseil d'administration, puis M. G... donne lecture du rapport des commissaires.

La discussion générale est alors ouverte. Plusieurs actionnaires prennent la parole et posent diverses questions à M. le président, qui leur donne tous les renseignements sollicités par eux (1).

Personne ne demandant plus la parole, M. le président déclare la discussion close et met aux voix les résolutions suivantes :

PREMIÈRE RÉSOLUTION

L'assemblée générale approuve les comptes de l'exercice 1905-1906, le bilan et la répartition du compte de profits et pertes, tels qu'ils sont présentés par le conseil d'administration.

Adoptée à l'unanimité.

DEUXIÈME RÉSOLUTION

L'assemblée fixe le dividende de l'exercice 1905-1906 à 30 francs. Un acompte de 5 francs ayant été mis en paiement le 23 mars dernier, le solde, soit 25 francs, sera payé par le Crédit Lyonnais, au siège social et dans toutes les succursales de Paris et de province, à partir du 2 janvier

(1) Il est inutile que le rédacteur du procès-verbal entre dans les détails de la discussion, surtout, bien entendu, s'il pouvait en résulter un préjudice ou un désagrément, soit pour la société, soit pour qui que ce soit.

1907, sauf déduction des impôts résultant des lois de finance (1).

Adoptée à l'unanimité.

TROISIÈME RÉSOLUTION

L'assemblée approuve l'application de la somme de 50.000 francs au compte spécial de prévoyance ainsi que le report à nouveau de la somme de..... francs, formant le solde des bénéfices de l'exercice 1905-1906.

Adoptée à l'unanimité.

QUATRIÈME RÉSOLUTION

L'assemblée ratifie la nomination faite à titre provisoire par le conseil de M. F... comme administrateur en remplacement de M. H..., démissionnaire. Elle donne à ce dernier quitus de sa gestion.

Adoptée à l'unanimité moins deux voix. M. F... déclare accepter ces fonctions.

CINQUIÈME RÉSOLUTION

Elle renouvelle pour six ans, conformément à l'article... des statuts, les pouvoirs de M. R..., administrateur sortant et rééligible.

Adoptée à l'unanimité moins trois voix. M. R... déclare accepter ces fonctions.

SIXIÈME RÉSOLUTION

L'assemblée générale fixe à 12.000 francs la rémunération à attribuer aux administrateurs à titre de jetons de présence pour l'exercice 1906-1907.

SEPTIÈME RÉSOLUTION

L'assemblée, après avoir entendu les explications du con-

(1) *Si l'assemblée décide de ne rien distribuer des bénéfices de l'exercice, voici la formule à suivre :*

L'assemblée générale décide que le solde bénéficiaire du compte de profits et pertes, s'élevant à..., sera porté aux comptes d'amortissements et réserves diverses.

seil, donne aux membres du conseil d'administration, tant personnellement qu'en qualité d'administrateurs d'autres sociétés, toutes autorisations nécessaires pour passer des marchés et traités avec la société. Elle ratifie les opérations faites dans le cours de l'exercice précédent entre la compagnie et MM. F... et V... (*ou bien* : entre la compagnie et la société X..., dans laquelle M. R... est intéressé) [1].

Adoptée à l'unanimité.

HUITIÈME RÉSOLUTION (s'il y a lieu)

L'assemblée autorise le conseil à employer le montant du fonds d'amortissement des actions, au mieux des intérêts de la société, au rachat ou au remboursement des actions, conformément à l'article.... des statuts.

NEUVIÈME RÉSOLUTION

L'assemblée nomme M. R... et M. P... commissaires des comptes pour l'exercice 1906-1907, avec faculté pour chacun d'eux de procéder séparément en cas de décès, démission ou empêchement de l'autre, et fixe à mille francs la rétribution de chaque commissaire.

Adoptée à l'unanimité. MM. R... et P... déclarent accepter ces fonctions.

L'ordre du jour étant épuisé, le président déclare la séance levée à cinq heures.

(1) Autre formule : « L'assemblée autorise en tant que de be-
« soin les membres du conseil d'administration à conserver les
« fonctions qu'ils exercent respectivement dans diverses sociétés
« ou maisons avec lesquelles la société a fait ou peut être appe-
« lée à faire des traités, sauf à en rendre compte à l'assemblée
« générale conformément à la loi. »

Il est rappelé que la jurisprudence exige que ces autorisations soient données d'une manière spéciale et en connaissance de cause (V. n° 138).

2. — *Vote d'un emprunt*

L'assemblée ordinaire (1), après avoir entendu le rapport du conseil, autorise la création et l'émission de 4.000 obligations de 500 francs chacune, productives d'un intérêt au taux de 4 1/2 0/0 l'an payable semestriellement, et remboursables en vingt-cinq ans à partir de l'année 1910, pour le premier paiement avoir lieu le 15 janvier 1911, avec faculté de remboursement anticipé à partir de cette date.

Cet emprunt sera garanti par l'ensemble de l'actif social, la société s'interdisant de conférer à l'avenir, avant le remboursement des 4.000 obligations dont s'agit, aucune hypothèque sur ses propriétés, sauf le privilège du vendeur en cas d'acquisitions nouvelles.

Il sera créé une société civile de souscripteurs ou porteurs d'obligations (2).

L'assemblée donne tous pouvoirs au conseil d'administration à l'effet de prendre toutes mesures ou dispositions nécessaires pour régler les conditions de l'émission, notamment la date, le taux, le montant des frais et commissions, ainsi que pour la constitution de la société civile des obligataires ; elle autorise enfin le conseil à déléguer un ou plusieurs de ses membres pour passer et signer tous actes ou documents quelconques.

(1) On demande quelquefois cette autorisation à l'assemblée extraordinaire, mais, à moins d'une clause expresse des statuts, l'assemblée générale ordinaire a qualité pour voter cette mesure.

(2) La constitution de cette société civile présente surtout de l'utilité lorsque les obligations émises sont garanties par une hypothèque. La conservation de cette sûreté exige en effet un certain nombre de formalités qui seraient à la charge des administrateurs de la société si les porteurs d'obligations n'étaient pas groupés de la sorte. Etant formés en association, il leur sera loisible de charger un représentant de prendre et de renouveler dans leur intérêt toutes inscriptions nécessaires.

3. — *Vote d'un emprunt hypothécaire*

L'assemblée autorise le conseil d'administration à émettre des obligations, hypothécaires ou non, jusqu'à concurrence d'un capital nominal de six millions de francs, aux taux, conditions et époques que le conseil avisera ; elle l'autorise en outre à contracter en banque un emprunt de trois millions de francs, avec garantie hypothécaire, s'il y a lieu, en attendant que cette émission d'obligations puisse être réalisée (1).

4. — *Vote d'un emprunt* (*autre formule*)

L'assemblée générale, après avoir entendu la lecture du rapport du conseil d'administration, déclare autoriser l'emprunt d'une somme de un million de francs, au nom et pour le compte de la société, en une ou plusieurs fois, soit, en tout ou en partie, au moyen de la création successive d'obligations, soit, en tout ou en partie, au moyen d'ouvertures de crédit ou d'emprunts faits auprès de sociétés financières ou autres, de particuliers ou encore d'administrations quelconques, et cela sous les clauses, charges et conditions, taux d'intérêts et primes, délais de remboursement que le conseil d'administration jugera convenables.

Le conseil pourra donner en garantie du remboursement du montant des obligations créées, des ouvertures de crédit ou prêts quelconques, ainsi que de tous intérêts, frais et accessoires, une hypothèque sur tout ou partie des immeubles appartenant à la société. Le conseil d'administration est autorisé spécialement à désigner les immeubles de la société qui seront compris dans l'affectation hypothécaire

(1) Depuis la loi du 1er août 1893, l'hypothèque peut être consentie en vertu d'une délibération de l'assemblée prise conformément aux statuts, sans qu'il soit besoin qu'elle soit passée devant notaire. Mais, bien entendu, l'acte d'hypothèque doit être passé en la forme authentique.

consentie par la Société, ainsi que ledit conseil le jugera convenable.

Le conseil d'administration est, en outre, spécialement autorisé, quand il s'agira de créer des obligations pour tout ou partie de l'emprunt, à déterminer la forme et le nombre des obligations créées, le capital nominal de chaque obligation et celui à verser réellement à l'émission, le fractionnement et les époques de versement du capital souscrit, le taux des intérêts, les primes, modes et époques de remboursement par tirage au sort ou autrement, en un mot toutes les charges et conditions qu'il jugera convenables.

SECTION II

Augmentation du capital (1)

5. — *Délibération décidant l'augmentation du capital*

Le... les actionnaires de la société X... se sont réunis en assemblée générale extraordinaire au siège social, à Paris, rue...

La séance est ouverte à trois heures sous la présidence de M. X..., président du conseil d'administration.

(1) On sait qu'une augmentation du capital social exige au minimum la réunion de deux assemblées successives. La première décide que le capital sera porté à telle somme et dans quelles conditions l'augmentation sera réalisée ; la seconde a pour mission de consacrer l'augmentation en s'assurant de l'accomplissement des formalités auxquelles elle est soumise. Que si l'augmentation comporte un apport en nature ou des avantages particuliers au profit de certains actionnaires, il y aura lieu de tenir après la souscription, non pas une seule, mais bien deux assemblées successives ; la première nomme un « commissaire aux apports » pour la vérification de ces apports et avantages particuliers ; la seconde, après avoir pris connaissance du rapport du commissaire, statue sur ses conclusions et consacre définitivement l'augmentation (V. n° 195).

Il appelle au bureau en qualité de scrutateurs les deux plus forts actionnaires, M. P... et M. L..., qui acceptent.

M. B... est désigné pour remplir les fonctions de secrétaire.

La feuille de présence constate que .. actions sont présentes ou représentées (1). En conséquence l'assemblée est régulièrement constituée.

M. le président dépose sur la table la feuille de présence, que les membres du bureau revêtent de leur signature, ainsi qu'un exemplaire enregistré et légalisé du numéro du journal *Les Petites Affiches* contenant l'avis de convocation.

Sur l'invitation de M. le président, M. D... donne lecture du rapport du conseil d'administration (2).

La discussion générale est alors ouverte. Après un échange d'observations entre plusieurs actionnaires, M. le président déclare la discussion close et met aux voix les résolutions suivantes, qui ont été votées à l'unanimité :

Première résolution

L'assemblée générale, après avoir entendu la lecture du rapport du conseil d'administration, décide que le capital de la société, actuellement de 10 millions de francs, sera augmenté de 5 millions de francs par l'émission de 50 000 ac-

(1) Les délibérations portant une modification de statuts ne sont valables qu'autant que la moitié du capital était représentée à l'assemblée (V. n° 144 *bis*). Si le *quorum* n'est pas atteint le jour fixé pour la réunion, on constatera le fait au moyen d'un procès-verbal analogue à celui indiqué à la note 2 de la formule 1, et le conseil convoquera de nouveau l'assemblée extraordinaire dans les termes fixés par les statuts. Les statuts rédigés avec soin sont conçus de manière à favoriser et faciliter la tenue de ces assemblées extraordinaires ; ou bien ils stipulent que le minimum d'actions nécessaire pour y être admis sera inférieur au minimum exigé pour l'assemblée ordinaire ; ou bien ils abaissent ce minimum en vue de la réunion qui sera convoquée après l'échec de la première.

(2) Dans les assemblées extraordinaires le rapport du commissaire des comptes est inutile.

tions de 100 francs chacune et que par suite ce capital sera porté à 15 millions de francs.

Les actions nouvelles seront émises au prix de 110 francs, dont 100 représentant le capital nominal de l'action, et le surplus représentant une prime de 10 francs par titre, versée au profit de la société et lui étant acquise en dehors et en sus du capital. Le montant de cette prime sera porté au compte de réserve spéciale déjà existant et pourra être employé par le conseil d'administration comme il le jugera convenable.

Le montant des dites actions sera payable, savoir :

Un quart du capital nominal et la totalité de la prime soit ensemble 35 francs) en souscrivant ;

Et le surplus du capital nominal (soit 75 francs par action), le... au plus tard.

Ces actions porteront les numéros 100.001 à 150.000 ; elles seront soumises à toutes les dispositions statutaires (notamment, en ce qui concerne leur libération, à l'article... des statuts) ; elles seront assimilées aux actions représentant le capital actuel et jouiront des mêmes droits, à compter du... (1).

Droit de préférence (2) : Les propriétaires d'actions antérieurement émises auront un droit de préférence à la souscription des actions à émettre ; ce droit de préférence s'exercera dans la proportion des titres par eux possédés et à raison d'une action nouvelle pour deux actions anciennes.

Les actionnaires qui voudront user de la faculté à eux ainsi réservée devront, à peine de déchéance, effectuer leur souscription et les versements exigibles sur les actions nouvelles par eux souscrites, au plus tard le... (3).

(1) Le point de départ de la jouissance des actions nouvelles dépend avant tout de la volonté des parties et des circonstances, notamment du moment de l'exercice où elles seront émises.

(2) Ce droit de préférence est souvent prévu par les statuts, de telle sorte qu'il est, en pareil cas, inutile de le faire réglementer par l'assemblée générale.

(3) *Variante* : Les actionnaires... seront invités par avis inséré aux *Petites Affiches* avant le..... à user de leur droit de préfé-

Les souscriptions et versements seront reçus au siège social... de dix heures à cinq heures, sur la présentation des actions actuelles, qui seront revêtues d'une estampille indiquant que leurs propriétaires ont exercé le droit de préférence à eux réservé.

Le conseil d'administration est autorisé à faire souscrire en même temps par les actionnaires eux-mêmes ou par des tiers, au besoin par voie d'émission publique, les actions qui n'auraient pas été souscrites en vertu du dit droit, le tout sauf réduction proportionnelle s'il y a lieu. Tous pouvoirs sont d'ailleurs conférés au dit conseil pour déterminer toutes autres conditions de l'émission des actions nouvelles.

Le conseil d'administration ou celui de ses membres qu'il déléguera à cet effet fera la déclaration notariée de souscription et de versement et remplira toutes les formalités nécessaires pour la régularisation de cette augmentation de capital.

Ajouter en cas de formation d'un syndicat :

Le conseil d'administration déterminera et fixera au mieux des intérêts de la compagnie, et ce conformément aux accords existant entre la compagnie et le syndicat, tous les détails de l'opération et notamment la date de l'entrée en jouissance des actions nouvelles souscrites et l'exercice du privilège attribué aux anciens actionnaires de souscrire un cinquième du capital nouveau, soit, au minimum, une action nouvelle pour cinq anciennes.

Deuxième résolution

L'assemblée, sous la condition suspensive de la réalisation de l'augmentation de capital décidée par la résolution

rence du.... au...., faute de quoi ils seront déchus.

S'il y a lieu : Les propriétaires d'actions anciennes pourront souscrire en outre un nombre d'actions supérieur à celui leur revenant du chef de l'exercice du droit de préférence. A ces souscriptions seront attribuées les actions non absorbées par l'exercice du privilège dont il vient d'être parlé. La répartition, s'il y a lieu, se fera en proportion du nombre d'actions anciennes possédées.

Au moment de la souscription, il devra être versé 25 francs par action demandée à titre irréductible ou réductible.

qui précède et comme conséquence de cette augmentation, décide que les articles... des statuts seront modifiés et rédigés de la manière suivante :

Article...: Le capital social est fixé à la somme de..., divisée en... actions de... francs chacune, dont..... de francs formant le capital originaire, et..... francs montant de l'augmentation décidée par l'assemblée générale extraordinaire, etc..

Si l'augmentation n'a encore été réalisée que pour une fraction :

Le capital social est fixé à la somme de... et divisé en... actions de... francs chacune.

Il sera porté à... francs en une ou plusieurs fois, par simple décision du conseil d'administration, aux époques, clauses et conditions qu'il fixera (1).

6. — *Autre formule de résolution.*

L'assemblée générale décide que le capital social sera augmenté de deux millions cinq cent mille francs et porté à six millions cinq cent mille francs, au moyen de la création de huit mille actions de cinq cents francs chacune, à souscrire en espèces ; que quatre mille de ces actions seront

(1) Il pourra être utile également de modifier d'autres articles, tels que ceux qui fixent le nombre des administrateurs, le nombre des actions de garantie à déposer par chacun d'eux, les conditions de validité des délibérations du conseil, le mode de libération des actions, le nombre d'actions nécessaire pour être admis à l'assemblée, le nombre maximum de voix appartenant aux membres de l'assemblée, etc.

On pourrait attendre, pour modifier les statuts primitifs, que l'augmentation soit achevée et faire voter les modifications seulement par l'assemblée qui la consacre définitivement. Dans ce dernier cas, on ajoute souvent à la résolution ci-dessus la formule suivante : « L'assemblée générale de tous les actionnaires anciens et nouveaux sera convoquée à l'effet de vérifier la sincérité de la déclaration notariée et de voter les modifications statutaires qui sont la conséquence de cette augmentation. »

réservées pour être souscrites par les possesseurs d'actions anciennes, en vertu du droit stipulé à leur profit sous l'article ... des statuts, et que le placement des quatre mille autres, comme de celles pour lesquelles les anciens actionnaires n'auraient pas usé de leur droit d'option, sera fait par le conseil d'administration de préférence parmi les membres du personnel de la société et parmi les principaux clients qui voudront prendre part à l'émission.

Toutes ces actions seront émises au prix de quinze cents francs l'une et libérées de cinq cents francs en souscrivant, dont moitié sera imputable sur le nominal du titre et l'autre moitié sur la prime de mille francs. Elles seront soumises à toutes les dispositions statutaires et participeront aux mêmes avantages et aux mêmes droits que celles formant le capital actuel, et ce à partir du premier octobre mil neuf cent six, date du commencement de l'exercice social.

L'assemblée générale donne au conseil d'administration les pouvoirs les plus étendus à l'effet de régler le mode et les conditions de l'émission à faire pour l'augmentation de capital présentement votée, ainsi que l'exercice du droit d'option appartenant aux anciens actionnaires, de recueillir les souscriptions et recevoir les versements, de procéder à toutes répartitions, de faire toutes déclarations notariées et de remplir toutes les formalités nécessaires pour l'exécution et la mise en règle de la présente résolution.

7. — *Double augmentation du capital (en espèces et par voie d'apport)*

Première résolution

L'assemblée générale décide qu'il y a lieu d'augmenter de 500.000 francs le capital social actuellement de 1.500.000 francs, par l'émission au pair de 5.000 actions de 100 francs à souscrire en numéraire, et que par suite ce capital sera porté à deux millions de francs.

Les actions nouvelles seront payables en totalité à la souscription ; elles seront dès leur création soumises à toutes les dispositions statutaires, assimilées aux actions représentant le capital actuel, et jouiront des mêmes droits à partir du...

Le conseil d'administration est autorisé à recueillir la souscription des nouvelles actions, à en recevoir le montant, à faire la déclaration notariée de souscription et de versement, et à remplir toutes les formalités nécessaires pour la régularisation de cette augmentation de capital.

DEUXIÈME RÉSOLUTION

Les actionnaires et les porteurs de parts de fondateur de la Société auront un délai de cinq jours à partir du... pour exercer le droit de préférence à eux réservé par les statuts pour la souscription des 5.000 actions représentant l'augmentation de capital présentement votée.

Ce droit de préférence s'exercera dans la proportion de 50 0/0 pour les actionnaires et 50 0/0 pour les porteurs de parts.

TROISIÈME RÉSOLUTION

L'assemblée générale autorise le conseil d'administration à continuer les pourparlers en cours, qui ont pour objet une proposition d'apport à la société, par le liquidateur de la compagnie X..., de la totalité des concessions, installations, outillage de cette compagnie, moyennant l'attribution d'une rémunération partielle de cet apport de 500.000 francs d'actions nouvelles entièrement libérées à créer, lesquelles actions, au nombre de 5.000, et au taux de cent francs chacune, devant avoir les mêmes droits que les autres actions, formeront une nouvelle augmentation du capital social.

8. — *Augmentation à réaliser ultérieurement.*

L'assemblée générale décide que le capital de la société, qui est actuellement de 2.000.000 de francs, sera augmenté d'un million par la création de 10.000 actions nouvelles de cent francs chacune, et que, par suite, il sera porté à 3.000.000 de francs.

Ces actions seront émises sur simple décision du conseil d'administration, en une ou plusieurs fois, aux époques et conditions et dans les proportions qu'il jugera utiles, sous la forme soit d'actions ordinaires, soit d'actions de priorité, soit d'actions de l'une et de l'autre catégorie, en se conformant à l'article... des statuts pour ce qui concerne le droit de souscription attaché aux actions anciennes et aux parts de fondateur.

Les actions nouvelles seront émises au pair (*ou bien* avec une prime de...)

Le montant des dites actions sera payable, savoir :

Un quart du capital (*s'il y a lieu* : et la totalité de la prime, soit ensemble 35 francs) en souscrivant ;

Et le surplus dans les délais et proportions qui seront fixés par le conseil d'administration.

Les actions nouvelles jouiront des mêmes droits que les actions anciennes, sauf ce qui va être dit pour l'exercice courant...

Pendant cet exercice les actions nouvelles recevront :

1° Dans la proportion seulement du montant de leur libération et au prorata du temps écoulé depuis le jour fixé pour chaque versement, le premier dividende de .. 0/0 dont il est parlé dans l'article... des statuts.

2° Et au prorata seulement du temps couru depuis le... jusqu'à la clôture du dit exercice, le dividende supplémentaire pouvant résulter à leur profit de la disposition du dit article... aux termes de laquelle...

9. — *Augmentation mixte (partie immédiate et partie différée) avec droit de préférence partagé entre les actions anciennes et les parts de fondateur*

Première résolution

Le capital de la société, actuellement de dix millions de francs, sera porté à 12.500.000 francs par l'émission au pair de 5.000 actions de 500 francs chacune, numérotées de 20.001 à 25.000.

Il sera versé par action :

50 francs à la souscription ;

75 francs à la répartition, soit en janvier 1907 ;

125 francs le 1er juillet 1907 ;

et les deux autres versements de 125 francs pendant l'année 1908, suivant décision du conseil d'administration.

Les porteurs des parts créées en vertu de l'article... auront, conformément à l'article... des statuts et de préférence à tous autres, droit à la souscription au pair de la moitié des actions nouvelles, à raison d'une action nouvelle par tant de parts.

L'avis qui sera inséré dans les *Petites Affiches* leur fera connaître qu'ils devront user de cette faculté à partir du ... jusqu'au... inclusivement.

Ce délai expiré,les porteurs de parts seront déchus de plein droit du bénéfice de la souscription, sans qu'il soit besoin d'aucune mise en demeure.

L'autre moitié des actions nouvelles, soit 2.500 actions, seront attribuées par préférence aux actionnaires dans la proportion d'une action nouvelle irréductible par huit actions actuellement possédées.

Les possesseurs d'un nombre de titres inférieur à huit actions auront la faculté de souscrire une unité en se groupant, la société ne reconnaissant d'ailleurs qu'un souscripteur.

Si les souscriptions des porteurs de parts n'atteignaient pas la moitié des actions à créer et mises à leur disposition, et qu'une partie de cette première moitié demeurât dès lors disponible, ou bien encore si les actionnaires ne souscrivaient pas les 2.500 actions irréductibles qui leur sont réservées, les deux reliquats de ces souscriptions feraient un tout qui serait réservé aux actionnaires.

Les actionnaires auront le droit de souscrire telles quantités qu'ils jugeront convenable pour les actions qui ne seraient pas souscrites et provenant, ou du reliquat des porteurs de parts, ou de la partie réservée aux actionnaires actuels et non souscrites, et cela, comme on l'a dit précédemment, sous réserve de la répartition finale.

Le conseil arrêtera les conditions de dates de libération et d'intérêt sur les versements anticipés.

Les 5.000 nouvelles actions porteront jouissance du 1er janvier 1907, et auront droit à la moitié du dividende de l'exercice 1906-1907 distribué aux actionnaires, dans la proportion de leur libération.

Le conseil est en outre investi de tous pouvoirs nécessaires pour faire la déclaration notariée et remplir les formalités prévues par la loi.

DEUXIÈME RÉSOLUTION

L'assemblée générale extraordinaire autorise le conseil à porter ultérieurement, à l'époque qu'il jugera convenable, le capital de 12.500.000 francs à 15.000.000 de francs par une seconde émission de 5.000 actions au pair, portant les numéros de 25.001 à 30.000.

Le conseil d'administration s'adressera aux actionnaires, ou directement quand il connaîtra leur adresse, ou indirectement par la voie de la presse, pour qu'ils fassent connaître la quantité de titres qu'ils sont disposés à souscrire au-delà de la part qui leur revient par privilège, de façon que la totalité de la souscription soit réservée, dans la mesure du possible, aux actionnaires de la Société.

Variante :

A cet effet le conseil d'administration pourra, par ses seules délibérations, décider cette ou ces nouvelles augmentations de capital, arrêter toutes les conditions des souscriptions et émissions, prendre, en un mot, toutes les mesures qu'il jugera convenables pour les assurer et réaliser, étant entendu que les actionnaires auront lors de cette ou des émissions successives, un droit de préférence identique à celui dont ils jouissent aujourd'hui.

10. — *Augmentation de capital par voie d'émission d'actions de priorité*

PREMIÈRE RÉSOLUTION

L'assemblée générale extraordinaire des actionnaires, approuvant le rapport du conseil d'administration, décide de porter le capital de la société de 1.100.000 francs à 3.500.000 francs par la création de 4.800 actions de priorité de 500 francs chacune. Il sera réservé 3.300 de ces actions privilégiées aux actionnaires actuels, qui auront le droit de souscrire trois actions de priorité pour deux actions qu'ils possèdent actuellement, et les 1.500 autres seront placées par le conseil d'administration.

L'émission sera faite au pair.

La souscription sera close le...

Ces actions de priorité participeront aux résultats de l'exercice...

Leurs droits sont définis aux articles... ci-après.

DEUXIÈME RÉSOLUTION

L'assemblée décide que les articles... des statuts seront modifiés et rédigés de la façon suivante dès que l'augmentation de capital ci-dessus prévue sera devenue définitive (1).

(1) La création d'actions de priorité entraînera en particulier la modification de l'article qui réglemente la répartition des bénéfices et de celui qui prévoit la répartition de l'actif en cas de liquidation. Cette modification doit en conséquence être votée par l'assemblée qui décide l'émission des dites actions. Il est impossible de prévoir ici toutes les formules qui pourraient servir en pareil cas, vu la multiplicité des formes que peut revêtir l'action privilégiée. Voici, à titre d'exemple seulement, le texte de deux clauses modificatives de cette nature :

Article.....

Les produits de la société constatés par l'inventaire, déduction faite de toutes les charges ou amortissements que le conseil croirait devoir faire, constituent les bénéfices.

Sur ces bénéfices il est prélevé :

1° 5 0/0 pour constituer le fonds de réserve légale ;

2° Somme nécessaire pour servir à toutes les actions de priorité, par préférence aux actions ordinaires, un intérêt de 6 0/0 des sommes dont chacune de ces actions sera libérée et non amortie, sans que, en cas d'insuffisance des bénéfices à la fin d'un exercice, elles puissent réclamer cet intérêt, en tout ou en partie, sur l'exercice suivant.

(*Si au contraire l'intérêt est cumulatif, on dira* : Au cas où, pendant un ou plusieurs exercices, cet intérêt de 6 0/0 ne pourrait être servi aux actions de priorité, il serait pourvu au paiement de ces intérêts arriérés au moyen du prélèvement ci-après fixé au présent article).

3° Somme suffisante pour servir aux actions ordinaires un in-

11. — *Augmentation du capital en cas d'existence d'actions privilégiées antérieurement créées* (1).

§ 1. — Assemblée de tous les actionnaires de la société

L'assemblée générale décide, sous réserve des ratifications exigées par l'article 1er de la loi du 16 novembre 1903, que le capital social, qui est actuellement de..., sera augmenté de... et par suite porté à la somme de....

térêt de 6 0/0 pour la partie dont elles sont libérées, sans que, si les bénéfices d'une année ne permettaient pas ce paiement, les actionnaires puissent le réclamer sur le bénéfice des années subséquentes.

L'excédent (*s'il y a lieu* : sauf ce qui sera dit ci-après sous l'article... pour le fonds de prévoyance) sera reporté de la manière suivante :

A. 10 0/0 au Conseil d'administration.

B. 90 0/0 entre toutes les actions indistinctement (*s'il y a lieu* : sauf le cas où l'intérêt de 6 0/0 attribué aux actions de priorité n'aura pu être intégralement payé pendant un ou plusieurs exercices. La répartition des 90 0/0 entre toutes les actions n'aura lieu alors qu'après paiement intégral au capital représenté par les actions de priorité de tous les intérêts en retard).

Article... (liquidation).

. . . .

Toutes les valeurs provenant de la liquidation après l'extinction du passif seront employées en premier lieu au remboursement des actions de priorité non amorties, en second lieu au remboursement des actions ordinaires non amorties.

L'excédent,s'il y a lieu,sera réparti par parts égales entre toutes les actions, sans distinction entre les actions de capital et les actions de jouissance.

(1) S'il existe déjà des actions de priorité, l'augmentation du capital, réalisée même au moyen de l'émission d'actions ordinaires, peut, tout au moins dans certains cas, modifier les droits attachés à ces actions (V. n° 195 *bis*). Il y a lieu dès lors de consulter séparément chaque catégorie d'actionnaires conformément à la loi du 16 novembre 1903 : « Dans le cas où une décision de

§ 2. — Assemblée des porteurs d'actions ordinaires

L'assemblée générale, composée uniquement de porteurs d'actions ordinaires de la compagnie et délibérant dans les conditions prévues par la loi du 16 novembre 1903,

Ratifie la résolution suivante, adoptée ce même jour par une assemblée générale réunissant indistinctement les propriétaires d'actions ordinaires et d'actions de priorité (Recopier la délibération précédente).

§ 3. — Assemblée des porteurs d'actions de priorité

L'assemblée générale, composée uniquement de porteurs d'actions de priorité de la compagnie et délibérant dans les conditions prévues par la loi du 16 novembre 1903,

Ratifie la résolution suivante.....

(Comme à la formule qui précède).

12. — *Délibération constatant la réalisation de l'augmentation du capital* (1).

Le..... les actionnaires, anciens et nouveaux, de la société, se sont réunis en assemblée générale.

. . . .

M. le président dépose sur le bureau :

l'assemblée générale comporterait une modification dans les droits attachés à une catégorie d'actions, cette décision ne sera définitive qu'après avoir été ratifiée par une assemblée spéciale des actionnaires de la catégorie visée. Cette assemblée spéciale, pour délibérer valablement, doit réunir au moins la moitié du capital représenté par les actions dont il s'agit, à moins que les statuts ne prescrivent un minimum plus élevé. »

(1) Pour la composition de cette assemblée, le nombre de voix appartenant à chaque actionnaire et la majorité nécessaire (V. nos 195 *ter* et 196).

Même s'il existe plusieurs catégories d'actions, il est inutile de

1° Un exemplaire enregistré et légalisé....

2° La feuille de présence certifiée valable par les membres du bureau ;

3° Les pouvoirs donnés par un certain nombre d'actionnaires qui se sont fait représenter ;

4° Un exemplaire des statuts ;

5° L'expédition de l'acte dressé par Me N..., notaire à Paris, en date du. . . . . ;

6° Les pièces justificatives constatant le versement du quart sur chacune des. . . . . actions nouvelles de la société.

La parole est donnée à M. V... pour la lecture du rapport du conseil d'administration, puis à Me N..., notaire, pour celle de la déclaration de souscription et de versement.

Il résulte de cette déclaration : 1° que les 10.000 actions nouvelles ont été intégralement souscrites ; 2° que le quart de leur montant nominal a été versé sur chacune d'elles, soit au total la somme de 250.000 francs.

Personne ne demandant la parole à la suite de cette lecture, M. le président met aux voix les résolutions proposées par le conseil d'administration et qui sont adoptées à l'unanimité.

PREMIÈRE RÉSOLUTION

L'assemblée générale, après vérification de l'acte ci-dessus énoncé et des pièces à l'appui, reconnaît la sincérité de la déclaration faite par le conseil d'administration, suivant acte reçu par Me B..., notaire à Paris, le. . . . ., de la souscription de 10.000 actions de 100 francs chacune représentant l'augmentation de capital d'un million autorisée par l'assemblée générale du. . . . . et décidée par le conseil d'administration à la date du. . . . ., ainsi que du versement du premier quart sur chacune de ces actions.

En conséquence cette augmentation est définitivement

réunir plusieurs assemblées distinctes pour vérifier l'augmentation du capital une fois réalisée. Ces assemblées spéciales n'ont de raison d'être qu'au moment du vote de l'augmentation (V. n° 195 *bis*).

réalisée, et le capital social, qui était de 2.000.000 de francs, est porté à 3.000.000.

DEUXIÈME RÉSOLUTION

L'assemblée décide que, par suite de l'augmentation du capital, la rédaction des articles... des statuts est modifiée et remplacée ainsi qu'il suit (V. formule 5 *in fine*) :

TROISIÈME RÉSOLUTION

La présente délibération ainsi que la déclaration notariée de souscription et de versement seront publiées conformément à la loi, et tous pouvoirs sont donnés au porteur d'une copie ou d'un extrait des présentes pour faire les dépôts et publications nécessaires (1).

13. — *Délibération nommant un commissaire à l'effet de vérifier l'apport proposé à la société* (2).

L'assemblée générale, après avoir pris connaissance de la proposition faite au conseil d'administration par MM. X... et Cie d'apporter à la société l'usine de P..., qui leur appartient, ensemble le matériel mobilier et immobilier, la clientèle, l'achalandage, les traités en cours, etc., moyennant l'attribution de 2.000 actions de 500 francs entièrement libérées de la société,

Approuve provisoirement cet apport aux conditions rappelées ci-dessus, ainsi que l'augmentation de capital d'un million qui en sera la conséquence, mais sous la réserve de la vérification exigée par la loi.

(1) Toutes les modifications statutaires qui intéressent les tiers doivent être publiées sous peine de ne pas leur être opposables (art. 61 de la loi de 1867).

(2) Lorsque l'augmentation est réalisée exclusivement par voie d'apport en nature, deux assemblées seulement seront nécessaires ; la première autorisera l'augmentation et nommera immédiatement un commissaire aux apports ; la seconde statuera sur les conclusions du rapport et consacrera définitivement l'opération.

En conséquence elle nomme M. B... commissaire à l'effet de faire un rapport à une prochaine assemblée sur la valeur du dit apport et sur les avantages stipulés par MM. X... et Cie à titre de rémunération.

14. — *Rapport du commissaire aux apports* (1).

Conformément au mandat que vous avez bien voulu me confier dans votre assemblée du..., j'ai l'honneur de vous soumettre mes appréciations sur les apports qui vous sont proposés.

MM. X... et Cie feraient apport à votre société de (indication des biens apportés) moyennant tant d'actions entièrement libérées à émettre à titre d'augmentation de capital.

J'ai pris connaissance de tous les documents de nature à me permettre de contrôler la valeur réelle de l'usine, livres de comptabilité, contrats, correspondance, etc.

. . . .

En rémunération de cet apport, il est attribué à MM. X... et Cie 2.000 actions de 500 francs entièrement libérées.

J'estime que la rémunération fixée pour cet apport est parfaitement justifiée et je vous engage à l'approuver.

15. — *Délibération consacrant définitivement l'augmentation de capital réalisée au moyen d'un apport en nature*

Première résolution

L'assemblée générale, après lecture et vérification de toutes les pièces exigées par la loi et notamment de la déclaration notariée de souscription et de versements, de la liste des souscripteurs et de l'état des versements, reconnaît sincère et véritable la dite déclaration et l'état y annexé (2).

(1) La même formule pourra servir pour le rapport du commissaire aux apports qui sera nommé lors de la création même de la société.

(2) Lorsque l'augmentation est réalisée par voie d'apport, il n'y a pas, à proprement parler, de souscription et de versement.

Deuxième résolution

L'assemblée générale, après avoir entendu la lecture du rapport de M. B..., nommé commissaire par l'assemblée générale extraordinaire du... à l'effet de faire un rapport sur la valeur des apports proposés, décide d'adopter les conclusions de ce rapport, lequel a été préalablement imprimé et tenu pendant cinq jours à la disposition des actionnaires avant le jour de la présente réunion.

En conséquence elle approuve les apports en nature faits par MM. X... et Cie, ainsi que l'attribution à leur profit de 2.000 actions de 500 francs de la société, entièrement libérées (1).

Troisième résolution

L'assemblée générale décide en conséquence que l'augmentation de capital d'un million par voie d'apport autorisée par l'assemblée générale extraordinaire du... est définitivement réalisée.

Le capital social, qui était antérieurement de..., divisé en... actions de 500 francs, sera désormais de..., divisé en ...actions de 500 francs.

Les actions nouvelles auront les mêmes droits que les anciennes dans les bénéfices de l'exercice courant.

Quatrième résolution

L'assemblée générale décide que, par suite de l'augmentation du capital qui vient d'être réalisée, la rédaction de l'article... des statuts sera modifiée de la manière suivante :.....

Un arrêt de la Cour de cassation du 26 avril 1880 (*Journ. Pal.*, 1881.5) décide même, à propos de la constitution de la Société, qu'en pareil cas le fondateur est affranchi de l'observation des formalités légales. Mais, comme cet arrêt a fait l'objet de graves critiques, mieux vaut se soumettre à ces formalités, sauf à interpréter les expressions de la loi d'après les conditions spéciales de l'augmentation.

(1) En indiquant l'adoption de la résolution, on aura soin de mentionner que les apporteurs n'ont pas pris part au vote.

SECTION III

Réduction du capital

16. — *Délibération prononçant la réduction du capital social*

Première résolution (1)

L'assemblée générale, après en avoir délibéré, décide que le capital social, actuellement de 5 millions, est réduit des quatre cinquièmes et fixé à un million de francs. Cette réduction sera réalisée de suite au moyen de l'échange de cinq actions actuelles de 100 francs contre une action nouvelle de 100 francs entièrement libérée.

Le nouveau capital social sera ainsi divisé en 10 000 actions de 100 francs chacune.

L'échange des anciens titres contre des nouveaux titres se fera par les soins du conseil d'administration.

Par dérogation exceptionnelle à l'article 14 des statuts, les actionnaires porteurs d'actions anciennes d'un nombre moindre de cinq auront droit pour chacune d'elles à un cinquième d'action nouvelle. Ce cinquième pourra être représenté, soit par le titre même de l'action ancienne, revêtu d'une estampille, soit par un titre particulier, le tout par les soins du conseil d'administration et selon le mode qu'il déterminera.

Toute personne qui réunira ultérieurement entre ses mains la propriété de cinq de ces derniers titres devra les échanger immédiatement contre un titre d'action nouvelle qui lui sera délivré sans qu'il y ait lieu de tenir compte des numéros respectifs (2).

(1) Pour la première partie du procès-verbal, se reporter à la formule 5.

(2) On se rappelle que la réduction du capital social effectuée par voie de réduction du nombre des titres et d'échange a donné lieu à certaines difficultés d'ordre juridique (V. nos 198 et 207).

Deuxième résolution

Par suite de la réduction de 4 millions qui vient d'être votée, l'assemblée décide que le compte *régularisation générale* qui figure au bilan du 31 décembre 1905 pour une somme de... représentant les pertes antérieures à l'exercice 1906, sera complètement amorti et que la soulte formant une somme de... constituera une réserve spéciale destinée : 1° à amortir les frais de liquidation, concordat et contentieux, qui figurent à l'actif pour... ; 2° à amortir la perte de 8.367 francs 04 afférente à l'exercice 1905, ainsi qu'il résulte du bilan et des comptes qui viennent d'être approuvés par l'assemblée générale ordinaire ; 3° à parer aux pertes éventuelles que pourrait faire éprouver la réalisation des parties de l'actif qui ne présentent pas d'intérêt pour l'exploitation de la Compagnie (1).

Troisième résolution

L'assemblée générale, comme conséquence de la réduction du capital social à un million de francs, apporte aux articles ci-après de la société les modifications suivantes :

Art. 6. — Le texte de l'article 6 sera remplacé en entier par le suivant :

« Le fonds social est fixé à la somme de 1 million de francs divisé en 10.000 actions de 100 francs chacune entièrement libérées.

« Chaque action donne droit à une part égale dans les bénéfices et dans la propriété de l'actif social. »

Ces difficultés ne sauraient se présenter lorsque les statuts autorisent expressément l'assemblée extraordinaire à réaliser la réduction du capital de cette manière. Dans l'espèce, l'assemblée, probablement pour éviter toute contestation de ce genre, a créé des cinquièmes d'actions ; de la sorte les actionnaires porteurs de moins de cinq actions échapperont à l'obligation, soit de compléter le nombre de leurs titres, soit de vendre partie de ceux qu'ils possèdent.

(1) La réduction de capital est ici motivée par les pertes antérieures de la société. C'est d'ailleurs le cas le plus fréquent.

Art. 37. — Le premier alinéa est modifié comme il suit :

« Les assemblées ordinaires ou extraordinaires se composent de tous les actionnaires propriétaires de leurs actions depuis vingt jours au moins » (1).

Le reste de l'alinéa et les deux suivants sans changement.

Le dernier alinéa est remplacé par l'alinéa suivant :

« Nul ne peut se faire représenter aux assemblées générales que par un membre de ces assemblées ; toutefois les propriétaires de cinquièmes d'action pourront grouper leurs titres, afin de se faire représenter par l'un d'eux. »

Art. 41. — Au deuxième alinéa, les deux derniers mots « dix actions » sont remplacés par « une action. »

Art. 46. — Les deux derniers alinéas sont remplacés par l'alinéa suivant :

« Tous les actionnaires pourront prendre part aux délibérations des dites assemblées, mais le nombre de voix pour chaque actionnaire ne pourra être supérieur à dix (loi du 24 juillet 1867, art. 27). »

17. — *Réduction du capital suivie d'une augmentation immédiate*

Première résolution.

Les actionnaires de la *Compagnie X...*, réunis en assemblée générale extraordinaire et délibérant dans la plénitude de leurs droits, décident, sur la proposition du conseil d'administration, la réduction du capital social de 10.200.000 francs à 4.080.000 francs, et cela au moyen de l'échange de cinq actions anciennes contre deux nouvelles.

Le conseil d'administration est autorisé à prendre toutes les mesures nécessaires pour la réduction du capital social ainsi décidée, notamment vis-à-vis de tout porteur d'un nombre d'actions inférieur à cinq. Mais il reste expressé-

(1) A raison de l'abaissement du nombre des actions, il y a lieu d'abaisser également le minimum de titres qu'il faut posséder pour être admis à l'assemblée générale. Tel est l'objet de cette modification et des suivantes.

ment stipulé que la réduction du capital à 4.080.000 francs ne pourra être effectuée que simultanément avec la reconstitution du capital social à son chiffre primitif de 10.200.000 francs.

En conséquence le conseil d'administration est autorisé dès maintenant, et lorsqu'il jugera le moment opportun, à réduire le capital social à 4 080.000 francs et à le reporter immédiatement à 10.200.000 francs par la création et la souscription d'actions nouvelles de 500 francs chacune, payables en numéraire, destinées tant à éteindre le passif résultant des opérations de crédit autorisées antérieurement qu'à pourvoir à la continuation des travaux d'établissement. Il est autorisé en outre à faire à cet effet, conformément à la loi, toutes déclarations et publications relatives aux souscriptions et au versement en numéraire.

Le conseil d'administration déterminera et fixera au mieux des intérêts de la Compagnie et ce, conformément aux accords existant entre la Compagnie et le syndicat, tous les détails de l'opération, et notamment la date de l'entrée en jouissance des actions nouvelles souscrites ainsi que l'exercice du privilège attribué aux anciens actionnaires de souscrire un cinquième du nouveau capital, soit au minimum une action nouvelle pour cinq anciennes [1].

Deuxième résolution (s'il y a lieu).

L'assemblée, appréciant les motifs exposés dans le rapport, accepte la démission collective des membres du conseil d'administration.

En conformité de l'article... des statuts, l'assemblée confie l'administration de la société, pour une durée de six ans, à un conseil composé de MM.....

(1) L'augmentation du capital étant ainsi décidée en principe, il y aura lieu de procéder, une fois la souscription terminée et la déclaration notariée faite par les administrateurs, à la réunion d'une assemblée qui vérifiera cette déclaration, déclarera l'augmentation réalisée et modifiera en conséquence les statuts primitifs (V. formule n° 12).

SECTION IV

Dissolution anticipée. — Fusion

18. — *Délibération portant dissolution anticipée de la société*

Première résolution.

L'assemblée générale,

Après avoir entendu le rapport du conseil d'administration et après avoir examiné la situation de la Compagnie et les mesures qu'elle comporte, notamment une proposition d'achat de l'actif social par une société actuellement en formation, proposition émanant d'un groupe financier,

Reconnaît que la Compagnie ne peut éviter la liquidation judiciaire que par une liquidation amiable ;

Et décide d'accepter la proposition qui lui est soumise ;

En conséquence l'assemblée prononce la dissolution de la Compagnie à dater de ce jour.

Elle nomme en qualité de liquidateurs MM...

Et leur confère les pouvoirs nécessaires à l'effet de :

Réaliser l'actif de la Compagnie, même à l'amiable, selon le mode qu'ils jugeront convenable, et acquitter le passif ;

Faire la cession, même par voie d'apport, à la société en formation dont il vient d'être parlé, ladite société devant être constituée au capital de 500.000 francs, divisé en 5.000 actions de priorité, de tous les biens meubles et immeubles et droits mobiliers et immobiliers composant l'actif de la Compagnie, sans aucune exception ni réserve, dans l'état où ils se trouvent aujourd'hui, suivant les écritures sociales, avec droit aux résultats des opérations en cours jusqu'au jour de la réalisation de cet apport, et ce moyennant l'attribution de dix mille actions ordinaires de la société en formation, représentant un capital nominal de un million de francs, et le paiement en espèces d'une somme de... francs ;

Faire cet apport aux conditions que les liquidateurs jugeront convenables ;

Répartir les actions d'apport entre les actionnaires de la société dissoute ;

Traiter, transiger et compromettre sur tous litiges et intérêts quelconques ; consentir tous désistements et mainlevées avec ou sans paiement ;

Constituer tous mandataires pour signer tous actes, élire domicile et généralement faire ce qui sera nécessaire.

Les liquidateurs agiront conjointement ; leurs résolutions seront prises à la majorité. Chacun d'eux pourra déléguer ses pouvoirs à l'un ou à l'autre de ses collègues.

En cas de décès ou de démission d'un ou de deux des liquidateurs, le ou les liquidateurs restants exerceront seuls les pouvoirs sus-exprimés.

Deuxième résolution

L'assemblée confère au porteur des pièces tous pouvoirs pour les publications légales.

Troisième résolution

L'assemblée émet le vœu que les liquidateurs, dans toute la mesure compatible avec la loi et les statuts, sauvegardent les intérêts des parts de fondateur [1].

Fusion

19. — *Délibération de l'assemblée extraordinaire des actionnaires de la société qui va absorber l'autre société* [2].

Première résolution

L'assemblée, après lecture du rapport du conseil d'admi-

(1) Sur les contestations qui peuvent émaner à ce propos des porteurs de parts de fondateur, V. n° 216 *bis*.

(2) En pareil cas l'opération de la fusion équivaut, pour cette société, à une augmentation de capital réalisée par voie d'apport en nature.

nistration, a pris connaissance d'un acte sous signatures privées, passé le .., entre les représentants des conseils d'administration des deux sociétés ci-après visées, lequel acte contient, sous réserve d'approbation par les assemblées générales et des décisions à prendre par elles, les bases d'une opération à présenter à leur acceptation, consistant en l'apport à faire à la Société B..., par la Compagnie X..., qui prononcerait préalablement sa dissolution et sa liquidation conditionnelles, de ses mines et de divers éléments de son actif, moyennant l'attribution de 2.500 actions de la société B... à créer à titre d'augmentation de capital, le tout dans les conditions détaillées audit acte ;

Elle accepte en principe l'opération proposée ;

En conséquence elle autorise le conseil d'administration à passer avec les représentants de la Compagnie X..., après la décision de son assemblée générale, l'acte définitif qui réalisera les accords projetés, sous réserve de leur approbation par une deuxième assemblée générale de la société B... ;

Et nomme MM... commissaires à l'effet de vérifier ces apports dans les termes de l'acte ci-dessus et de celui à passer comme il vient d'être dit, et de faire un rapport à ce sujet à la deuxième assemblée générale qui aura à statuer définitivement sur l'acceptation des apports proposés et leur rémunération, sur les modifications aux statuts qui en seront la conséquence et sur toutes autres propositions qui lui seront soumises.

Cette résolution est adoptée à l'unanimité, les personnes dénommées dans la résolution s'étant abstenues.

Deuxième résolution (s'il y a lieu)

Le conseil d'administration est dès maintenant autorisé, si les besoins de l'exploitation de la société lui paraissent le comporter, à augmenter le capital social par l'émission de 1.500 actions nouvelles, payables en numéraire, indépendamment de l'augmentation éventuelle prévue à la première résolution ci-dessus.

Cette émission serait faite à l'époque que le conseil jugerait opportune et dans les conditions qu'il déterminerait, notamment pour le taux d'émission, la jouissance des nouvelles actions et les versements ; un droit de préférence à la souscription serait réservé aux actionnaires dans la proportion du nombre des actions que chacun posséderait alors. En tous cas le conseil aurait la faculté, si les circonstances lui semblaient le comporter, de soumettre les conditions de l'émission à l'approbation d'une assemblée générale délibérant dans les termes des articles 27 et 28 des statuts.

Si le conseil d'administration n'a pas usé de la présente autorisation dans un délai de cinq ans, elle sera considérée comme nulle et non avenue.

Cette résolution est adoptée à l'unanimité (1).

20. — *Délibération portant dissolution anticipée de la société qui doit être absorbée*

Première résolution

L'assemblée générale, après lecture d'un acte sous seings privés passés le... entre les représentants des conseils d'administration des deux sociétés ci-après visées, contenant, sous réserve d'approbation par les assemblées générales et des décisions à prendre par elles, les bases d'une opération à présenter à leur acceptation ;

Prononce, mais sous la réserve expresse de la condition suspensive ci-après prévue, la dissolution anticipée de la Compagnie X... en vue de sa fusion dans la Société anonyme B... Cette dissolution ne produira son effet qu'à compter du jour où la fusion sera devenue définitive dans les conditions prévues aux accords susénoncés, dont un original restera joint au dossier de la présente assemblée.

Elle nomme aux fonctions de liquidateurs, avec pouvoir

(1) Cette première assemblée devra être suivie d'une seconde qui statuera sur les conclusions du rapport et consacrera définitivement l'augmentation du capital.

d'agir, soit ensemble, soit au nombre de deux seulement, MM..., membres du conseil d'administration de ladite Compagnie, et leur confère tous les pouvoirs énoncés à l'article... des statuts et en outre spécialement ceux nécessaires à l'effet de :

Réaliser l'opération dont les bases sont établies dans l'acte dont lecture a été donnée à l'assemblée ;

En conséquence faire apport sous les garanties ordinaires et de droit et sous les charges et conditions qu'ils aviseront de tout l'actif tant mobilier qu'immobilier de la Compagnie X... à la Société anonyme B... par voie d'absorption de la première par la seconde desdites sociétés ;

Faire cet apport pour une valeur de ... francs, moyennant la remise de... actions au capital nominal de ... francs chacune, entièrement libérées, de la Société anonyme B..., lesdites actions à créer et à émettre spécialement à titre d'augmentation de capital par cette société ;

Observation faite que les liquidateurs pourront prendre telles dispositions qu'ils jugeront convenables à l'effet de recevoir à leur choix et suivant qu'ils aviseront tout ou partie dudit prix en espèces pour la valeur correspondante à l'indication résultant des deux chiffres ci-dessus ;

Stipuler que les actions attribuées en représentation des apports seront remises aux liquidateurs de la Compagnie X..., soit nominatives, soit au porteur, au choix des ayants droit, dans les deux mois à compter du jour de la fusion définitive ;

Réserver telle partie de l'actif qui serait jugée nécessaire pour acquitter le passif de la société ; régler et arrêter tous comptes, représenter la société tant en demandant qu'en défendant devant tous tribunaux compétents et dans toutes opérations de faillite, toucher toutes sommes ; en tout état de cause traiter, transiger, compromettre, donner tous désistements et mainlevées, avec ou sans paiement, consentir tous transports et toutes mentions et subrogations, avec ou sans garantie ;

Procéder entre les propriétaires des actions à la répartition et à la remise des actions reçues en rémunération des apports et, s'il y a lieu, des espèces à provenir de la réalisation de tout ou partie de ces actions, s'entendre à cet effet avec tous tiers, banquiers, établissements de crédit, faire face à tous frais provenant de cette opération, payer sur le produit toutes commissions, tous impôts et taxes ; en répartir le surplus entre les propriétaires des parts actuelles, ou payer à ces derniers le montant de leurs droits dans l'actif de la liquidation ; procéder au remplacement des parts actuelles par des actions reçues en rémunération des apports dans la mesure qui conviendra ;

Fixer les délais qui seront ou pourront être impartis aux actionnaires pour retirer les actions à eux attribuées d'après la répartition, ou les espèces leur revenant, faute d'avoir, dans lesdits délais, opéré ce retrait ;

Payer en espèces les actionnaires qui n'auraient pas un nombre suffisant de titres pour recevoir en échange, d'après la répartition, des actions reçues en rémunération des apports ;

Payer dans les mêmes conditions les actions formant l'excédent du nombre ou d'un multiple du nombre fixé pour la répartition pour obtenir, en échange, des actions reçues en rémunération des apports.

Aux effets ci-dessus passer et signer tous actes, élire domicile, constituer tous mandataires, publier tous avis et généralement faire tout ce qui sera nécessaire pour la réalisation de l'actif, le règlement du passif et la liquidation complète et définitive de la société.

La dissolution ci-dessus prononcée est soumise à la condition suspensive de l'approbation définitive de l'apport ci-dessus prévu par la société anonyme B... dans un délai de quatre mois de ce jour, et ce comme conséquence de la fusion projetée.

La réalisation de cette condition suspensive sera suffisamment établie et constatée par la remise aux liquidateurs d'un extrait certifié conforme du procès-verbal de l'assemblée générale de la société anonyme B... qui décidera l'acceptation définitive de l'apport fait à cette dernière.

Deuxième résolution.

L'assemblée fixe la rémunération des liquidateurs à 15.000 francs.

21. — *Délibération autorisant une fusion par voie de création de société nouvelle* (1)

Résolution

L'assemblée générale, après avoir entendu le rapport du conseil d'administration, déclare :

Approuver et ratifier les pourparlers qu'il a engagés avec le conseil d'administration de la Société X..., ainsi que les bases des conventions qui doivent déterminer les conditions de la fusion totale ou partielle en une ou plusieurs fois des deux sociétés, et le principe de la constitution, pour y arriver, d'une ou plusieurs sociétés anonymes nouvelles.

Autoriser le conseil d'administration :

1° A constituer avec les représentants de la Société X... toutes sociétés anonymes nouvelles destinées à absorber, en une ou plusieurs fois, tout ou partie de l'actif des deux Sociétés et toutes autres maisons similaires;

2° A arrêter avec les mêmes représentants les conventions et conditions définitives de la fusion totale ou partielle des deux sociétés sur les bases générales dont il a été donné connaissance à l'assemblée.

Conférer au dit conseil d'administration, avec faculté de les déléguer à un ou plusieurs de ses membres, les pouvoirs

(1) Ce mode de fusion présente l'avantage de ne pas gêner l'exploitation de l'une ou de l'autre des deux sociétés rivales qui désirent faire cesser une concurrence devenue funeste pour chacune d'elles. La société nouvelle se constitue tout d'abord ; son conseil composé de membres choisis parmi les administrateurs des deux sociétés préexistantes combinera ses efforts avec ceux-ci, et elle absorbera peu à peu les deux sociétés anciennes, sans arrêt brusque, au moment opportun. Une fois que l'absorption sera un fait accompli, les deux sociétés anciennes se mettront en liquidation.

les plus étendus, sans aucune restriction ni réserve, pour constituer les dites sociétés et arrêter les dites conventions. signer les actes nécessaires et faire toutes élections de domicile.

SECTION V

Modifications diverses

22.— *Modification du taux des actions.— Division des actions*

Première résolution

L'assemblée générale décide de modifier le taux des actions et de remplacer les actions de cinq cents francs par des actions de cent francs.

En conséquence chaque titulaire ou porteur d'une action de cinq cents francs aura droit à cinq actions de cent francs chacune. Les actions entièrement libérées seront au porteur.

Les certificats nominatifs représentant des actions de cinq cents francs non libérées seront, jusqu'au moment de la remise des titres au porteur correspondant, frappés d'un timbre humide, bien apparent, portant la mention suivante :

« *Le présent certificat représente X actions de cent francs chacune, au lieu de X actions de cinq cents francs chacune qu'il représentait lors de sa création. Ces nouvelles actions portent les numéros.... à.... (Décision de l'assemblé générale extraordinaire du...).* »

L'assemblée donne tous pouvoirs au conseil d'administration pour réaliser l'objet de la présente résolution et faire l'échange des titres.

Deuxième résolution.

L'assemblée générale modifie ainsi qu'il suit les articles.... des statuts :

Art.... — Le fonds social est fixé à la somme de 1.700.000 francs, divisée en 17.000 actions de cent francs chacune.

Art. 9 § 3. — Ils sont extraits d'un registre à souche, numérotés et revêtus de la signature de deux administrateurs, dont l'une sera manuscrite et l'autre pourra être apposée au moyen d'une griffe.

Art. 20 § 5. — En entrant en fonctions chaque administrateur est tenu de justifier de la propriété de deux cents actions de cent francs chacune, inaliénables pendant la durée de ses fonctions, affectées à tous les actes de la gestion, et dont les titres nominatifs restent déposés dans la caisse de la société et sont frappés d'un timbre indiquant l'inaliénabilité.

Art. 32. — Tout titulaire ou porteur de vingt-cinq actions est de droit membre des assemblées générales. Chaque actionnaire a autant de voix qu'il a de fois vingt-cinq actions, sans cependant pouvoir réunir plus de cinquante voix, soit comme actionnaire, soit comme mandataire.

Les propriétaires de moins de vingt-cinq actions peuvent se réunir pour former ce nombre et se faire représenter par l'un d'eux.

23. — *Autre formule.*

Première résolution

L'assemblée générale décide :

De diviser les 6.000 actions de la société de 500 francs chacune, en 30.000 actions de 100 francs chacune, dont 22.420 actions d'apport entièrement libérées et 7.580 actions de numéraire libérées seulement du quart ou de 25 francs chacune.

Et comme conséquence : 1° de porter à 250 au lieu de 50 le nombre des actions dont chaque administrateur doit être propriétaire pour remplir cette fonction ; 2° de porter à 50 au lieu de 10 le nombre d'actions nécessaire pour pouvoir assister aux assemblées générales ; 3° et de limiter à 200, au lieu de 40, le nombre maximum de voix que pourra réunir chaque membre de l'assemblée générale.

Cette résolution est adoptée à la majorité d'actionnaires

représentant trois cent soixante-treize voix, étant expliqué qu'un actionnaire représentant huit voix a voté contre l'adoption de la résolution et qu'un actionnaire représentant cinq voix n'a pas pris part au vote.

DEUXIÈME RÉSOLUTION

En conséquence l'assemblée générale modifie comme il suit les articles.... des statuts :

Article......

. . . .

24. — *Mise au porteur et fractionnement des parts de fondateur*

PREMIÈRE RÉSOLUTION

L'assemblée générale décide de convertir les parts bénéficiaires actuellement nominatives en parts bénéficiaires au porteur, par application du paragraphe... de l'article... des statuts, et de fractionner ces dernières par cinquièmes.

En conséquence chaque titulaire d'une part bénéficiaire nominative aura droit à cinq parts bénéficiaires au porteur.

L'assemblée donne tous pouvoirs au conseil d'administration pour réaliser l'objet de la présente résolution et faire l'échange des titres.

DEUXIÈME RÉSOLUTION

L'assemblée générale modifie, ainsi qu'il suit, l'article... des statuts :

Article... : Les parts bénéficiaires visées à l'article... seront représentées par 34.000 titres dont le conseil d'administration déterminera la forme. Elles seront numérotées de 1 à 34.000.

Elles seront extraites d'un registre à souche, frappées du timbre de la société et signées par deux administrateurs, dont l'un pourra faire usage d'une griffe.

Les titres pourront rester au porteur ou être convertis au nominatif au choix du propriétaire.

25. — *Modification de la répartition des bénéfices*

L'assemblée générale modifie et remplace ainsi qu'il suit l'article... des statuts :

Les produits de la société constatés par l'inventaire annuel, déduction faite des frais généraux et des charges sociales (comprenant notamment tous amortissements et réserves commerciaux et industriels), constituent les bénéfices nets.

Sur ces bénéfices nets il est prélevé :

1° 5 0/0 pour la réserve légale... ;

2° La somme nécessaire pour payer aux actionnaires, à titre de premier dividende...;

Le solde est réparti comme il suit :

1° 10 0/0 au conseil d'administration ;

2° 10 0/0 aux administrateurs délégués ;

3° 25 0/0 aux propriétaires de parts de fondateur ;

4° Et, sur les 55 0/0 de solde, l'assemblée générale ordinaire annuelle pourra mettre à la disposition du conseil d'administration pour en faire la distribution dans la limite de ses convenances, s'il le juge à propos, et à son choix aux directeurs, employés et ouvriers, une fraction qui ne pourra pas être supérieure au quart des dits 55 0/0, et décider de prélever tout ou partie des dits 55 0/0 soit pour être reporté à nouveau sur l'exercice suivant, soit pour des amortissements supplémentaires, soit pour la constitution d'un fonds de réserve extraordinaire ou de prévoyance.

Les sommes ainsi prélevées pourront être employées notamment, suivant ce qui sera décidé par l'assemblée générale, soit au rachat et à l'annulation d'actions de la société, soit à l'amortissement total ou à l'amortissement partiel, par voie de titrage au sort ou autrement, d'actions de la société qui, après leur amortissement intégral, seront remplacées par des actions de jouissance, soit encore au rachat de parts de fondateurs.

A défaut de distribution et d'affectation des dits 55 0/0 dans les termes ci-dessus, ils seront répartis de droit aux actionnaires.

Cette résolution est adoptée à l'unanimité des membres présents avec observation que, pour la validité de cette résolution, il y a lieu de réunir l'unanimité des actionnaires, unanimité qui pourra être recueillie ultérieurement (1).

(1) Cette réserve est l'application du principe qui a été posé au n° 172.

TABLE ALPHABÉTIQUE [1]

(1) Les chiffres correspondent aux numéros de l'ouvrage.

Imp. J. Thevenot. — Saint-Dizier (Haute-Marne).